문예신서
312

영화를 생각하다

수잔 리앙드라 기그 / 장 루이 뢰트라

김영모 옮김

東 文 選

영화를 생각하다

Suzanne Liandrat−Guigues
Jean−Louis Leutrat
PENSER LE CINÉMA

50문답

III. 고정된 담화, 모순된 담화

IV. 영화와 관객들

결 론

"인간은 영화관에 가는 동물이다."
조르조 아감벤

1

이 책의 간행 목적

 이 책은 '영화, 달리 말하자면' (이를테면 '달리 표현하자면' 이란 말이나 '영화를 되짚어 본 모든 제안')이란 제목을 붙일 수 있었을 것이다. 아울러 이 '달리 말하자면' 이라는 말은 이 말의 이중 의미에서 다음과 같이 작품에 대한 설명을 할 수 있을 것이다. 즉 영화가 무엇인지를 명확하게 구분하려고 시도하고 이것을 **다른 방식**으로 차별화하려고 시도하는 것, 예컨대 "영화란 무엇인가?"라는 질문뿐만 아니라 이 질문에 대답하는 방식에 근거하여 차별화를 시도하는 것이다.

 영화란 무엇인가? 영화인이란 또 무엇인가? 영화가 영혼을 갖고 있는가? 영화가 예술인가? 영화는 죽는가? 이미지로의 전환은 무엇인가? 영화는 랑그인가 랑가주인가? 영화가 텔레비전에서 상연될 때 영화는 어떻게 되는가? 어째서 미국 영화가 히스토리를 이야기하는 유일한 영화인가? 현대 영화란 무엇인가? 소(小)장르, 즉 광고 영화는 무엇인가? 어째서 많은 영화들이 빨리 사라지는가? 당신은 영화를 두려워하는가? (…) 등등의 많은 시시콜콜하고 난해한 질문들이 영화에 대해 제기되어 왔다. 하지만 오늘날 일부의 문제가 폐기된 듯하다. 또다른 문제들은 분명하게 어느 곳에도 이르지 못한 위선적인 문제들에 속한다. 아울러 단 하나의 문제가 많은 문제를 은폐할 수도 있다.

각자는 자신의 방식대로 영화에 대해 문제를 제기한다. 장 루이 보리[1]는 1973년 이렇게 문제를 제기한 바 있다(너는 언제 너의 콤플렉스를 치료할 것인가? 네가 신중을 기해야 하는가? 누가 너에게 왕처럼 행동하라고 하는가…?). 1991년 세르주 다네는 다음과 같이 단언했다: "따라서 밋밋한 문제가 다시 돌아왔다. 그런데 이 밋밋한 문제는 **우리에게 더 이상 결코 제기되지 않을 것이다.** 예컨대 영화는 예술인가? 영화가 완전히 보존될 것인가 아니면 부분적으로 보존될 것인가? 우리가 영화에서 좋아했던 것에 대해 무슨 일이 일어날 것인가? 그리고 영화를 통해 부당하게 사랑받았던 우리들에게 무슨 일이 일어날 것인가? 아울러 영화가 우리들에게 약속했던 이 세상에서——물론 이 세상의 주인은 우리들이지만——무슨 일이 일어날 것인가?"

무엇이 우리가 제기하는 문제를 타당하게 만드는가? 따로따로 제기된 개개의 문제는 불만과 오해를 불러올 수 있다. 우리는 여기에 배열된 문제 전체로부터 우리들뿐만 아니라 다른 사람들이 갖고 있는 작품의 애독이나 담화를 통해 영화에 관한 일반적인 문제가 제기되기를 희망한다. 신중한 문제들에 필연적으로 함축되어 있는 의문은 다른 방식으로 이 문제들을 바꾸거나 책임지면서, 이미 잊어버렸거나 토의된 문제들의 관점으로 이 문제들을 고찰할 것이다. 이것이 어째서 우리들이 정형의 문제와는 달리 일의 상태에 따라서 알려진 대답(영역을 벗어나는 것이 무엇인가?)이나 주어진 이론의 문맥에서 얻어진 것을 전제로 하는 대답(초점을 맞추거나 언술 행위란 무엇인가?)을 요구하지 않는 비정형의 질문들을 선호하는지의 이유이다. 비정형의 질문들은 지

---

1) 프랑스의 작가이자 교수 겸 영화비평가로 《독일 점령하의 나의 마을 *Mon village à l'heure allemande*》로 26세에 공쿠르(Goncourt) 문학상을 수상했으며, 1975년에 자신이 동성연애자임을 공표하여 여론의 주목을 받기도 했다. [역주]

식과 정의 또는 정보의 순순하고도 단순한 요구로 축약되지 않는다. 비정형의 질문들이 함축적인 질문의 내부에서 효율적일 수 있는 것은 (이 질문의 커다란 부정확성에도 불구하고), 바로 의문의 영역이 대답할 시간에서 다시 닫히지 않기 때문이다. 우리가 하려는 해결의 시도는 비정형의 문제들을 고갈시키지 않는다. 아울러 이러한 시도는 이 비정형의 문제들을 막연하게 간직하기보다는 오히려 공개적으로 간직하면서 보존한다. "문제는 탐색의 시작이 되고 말았다."(프랑시스 자크)[2]

'달리 말한다는 것.' '달리'란 말은 작은 차이에 근거한다. 악센트가 종종 표시나지 않게 이동되기도 한다. 하지만 우리는 이러한 커다란 차이, 즉 적어도 아주 중요한 차이가 사람들의 관심을 이론의 담론, 계속되는 담론이나 견해(doxa) 등과 같은 것들을 인도하는 장소가 아닌 제7의 예술을 지지할 수 있도록 하기 위해, 일련의 미세한 위치 이동과 정신——우리는 이 정신에 질문을 제기한다——에서 나오기를 희망한다. 달리 말한다는 것, 왜냐하면 이 말이 영화를 생각하는 데 사용되기 때문이며, 이 말이 커버하는 개념들은 변덕스럽고, 가역성이 있는 것처럼 보이기 때문이다. 우리가 이 책에서 제안하는 여정 동안 우리들은 언어의 독단이나 함정에 빠지지 않도록 각별한 주의를 기울일 것이다

우리들의 출발점은 조르조 아감벤의 다음과 같은 흥미로운 인류학적 검증을 토대로 할 것이다: "인간은 있는 그대로의 이미지에 관심을 갖는 유일한 동물이다. 동물들도 이미지에 관심이 많지만, 시간이 흐름에 따라 이미지에 속고 만다. 우리는 한 마리 수컷 물고기에게 암컷

---

2) 파리3대학 철학과 교수로 《철학에서의 성경 *La Bible en philosophie*》《철학과 변증론 *Philosophie et apologétique*》 등의 저서가 있다. 〔역주〕

물고기의 이미지를 보여줄 수 있다. 이 수컷 물고기는 정액을 방출할 것이고, 한 마리 새에게 그 새를 함정에 빠뜨리기 위해 다른 한 마리 새의 이미지를 보여줄 수 있으며, 마침내 이 새는 속고 만다. 동물은 이미지가 문제가 된다는 사실을 알아차렸을 때, 이미지에 전혀 관심을 갖지 않는다. 그런데 인간은 일단 있는 그대로의 이미지란 사실을 알아차렸을지라도 그 이미지에 관심을 갖는 동물이다. 바로 이것 때문에 인간은 그림에 관심을 가지며, 영화관에 가는 것이다. 우리들의 구체적인 관점에서 본 인간에 대한 정의는 인간이 영화관에 가는 동물이라는 사실이다."[3]

미국에서 사람들은 미국 영화만이 존재한다고 생각하는 경향이 있다. 프랑스에서는 세계 영화에 대한 다양한 시선이 항상 보존되어 있다(비록 이 점에 관해서 말해야 한다고 하더라도). 즉 프랑스는 영화의 문제에 관해 텍스트의 중요한 코퍼스(자료체)에 위탁하는 전통을 갖고 있다. 우리들의 이 책이 이러한 프랑스의 전통에서 벗어나려고 의도하는 것은 아니지만, 그간의 공헌을 배제하지도 않을 뿐더러, 오히려 그 반대의 입장을 취할 것이다. 1세기 이상으로 많은 사람들이 다각도로 영화를 생각해 왔다. 따라서 우리는 1세기 동안 영화를 생각해 온 많은 사람들, 즉 유명한 사람들이나 덜 유명한 사람들을 비롯하여 잊혀진 사람들에게 말할 기회를 제공했다. 들뢰즈[4]는 이들을 일당들이라고 불렀다. 이 일당 중에서 독자들은 우선권을 가진 사람들의 이름을

---

3) 조르조 아감벤, 《이미지와 기억 *Image et mémoire*》, 호에베케 출판사, 1998, p.66.

4) 프랑스의 세계적인 철학가로 《니체와 철학 *Nietzsche et philosophie*》을 비롯한 많은 철학 관련 저서를 갖고 있으며, 《영화 1과 2: 이미지-운동, 이미지-시간 *Cinéma 1 et 2: Image-Mouvement, Image-Temps*》이란 영화 관련 책을 쓰기도 했다. 1995년 창문으로 투신자살하여 세상을 놀라게 했다. [역주]

쉽게 식별할 수 있을 것이다. 이 한 권의 책은 여러 가지 생각을 고려하여 만들어졌다. 우리들의 작업은 이러한 많은 생각을 생기 있게 하는 데 있으며(이 문자들 중에서 잘 선택해야만 한다), 우리들은 이 생각의 편지를 배달하는 대리인들이다. 그런데 이 편지들의 일부는 '우체국 유치 우편'이기를 기대한다. 또한 우리들의 작업은 편집을 실현하는 데 있다. 이 편집의 실현 와중에 가장 알려진 사상들이 어느 날 출현했다. 사상은 순환되고 이러한 혼합으로 변해 버렸다.

우리는 먼저 영화가 영화를 문제의 대상으로 이끌었던 1세기에 있었다는 사실을 보여주기를 원했으며(영화는 문제의 대상이었다, 왜냐하면 영화가 하나의 복합물이었기 때문이다. 즉 영화는 어느 면에서는 예술에 속하고, 어느 면에서는 기술에 속하고, 또 어느 면에서는 학문에 속하기 때문이다), 아포리아(논리적 궁지)에서 종종 실패한 모순된 담론들이 영화에 고착되어 있다는 사실을 또한 보여주려고 했다. 장 뤽 고다르처럼 우리는 계속하여 "영화란 무엇인가?"란 질문을 "영화는 무엇을 원하는가? 영화는 무엇일 수 있나?"란 질문으로 분해할 것이다. 영화는 무엇을 원하는가(대답은 모든 것을 원한다는 것이다)? 이 질문은 1950년대초까지 주장된 욕망에 속했다. 영화는 무엇일 수 있는가(대답은 대단한 것일 수 있다는 것이다)? 이것이 바로 우리가 1세기 후에 끄집어낼 수 있는 영화에 대한 결산이다. 영화는 무엇일 수 있는가? 마치 신체가 무엇일 수 있는가라는 질문처럼. 이 문제를 구상하는 것은 일종의 스피노자식의 방식에 속한다. "신체의 구조는 신체 관계의 구성물이다. 신체가 할 수 있는 것은 바로 작용되어지는 신체 능력의 본질과 그 한계이다."[5] 영화, 배우 및 관객의 신체가 또한 존재한다. 우리들은 중요성을 관객들에게 할애할 것이다. 왜냐하면 관객들이 없으면 영화는 존재의 이유가 없을 것이며, 영사기가 자신의 흔적을 각인하는 것이 바로 관객을 위해서이기 때문이다.

이 책은 영화를 이론적으로 규명한 영화에 대한 이해의 장을 열어 주는 데(보강하거나 굳건히 하는 데) 그 목적이 있다(이것이 바로 마르셀 레르비에가 '영화의 지성'이라고 부르는 것이다). 이와 동시에 이 책은 사람들이 단지 자신들이 감상하는 것에 대해서만 말하는 의미에서, 또한 쥘리앵 그라크[6]가 자신의 문학 작품에서 썼던 것처럼, '퇴폐의 피조물들'인 이러한 문학 작품들이 단지 고통의 가치만을 갖고 있다는 의미에서 정의적 관계, 즉 영화와의 공모를 가정한다.[7] 우리가 우리의 눈(그리고 귀)으로 영화를 볼 때, 영화가 이러한 피조물인 영화의 총체를 구성하고 있기 때문에, 이 책은 따라서 영화의 총체에 대해서 말하지 않을 것이다. 더욱이 우리들의 견해로는 가치의 척도가 존재하고 있으며, 일부 연출가들(감독들, 영화인들, '작가들')의 작품들이 우리에게 본질적으로 다른 작품들보다 더욱 중요하게 보인다——최소한 만약에 모든 작품들이 영화에 속한다면, 넓은 의미에서 이것은 이 단어가 문학이나 음악 작품처럼 아주 먼 현실의 세계를 커버하는 것이다.

콕토는 자신의 영화 활동에 대해서만 대화에 참여하기를 원했던 앙드레 프레뇨에게 그것이 불가능한 일이라고 대답했다. 앙드레 프레뇨에게 영화는 다른 사람들과 마찬가지로 하나의 표현 수단에 불과했을 뿐이다: "영화에 대해 말하는 것은 나를 여러 가지 길로 인도하는 일

---

5) 질 들뢰즈, 《스피노자와 표현의 문제 *Spinoza et le problème de l'expression*》, 미뉘 출판사, 1968, p.198.

6) 에콜노르말 쉬페리외르(ENS: 일명 파리고등사범)를 졸업하고 교수 자격시험에 합격했으며(역사교수), 파리정치학교를 졸업한 소설가로서 《시트르 강변 *Le rivage de Cytres*》으로 공쿠르 문학상을 수상하기도 한 문학비평가이다. [역주]

7) "만약 사람들이 즐기기 위해서 영화관에 가는 것이 아니라면, 사람들은 그만큼 영화관에 가지 않을 것이다."(장 파트리크 망셰트)

일 것이다." 그는 항상 영화에 대해 말했다. 영화에 대해 말하는 것은 필연적으로 또 다른 길로 인도하는 것이다.

I

문제의 대상으로서의 세기에서의 영화

2

영화란 무엇인가?

　장 콕토에 따르면 "영화란 무엇인가?"는 바보 같은 질문이며, 이지도로 이주[1]에 따르면 이것은 아주 지성적인 질문에 속하지 않는다. "영화란 무엇인가?"라는 질문은 앙드레 바쟁의 책 제목이었다. 이 제목은 사르트르의 《문학이란 무엇인가?》가 출간된 지 10년 후에 붙여진 제목이었다. 어째서 영화를 정의내리려고 하는가? 영화는 자명한 것이다. 모든 사람들은 영화가 무엇인지 알고 있다. 그렇다면 더 정확하게 말하면 영화란 무엇이란 말인가?

　질베르 코앵 세아는 '필름의(filmique)'란 단어를 '영화의(cinémato-graphique)'란 단어와 대립시킨다. 기호학은 이러한 이중 대립을 재개시켰다. 가장 단순하게 전개 가능한 운동을 따라가 보기로 하자. 영화는, 우리가 말할 수 있지만, 모든 영화 전체를 의미하며(전통적 의미에서 장·단편, 중간 길이 영화, 실험 영화와 클립, 광고 필름 등과 같은 필름을 포함한다), 이러한 영화의 현실은 다양한 모습(경제·기술·사회·예술적 모습)을 갖는다. 영화는 이러한 현실을 담고 있는 독창적인

---

　1) 루마니아 태생의 프랑스 시인으로 《독설과 영원성 개론 *Traité de bave et d'éter-nité*》 《문자주의의 회화 *La peinture lettriste*》 《나의 시와 나에 대한 설명 *Précisions sur ma poésie et moi*》 등의 저서가 있다. 〔역주〕

작품에서의 좀더 명확하게 현동화한 것으로 해석할 수 있다. 이것은 이러한 작품의 독창성을 구성하며, 또한 필수적인 것이다! 이 책에서 우리가 영화에 대해 말하고자 할 때, 우리는 영화의 다양성과 풍요로움에 대해 특히 생각하게 된다.

뤼미에르 형제는 자신들의 발명품을 '영사기'라고 불렀다. 이 영사기는 '움직임을 전달하는 것을' 의미한다. 어원은 항상 그 원천을 갖고 있다. 그리스어 어간으로부터 다음과 같이 영화에 관련되는 단어들이 제안되었다: 즉 '시네그라피(cinégraphie: 영화 예술)'[2] '시네플라스트(cinéplaste)' '시네플라스티크(cinéplastique)'(엘리 포르) '시네밈므(ciné-mime)'(엘리 포르) '시네마티즘(cinématisme)'(에이젠슈테인) '시네마튀르지(cinématurgie: 영화제작술)'(파뇰) 등의 영화 관련 단어가 제시되었다. '시네마'(이미 축약된 단어)란 단어는 영화를 의미하는 '시네(ciné)' 또는 '시노슈(cinoche)'란 좀더 축약되고 대중적인 해석, 즉 '막을 펼치다, 막을 만들다'로 대체되는 '영화관에 가다'라는 표현을 탄생시켰다.

영화가 움직임의 예술이라는 사실은 어원에서부터 기인한다. 제르멘 뒤라크는 1925년 다음과 같이 단언했다: "움직임의 예술은 바로 영화이다. 나는 움직임을 통해 연속되는 외부의 사건과 그 사건을 이야기하는 정신 운동과 함께 인생 그 자체의 전개를 이해한다." 자크 부르주아는 1946년 이미지의 운동과 이미지 속에서의 운동을 주목했

---

2) 루이 델뤽은 1919년 다음과 같이 썼다: "'시네그라피(Cinégraphie)' '시네그라피크(cinémraphique)'라는 용어는 영화를 지칭하는 표현이 새로운 질서가 잡힐 때까지 영화를 사실로 인정하는 신조어로 사용되었다. 하지만 이 단어들이 영화를 사실로 받아들이지 않았기 때문에, 이 단어들은 사라져 버렸다." 10년 뒤 조르주 미셸 쿠아사크(Georges-Michel Coissac)는 '오퇴르 시네그라피크(auteur cinégraphique: 영화를 만드는 작가)'라는 말을 썼다; '에크라니스트(écraniste)'란 말을 여전히 사용했던 카누도(Canudo)는 '시네그라피스트(cinégraphiste: 영화작가)'란 단어를 사용했다.

다. 들뢰즈의 이미지-운동에까지 (…) 개념은 곧바로 입증되었다. 마르셀로 파브리는 1939년에 "그리스 어원은 단어의 의미를 제공했을 뿐 예술의 의미를 제공한 것은 아니다"라고 말했다. 따라서 마르셀로 파브리에게서 영화의 본질은 항구불변의 운동, 즉 끊임없는 운동이 아니었을 것이다. 움직임이 제2의 특성에 불과하다고 여기는 이지도로 이주는 "예술이란 일반적으로 예술 활동과 어울리지 않는 이름을 갖는다"(1951)라고 말하면서 좀더 멀리 나아갔다.

각자는 자기 눈에 맞춰 특징되는 사항으로 영화를 정의할 것이다. 즉 이주에게는 영화란 고정된 표현과 재생산으로 정의되고, 벨라 발라즈에게는 영화란 "무엇을 통해 영화는 자율적 언어인가? (…) 큰 플랜을 통해, 프레임인[3]을 통해, 편집을 통해"서 이루어졌다. 들뢰즈는 '움직임-지속의 덩어리'에 대해 말한다……. 한스 위르겐 지버베르크는 스탠리 카벨과 마찬가지로 투사를 강조한다. 그런데 카벨은 '세상의 자동적인 투사의 연속'을 중요시한다. 장 파트리크 망셰트(1978)는 "영화는 예술과 동시에 일방적인 커뮤니케이션의 수단으로서 라디오 이전과 텔레비전의 출현 이전에 20세기 전반의 중요한 문화 혁신이었다. 따라서 영화는 이러한 시간의 비밀을 간직하고 있음이 틀림없다"라고 갈파했다. 마찬가지로 "영하는 단순히 관념들이 아니라 눈에 보이는 관념(미!)이다"라고 덧붙인다. 폴 모랑은 영화가 '속도의 예술'이라고 말한다. 앙드레 바쟁은 2부로 된 다음과 같은 정의를 제안한다: '물질의 미학적 상태. 이야기-풍경의 양식.' 아울러 우리는 실제로 영화에서 이야기하는 예술적 주제의 한 주제를 볼 수 있다. 사람들은 또한 창(세상에 대한 시선)을 말한다. 콕토는 《오르페의 유언》에서 "영화는

---

3) 파인더의 테두리 안에 피사체를 바로잡아 넣기(cadrage). 〔역주〕

사고를 무감각하게 만드는 힘이다. 영화는 죽은 행위를 부활시킨다"라고 말한다. 위대한 여행가 세르주 다네는 영화를 '지도에 추가된 나라'로 정의한다. "시네마를 지도에 추가된 또 다른 나라와 동일시한 인물은 다름 아닌 고다르이다. 나 또한 이러한 사고를 무척 좋아했으며 반복하여 되풀이했다. 시네마(영화)는 나의 지리부도에 나오지 않는 나라이다. 지금 사람들은 시네마가 한 제국인지, 한 나라인지, 아니면 한 지방에 관계되는 것인지 자문한다." 마누엘 드 올리베이라는 "기호들이 설명 부재 상태로 빛 속에서 유영하는 멋진 기호들의 포화 상태"라고 말한다. "멜리에스와 나는 거의 동일한 직업을 가졌다. 즉 우리들은 통속적인 주제(시인 기욤 아폴리네르)에 사로잡혔다." 장 뤽 고다르는 영화란 예술도 아니며, 기술도 아니며, 신비라고 말한다. 우리는 개개인이 각자의 관점에 따라 영화를 정의하고 있음을 계속하여 추적할 수 있다.

완곡어법이나 은유가 영화나 영화 작품을 지칭하는 데 사용되기도 했다. 다음과 같은 많은 정의가 투명하게 드러난다. 따라서 오슨 웰스는 '꿈의 리본'이란 서식을 사용한다. 알렉상드르 아스트뤽에게 있어 카메라는 '현대판 키클롭스[4]'이지만(1949), 장 엡스탕은 1921년부터 '외눈박이 예술. 한 방향의 예술. 직시 파인더 렌즈의 망막'이란 말을 유행시켰다. 엘리 포르는 '움직임의 건축'이란 용어를 사용했다. 아스트뤽은 '상들과 애수로 우리들의 상상력의 성당을' 만드는 일이라고 말한다. 엘리 포르에게 있어 "영화는 사원이고, 탑이며, 동시에 성당임에 틀림없다." 르네 바르자벨은 "미래의 필름은 성당처럼 어마어마할 것이다"라고 말했다.(1944) 잉마르 베리만은 영화의 연출을 한 건

---

4) 그리스 신화에 나오는 외눈박이 거인. [역주]

물의 건설과 비교하기 위해 성당의 이미지를 예로 든다. 즉 전문화된 전문가들의 규합. 엡스탕은 건축과 음악을 혼합하고 있다. 즉 "성당은 돌로 지어져 하늘로 향하고 있다. 아름다운 영화는 사진으로 만들어져 하늘로 향한다. (…) 영화 그 자체는 멜로디이며, 필름에 멜로디의 반주가 씌어져 있을 뿐이다."(1928) 다네는 "영화는 음악에 가깝다"라고 말한다. 제르멘 뒤라크는 시각을 문학과 대립시키기 위해 '시각적 심포니'라는 말을 창안했으며, 아벨 강스가 이 말을 다시 인용한다. 로버트 플라어티는 대사와 이미지 사이의 관계보다 음악과 이미지 사이의 대립이 더 많이 존재한다고 생각했지만, 장 그레미용은 그 반대로 생각했다. 하지만 자크 베르나르 브뤼니우스는 영화 리듬이 음악 리듬과 다르다고 생각했다. (…) 새뮤얼 풀러는 영화를 전쟁터와 비교한다.

영화란 무엇인가? 요약해 보자. 표현 재료의 믿을 수 없는 혼란을 차치하고라도 코앞에서 볼 수 있고, 진정한 악마의 소굴, 왕관을 다투는 시장, 또한 배움의 장소가 아니던가? 말하자면 우리가 이러한 영화의 가치들의 의미를 배우지 않았던가? 그리고 영화를 보면서 그 대가로 감성 교육을 하지 않았던가? 영화는 많은 사람들에게는 오락이었고, 일부 사람들에게는 직업이었으며, 또 어떤 사람들에게는 열정이었다. 천하층민들의 오락, 여왕 마고(Margot)[5]가 슬피 울고 있는 멜로드라마, 지성인들에게는 명상의 대상, 여기저기에서 채취해 온 1-2시간의 소재, 별 아래서 보내는 온종일, 대낮 같은 밤, 어두운 밤으로 빨려드는 불빛, 친구와 가까운 사람들 사이의 토론 (…) 영화에 대해 또 다른 무슨 말을 해야 하나? 계속되는 이야기들, 역사의 단편, 움직임-지속의

---

5) 영화 탄생 1백 주년을 맞아 프랑스의 파트리스 셰로 감독이 제작한 영화로 이자벨 아자니 · 뱅상 페레가 주연했다. 특히 이 영화는 앙리 2세의 부인인 카트린 메치디를 중심으로 전개되는 '16세기 프랑스사'라는 독특한 소재를 주제로 하고 있다. [역주]

덩어리, '현실'과의 아주 특별한 관계 설정(현실을 회피하시오, 그러면 현실이 당신을 따라가고, 현실을 따라가시오, 그러면 현실은 당신에서 도망간다), 위험할 정도로 서로가 닮아 있는 영화 속의 얼굴과 신체들, 진부하거나 기상천외한 대상들과 풍경들, 마치 우리가 항상 살았던 듯한 느낌을 갖는 상상 속의 저택과 또 다른 화려한 저택들, 일시적인 경험, 은밀하고 격렬한 열정이나 몸짓들, 나를 끌어들이고, 빨려 들게 하는 방식, 또는 단숨에 혹은 한순간에 불확실하거나 형성중인 사고나 상상력으로부터 벗어날 수 있도록 하는 방식, 사회, 사람들이 말한 것, 타인과 나 자신과의 관계에 대한 꿋꿋한 시선.

우리는 영화의 '존재,' 말하자면 영화의 본질에 대해 정의하려고 노력했다. 바쟁[6]은 사진 이미지의 존재를 염려했다. 즉 여기에서 다음과 같은 질문이 나온다. 즉 영화란 무엇인가?(존재론적이거나 그렇지 않거나) 기 피만은 들뢰즈의 책(《영화 1과 2: 이미지-운동, 이미지-시간》)의 독특한 성격을 강조한다. 말하자면 이 책들은 영화사도 아니고 영화의 (이론)철학도 아니다.[7] "영화란 무엇인가?"라는 질문을 "철학이란 무엇인가?"라는 문제 혹은 오히려 "영화로 선동된 철학이란 무엇인가?" "이러한 관념의 질서 속에서 영화란 무엇인가?"로 옮겨 놓은 책이다. 이것은 문제를 제기하는 가장 훌륭한 방식이다.

---

6) 바쟁은 루이 라벨을 알고 있었으며, 확실히 그의 작품을 섭렵했다. 라벨의 보충적인 논문 〈깊이의 시각적 인식 La perception visuelle de la profondeur〉(스트라스부르, 알자스 출판사, 1921)이었다. 《인식의 현상학 La Phénoménologie de la perception》은 1945년에 출간되었다. 메를로 퐁티의 존재론의 주제는 현상학을 완수하는 것을 목표로 했다. 바쟁의 이 영역에 대한 고려는 부식토에 싹을 틔운 셈이었다.

7) 올리비에 팔·로렌츠 엔겔 등의 지도하에 출간된 《들뢰즈에 의한 영화 Le cinéma selon Deleuze》(1997, 파리3대학 출판부)란 책에 실린 기 피만의 논문 〈들뢰즈, 베르그송, 제농 델레와 영화 Deleuze, Bergson, Zénon d'Elée et le ciném〉를 참조할 것.

3

영화는 예술인가?

이 질문은 앞 질문의 연장선으로 해석할 수 있다. 예컨대 장 루이 보리의 말에 따르면 익살스런 질문이 될 것이다.[1] 이 문제는 1980년대말 세르주 다네의 〈아저씨, 연습은 유익했어요〉란 작품을 포함해서 수세기 동안 끊임없이 계속된다. 2001년 봄 자크 리베트에 따르면 "이것은 오래전부터 해결된 문제였다." 하지만 '영화 예술' 혹은 '영화의 지성'이란 제목을 단 선집을 발간하려는 생각은 계절이 따로 없다. 예술 그 자체의 개념은 토론에 종속되어 있으며, 이것이 그 반대가 아닌 한 모든 것은 예술이 아닌가? 따라서 오늘날 영화를 미디어화하고 영화의 커뮤니케이션 기능을 주창하는 것은 좀더 시기적절한 것으로 보일수 있다. 영하 작품들이 다른 작품과 공유하는 다양한 기능들을 부정하는 것은 어리석은 일일 것이다. 커뮤니케이션의 기능은 영화의 영역을 엄청나게 넘어서 버렸다. 즉 커뮤니케이션의 기능은 모든 표현수단에서 효과적이며, 영화의 최소 공통분모이다. 하지만 커뮤니케이

---

1) "영화는 예술인가? 영화는 예술에 속하는가? 영화는 제7의 예술인가?(텔레비전에서 제기된 문제: 나머지 6개의 예술은 무엇인가?) 라 컬럼비아(La Columbia)의 셔츠 차림의 열번째 뮤즈(Muse)인가? 우스꽝스런 질문이지만 끈질기게 괴롭히는 질문: 나는 냉소만으로 이 질문에서 벗어나지 않았다."(장 루이 보리, 《영화에 대한 질문들 Questions au cinéma》(스톡 출판사, 1973, p.28))

션의 기능은 증폭되는 예술적인 질을 좀더 약화시킨다, 따라서 우리는 영화의 공적을 인정하지 않는(영화의 권리를 인정하지 않는) 이러한 꼬리표에서 영화를 해방시킬 준비를 할 것이며, 소위 '해결된 것'이라는 굉장한 문제를 재론해 볼 것이다.

리치오토 카누도는 영화에서 '모든 예술의 강한 현대적 통합체, 즉 **리듬 운동이 있는 조형 예술, 회화와 빛의 조각이 있는 리듬 예술**'을 본다. 영화를 변론하는 사람들이 모여 있는 깃발 주변에 통합의 깃발이 존재한다(분열이 이루어지기 전에), 아벨 강스는 '이 공간과 시간 운동의 이 황홀한 통합'을 언급하며, 이 황홀한 통합체를 열망하고, 이 통합체를 위해 자신이 '상인과 영업'을 하는 사람이 될 것이라고 언급한다.(1912) 그리고 바쟁은 영화란 '영화의 중개로 예술의 특성에 도달하는 모든 것의 총체'라고 말한다. 이 예술에 대해 말하자면, 사람들은 영화란 예술에 다음과 같이 숫자로 번호를 부여했다. 예컨대 에밀 뷔에르모즈는 제5의 예술로, 카누도[2]는 처음에는 제6의 예술, 이어서 제7의 예술로, 콕토는 제10의 예술로 시의 여신인 뮤즈란 번호를 각각 부여했다. 영화를 목록의 마지막 번호로 생각하는 대신 레옹 뮈시나크는 새로운 시리즈의 첫번째로 보았다. 말하자면 그는 '첫번째 시리즈에 속하는 영화 예술'이라고 1925년에 쓰고 있다. 이 점에서 만약 영화가 예술이라면, 영화가 예술 이외는 아니라는 것처럼 보인다. "더구나 영화는 산업이다"라는 앙드레 말로의 표현은 격언에 가깝다. 제라르 르그랑은 이 말을 다음과 같이 해석한다: "영화는 완전히 예술도 아니고, 그렇다고 단순한 산업도 아니다." 실제로 영화의 현

---

2) "제7의 예술, 왜냐하면 건축과 음악, 서로 '상보적'인 이 두 지고한 예술과, 회화·조각·시·춤이 지금까지 수세기 동안 미학적 꿈이 담긴 6개의 리듬이 있는 합창곡을 구성해 왔기 때문이다."

실은 최소한 이 두 가지를 포함하며, 많은 사람들이 이중의 가치(예술과 산업) 또는 이중성, 이 표현 수단을 구성하는 것과 혼합된 특성인 이중성을 강조할 것이다. 엡스탕은 분리해야 하는 법을 알아야 할 동체가 붙은 두 쌍둥이 형제와 적에 대해 말한다: "첫번째 두 쌍둥이 형제가 영화 예술이며, 두번째가 영화 산업이다." 콕토와 브레송은 영사기(영화)와 오히려 산업이나 상업의 측면에 위치시키게 될 영화를 구분한다. 마찬가지로 과학과 예술을 병렬시킬 수 있다. 엡스탕은 이번에는 과학과 예술의 헤르마프로디토스[3]에 대해 말한다. 다네는 자신이 '옛 개념'이라고 부른 것을 다시 언급한다. "영화에서의 두 가지: 관찰된 과정의 녹음과 기록의 오디오 비주얼화한 전달. 과학과 장면. 기술적으로 된 과학은 그 어떤 인간미를 갖지 않는다. 최소 장면의 유령만이 남는다: 관습적으로 '서로 다른' 한 등장 인물과 장소."

발터 벤야민은 다음과 같이 경고한 바 있다: "사람들은 사진이 예술이냐 아니냐를 결정하기 위해 꼬치꼬치 따지느라고 헛된 노력을 했다. 하지만 사람들은 이 발명 자체가 예술의 보편적 특성을 변형시켰는지의 여부를 먼저 자문하지 않았다. 따라서 영화 이론가들은 동일한 실수에 굴복해야 했다." 스탠리 카벨에게는 영화를 예술로 인정한다는 것은 예술의 개념을 바꿔야 한다는 사실을 요구할 것이다. 예술이란 무엇인가? 미학이란 무엇인가? 마르셀 레르비에는 1943년 "미학으로서 영화는 아직 정의되지 않았다"라고 주목한다. 앙드레 말로는 다음과 같은 대답을 제시했다. "나는 여기에서 예술을 사람들이나 또는 사람들과 사물들 사이에서 알지 못하고 타당성 있는 관계를 표현하는 것이라고 부른다." 이 정의는 문제를 확산시켰으며, 다네가 현대 영화

---

3) 자웅동체의 그리스 신화. [역주]

에 대해 말한 것과 이 정의를 연관지어야만 한다. 즉 "현대 영화는 사물이 아닌 관계를 고정시켰고, 카메라에 담았다" "제7의 예술이건 아니건, 통합 예술이건 아니건, 예술이건 아니건, 영화는 영화이다.(뮈시나크) 맞는 말이다. 하지만 무엇이 그렇다는 것인가? 영화에 대한 명상의 오래된 케케묵은 생각인 특수성을 찾는 일만이 남아 있다. 폴 발레리는 신중하고 회의적이었다. "사람들이 한번은 나에게 내가 영화를 예술이라고 평가하고 있는지의 여부를 물어 왔다. 그래서 나는 이말에 그 어떤 중요성을 부여하지 않는다고 대답했다. 미술은 예술이며, 우리들에게 거의 중요하지 않은 많은 졸작들——그 그림이 예술적이든지 아니든지 간에——이 존재한다."

 1921년부터 엡스탕이 "영화가 예술이 아닌 다른 더 좋은 것일 수 있다"고 자문했음에도 불구하고, 1993년에 마르크 세브리는 "영화는 예술이 아니다"라고 단언한다. 1988년 세르주 다네는 다음과 같은 의혹을 제시했다: "하지만 실제로 '영화가 예술인가?'" "영화는 기묘한 예술이었다, 더욱이 (…) 한 예술은 결코 아니었다." 그리고 다네는 자신보다 2년 빨리 장 파트리크 망셰트에 의해 전개된 입장과 아주 유사한 입장을 전개시킨다. 장 파트리크 망셰트는 역사적으로 영화를 예술로 인정하는 절대성을 부인한 인물이다. 그렇다면 망셰트는 무슨 말을 했는가?: "예술사는 영화가 마치 예술의 절정을 지향하는 것처럼 끝났다. 영화에서 예술사에 속하는 것은 예술에 속하는 것이 아닌 오히려 이 예술사의 끝에 속하는 것이고, 더 이상 예술이 아니며 또한 예술사도 아닌 예술의 끝에 속하는 것이다. 이것은 1920년경에 이루어졌다" "예술은 죽었다. 우리가 이 사실을 알고 있듯이, 예술은 문화로 바뀌었고, 모나리자와 데지레 고그노[4] 또한 이렇게 여겨지고 있으며, 루브르 박물관이나 유사한 주유소의 거대한 진열장에서 팔리고 있으며, 문화는 굴러다니고 있다. 플라톤과 뒤투르,[5] 호메로스와 나 또한 이와 유사한 경우라는 사실을 사람들이 알고 있다. 한층 더 현대적이고 웃음을 자아내는 것은, 바로 예술의 썩은 고기인 문화 그 자체가 더 이상 썩은 고기처럼 받아들여지는 일이 일어나지 않고 모든 방향으로 퍼져 나가는 데 있다. 이 문화 산업에 속하는 영화, 즉 **예술로서의** 역사가 반세기 정도의 역사와 최대한 수십 편의 영화로 유지되는 한 순간의 문화로 받아들여졌지만, 더 이상 옹호되지 않는다. 영화의 와해를 관찰해 보자⋯⋯." 이어서 망셰트는 다음과 같이 결론을 내린다: "영화는 잠시 동안 거의 우연히 예술로 존재했었을 뿐이다. (⋯) 영화는 예술이 없는 한 시대의 예술이며, 세계 자본주의 시장이 번성하던 최근 동안까지의 자본주의 첨단 문화의 산물이다."

세르주 다네는 좀더 중요한 은총의 유예 기간을 영화에 할애한다. 그는 1988년 다음과 같이 쓰고 있다: "우리는 어쩌면 진화의 마지막 단계에 와 있는지도 모른다. 예술과 문화 사이에서 1960년대 동안에 시작된 일종의 대립으로서." 이것은 결과의 과정을 통해 영화의 예술 영역에 한층 더 많은 작품 속으로 퍼져 나가도록 허락한다. 미술과 음악과 마찬가지로 영화의 장 내부에서의 차이는 알맞고 또 필요하다 ——이러한 차이는 순간을 그리는 양시에 부합되는 표현으로 훌륭한 작품의 출현을 촉진한다. 오늘날 영화가 예술이 아니라고 공표하는 일은 관객의 입장 수와 영화 개봉의 광고 효과가 성공을 거두던 시대의 상업적 요구라는 일반적이고 일시적인 면을 참작하는 일이다. 흥미로

4) 시나리오 작가 겸 만화가인 쉴링고 샤를리의 1984년 《데지레 고그노는 말썽장이였다 Désiré Gogueneau était un vilain》란 작품 속의 주인공. [역주]

5) 프랑스의 소설가로 아카데미 회원으로 선출되기 몇 주 전 의문의 폭탄 테러로 암살되었다. 《순이익으로》라는 소설로 '앵테랄리에' 문학상을 수상했으며, 《죽은 사람의 일기》 등의 작품이 있다. [역주]

운 영업일 뿐 영화에 거의 유익한 것은 아니다. 왜냐하면 이것을 설명하는 방식은 그 본질을 제한하기 때문이다.

예술로서의 영화의 본질에 대한 토론은 일부에서 아주 빠르게 공인된 예술가적 자질로 지칭되기도 하며, 때론 있는 그대로 변론되고, 공격당하기에 이르기도 하며, 자신들을 '제2의 계급'의 영화인과 반대되는 사람이라고 여기게 한다. 여기에서 끝도 없고 대단한 이해 관계도 없는 논쟁이 나오게 된다. 왜냐하면 '대'예술가의 자질이라는 것이 항상 이론의 여지가 있을 수 있고, '전문가들'이 **소수이기를** 선호하는 것이 입증되고 있기 때문이다. 이러한 전문가라는 자질이 불성실성과 선동을 동반할 때, 모든 방종이 가능하다. 이 방종에는 영화를 '대중 예술' 범주와 팝송과 마크라메 레이스(자수 공예)로 접근시키는 것을 허락하는 대신 영화에 예술을 접근시키는 것을 거부하는 행위가 포함된다.(그 자체가 나쁘다고 여겨지는)

4

어떤 점에서 영화를 이미지 예술로
간주해야 하는가?

  '이미지'를——일반적으로 단수를 사용하지만——서로 다른 표현 형식이라고 부른 것은 자연스러워 보일 수 있다. 체계에서 공들여 만들어진 통합 목표를 항상 탐색하는 기호학의 유산인 이 개념에 따르면, 공통분모와 내포된 기준은 바로 텔레비전이다. 우리는 이 계산(텔레비전)에 사진이나 영화와 마찬가지로 판화나 조각을 포함시킬 수 있을까? 20세기말의 사회에서 이미지가 우리들의 자유와 사고에서 기인하는 근심의 중심에 위치한다는 사실을 부인할 수 없다. 마찬가지로 최소한 1970년대부터 우리가 이미지 사회에서 살고 있다고 공표하는 것은 진부한 일이다(따라서 우리는 르포, 뉴스, 시사 이미지나 광고 이미지 (…) 대해 생각한다).

  20세기말에 앙리 베르그송은 막 탄생한 영화를 참조하여 이미지에 대해 흥미로운 정의를 내렸다. 《물질과 기억》의 1911년 서문에서 이미지는 "'묘사' 그 이상의 것이며 동시에 '있는 그대의 사물'보다 덜한 것"으로 묘사되어 있다. 이렇게 정의내리면서, 베르그송은 중간(묘사와 사물의 사이) 과정을 설정한다. 이 중간에 스탠리 카벨이 제안한 세상의 '투사'를 삽입하는 것은 상상할 수 있는 일이다. 그런데 영화 사진의 본성을 다시 한번 환기시켜 주고 있는 이 투사의 중요한 문제는 바로 "현실이 투사되고 화면에 비쳐질 때, 실제로 현실에서는 무슨 일이 일어나는가?"라는 문제였다. 문제는 현실의 단순한 기계적 녹화 또는 화면에의 투사인 묘사 예술 사이에서 드러나는 차이를 소홀히 하지 않도록 했다. 베르그송은 자기 고유의 성찰을 추구하면서, '영화의 기교'는 움직이지 않는 사진(필름 위에 인쇄된)으로 영사기가 영사기 자체에 부여하는 추상적인 움직임을 투사하는 데 있다고 생각했다. 베르그송적인 관찰의 이점은 묘사의 기교가 중요한 것이 아닌 스크린(화면)에 관한 **기교**가 존재한다고 단언하고 있다는 사실이다. 이러한 개념은 예술 지향성과 거리가 멀며, 마찬가지로 20세기말의 사상을 어지럽게 하는 사실적 또는 실용적 개념과도 거리가 멀다. 왜냐하면 이러한 개념은 영화 '이미지'를 이해하는 것을 허락할 수 없기 때문이다.

들뢰즈는 이미지란 단어를 감속하여 사용했다. '이미지-추억'이란 베르그송의 모델에 영감을 받은 들뢰즈는 일련의 복합 용어를 공들여 만들었다(이미지-마음의 움직임, 이미지-충동, 이미지-행동, 이미지-시간 등등). 영화 이미지의 의미는(영화의 한 신, 시퀀스,[1] 필름의 한 컷으로 축약될 수 없다) 들뢰즈의 용어에서 격에 맞지 않은 것처럼 보인다. 결코 명백하지는 않지만, 영화 이미지의 의미는 이러한 복잡성 덕분에 밝혀진다. 영화 이미지의 힘을 생각하기 위해서는 이미지의 더 오래된 개념으로 돌아가는 것이 유용하다. 그런데 우리는 마리 조제 몽쟁의 비잔틴 제국의 성화상 파괴 운동에 관한 연구 덕택에 이 옛 이미지의 힘에 관해 생각할 수 있다. 마리 조제 몽쟁이 환기하는 것처럼, 논쟁은 이미지와 성화상 사이의 구별에 근거를 두고 있다. 즉 신

---

1) 몇 개의 신(장면)을 모아서 이룬 영화의 구성 단위. (역주)

의 이미지, 우리가 이 용어에 부여하는 이미지와는 다른 의미에서 이 신의 이미지는 눈에 보이지 않는다. 왜냐하면 신의 이미지는 자연적이며 성스럽기 때문이다. 이와는 달리 성화상의 이미지는 시간적 유사성이 존재하는 가시적이며 인위적인 것이다. 이 문맥에서 이미지는 기호의 사고가 아닌 의미의 사고에 의해 옹호된다. 이것은 신성한 참조를 격리시키는 현대적 사고 속에서 이미지의 설명으로 전가된 성화상의 유일한 특징들이다. 여기에서 이미지는 참조 기호가 아닌 의미의 형상(모든 종교적 문맥을 배제하고)이 될 가능성을 상실했다. 이러한 영역은 영화가 묘사하는 것보다 클 때, 다행히도 우리들의 사고에서 환기된다. 영화 이미지는 이미지가 묘사하는 세상의 대상에 대한 참조 기호가 즉석에서(델뤽이나 엡스탕에 의해) 구상되었던 것보다 더 커야 한다. 하지만 자크 랑시에르가 그랬던 것처럼, 이미지(주체와 대상, 정신 세계와 육체 세계, 물질의 운동이나 형식, 사고의 형식이나 움직임(⋯) 사이의)가 대립을 없애 주는 감각의 구체적인 모드라는 사실을 첨가해야 한다.

물론 생산된 모든 영화 이미지가 이처럼 정의된다고 말하는 것이 문제가 되지는 않는다. 어떤 이미지들은 훌륭하고 단지 우상적이기도 하다. 하지만 크리스티앙 메츠가 지적하듯이, 사물이 현실적으로 되기 시작하는 것은 바로 '유추를 넘어서'이다. 따라서 다음과 같은 결론이 유도된다. 즉 모든 이미지들을(마찬가지로 모든 소리들을) 동일한 발판에 놓을 수 없다. 우리들은 클립(clip)으로부터 통합 이미지에까지 영화필름에서 텔레비전화한 방송에 이르기까지, 모든 것은 이미지의 언어 활동이라고 말할 수 있다. 왜냐하면 이 모든 이미지와 소리들은 민주적으로 서로 가치가 같기 때문이다.

5

영화가 현대 예술에 속하는가?

    이 문제를 다른 방식으로 제기해 보자. 어째서 비디오(비디오의 설치는)가 현대 예술 박물관에서 한 자리를 차지할 수 있는가? 그런데 어째서 영화는 실험용(전위(avant-garde)라든가 독립이라든가)을 제외하고 현대 박물관에서 찾아볼 수 없는가?

    1964년 알랭 레네 감독의 〈뮈리엘〉에 대해 앙드레 S. 라바르트와 자크 리베트는 전위에 대항하는 자신의 의견을 표명한 바 있다. 다네는 다음과 같은 사실을 주목했다: "아무튼지간에 우리는 영화가 아닌 전위의 편에 있었다. 이것은 변하지 않았으며, 나는 실험 영화에 특별한 취미가 없다. 비록 이 실험 영화에 흥미로운 것이 존재하고 있을지라도." 마치 이 영화광들(어찌됐든 예외가 있긴 하지만, 예컨대 도미니크 노게 · 클라우딘 아이직만을 인용하기로 하자)의 태도는 서로가 묵언으로 인정한 거리를 복원하기 위해 이 박물관의 보수주의자들의 태도에 대답이라도 하는 것과 흡사했다.

    하지만 시장용 영화의 시간이 지나자, 사람들은 영화가 문학 또는 조형예술에서 이루어지는 첨단의 운동으로 환대받았다고 말할 수 있었다. 초현실주의자들, 예컨대 아르토는 이 표현 수단에 큰 희망을 품었다. 노아유 가문은(Les Noailles) 부뉴엘과 장 콕토를 재정 지원했다.

프랑수아 알베라는[1] 여러 차례 이러한 공모에 대한 설명을 제시했다. 한편으론 라슬로 모호이 노디 · 바이킹 에겔링이나 페르낭 레제와 같은 조형예술가들은 영화에 도움을 청함으로써 주목을 받았다. 이어서 다른 예술가들(앤디 워홀 · 다니엘 스포에리 · 마르셀 브로타스 같은 사람들)도 마찬가지였으며, 이 조형예술가들은 영화에서 곤경을 피해 가는 방식을 보았거나 본다. 알베라는 또한 조형예술이 제1차 세계대전이 임박해지면서 얻게 된 허무주의임을 환기시킨다. 알베라는 '제1차 세계대전 당시의 프랑스 군인'과 함께 샤를로를 발견한 상드라르와 레제의 예를 인용한다. 관계는 원칙적으로 한 방향이다. 즉 실제로 영화가 예술을 고려할 때, 그것은 처음에는 무성 영화 초기의 '예술 영화'의 형태로 이루어졌으며, 이어서 아르토가 명명했듯이 추상 또는 순수 영화의 형식으로 이루어졌다. 영화를 통해 관심을 가진 일부 작가들이나 예술가들은 '예술' 사조를 지지할 것이며, 초현실주의자들과 같은 다른 사람들은 영화의 '초창기' 영역, 즉 익명과 관객의 공유(공동체) 등등을 지향하는 초창기 영역을 평가할 것이다. 이것이 '초창기 영화'에 대해 말하려는 이유에 대한 설명이 된다. "초창기 영화(20년대에 그 뿌리를 두는)는 웰스 작품과 평범한 신작(시네마스코프(Cinéma-Scope))을 제외한 영화사에서 모든 기술저 · 형시저 혁신을 포함한다. 예술적 생성(다다 · 초현실주의)의 마지막 시기와 비슷한 시대, 즉 예술 부정을 포함하는 시기에 도착한 초창기 영화는 자신의 고유한 방식, 즉 흑백 스크린을 포함하여 예술사(Histoire de l'Art)와 동시에 자신의 고유하며 형식적인 역사를 통해 영화의 부정과 부정의 개념에까지 아

---

1) 〈영화의 익명, 미학의 저 너머에 있는 영화 Anomique cinéma. le cinéma au-delà de l'esthétique〉, 《아트프레스 ArtPress》지 14호의 호외, 〈영화를 위한 제2세기 Un second siècle pour le cinéma〉, 1993.

주 빨리 관통해 나갔다."(장 자크 망셰트)

영화는 예술을 가장 좋은 것과 가장 나쁜 것으로 끌고 간 세기초의 운동에 속한다. 조르주 사둘은 영화 편집의 개념이 1900-1920년 사이에 유럽의 아방가르드(브라크와 피카소의 초현실주의적인 콜라주, 아폴리네르의 '대화-시,' 알렉상드르 로드첸코의 사진 편집)에서 널리 퍼졌다는 사실을 주목한다. 하지만 다음을 주목하자. 예컨대 영화 그 자체에 이러한 모든 전위예술가적 잠재성을 포함한 영화(다음의 정의를 따르는 영화: 베르토프 이전에 멜리에스 또는 입체파들이 했던 콜라주로 영화가 항상 시작된다)는 에릭 드 쿠퍼가 제시하는 것처럼, 초창기 영화는 반대로 19세기의 유산, 즉 큰 장막으로 된 연극을 자본화하기 위해 세기초의 모든 예술 혁명에서 벗어난 영화도 있었다. "이 영화는 문학 연극도 아닌 오페라도 아닌 공연(실제로 개념은 개념과 공연 전체의 창안자를 요구했다)과 목적에 따른 공연의 생성——일반적으로 도달하려는 목표가 가장 장관인——이라는 또 다른 개념을 요구하는 대중 공연이었다. 우리는 아이도푸시콘(Eidophusikon)의 발명자인 루테르부르가 그랬던 것처럼, 석양의 위대한 전문가인 다게르에게 도움을 청해야 한다. 따라서 영화가 연출의 적용에 있어서 지각한 것은 아니다(영화는 전 세기의 실험을 계승했다). 게다가 영화는 미래의 연극과 오페라의 흔적을 남길 것이다. 이것은 영화를 회화(회화가 20세기 동안 선동해 온 토론)와 멀리하게 한다.

분리를 인정하는 작가들과 조형예술가들의 실망이 따른다. '숲 속에서처럼' 이라고 앙드레 브르통이 선언한다. 영화는 다른 예술들이 변방으로 집어던져 버린 것(이야기 · 묘사)을 보존한다. 왜냐하면 영화는 이때부터 이들 곁에서 분리되어 서로 다르게 존재하기 때문이다. "영화 초창기부터 '묘사' 의 개념에서 벗어난 세기이며, 묘사하기를 여전히 원했던 인기 있는 비양쿠르(Billancourt)를 실망시키지 않기 위해 영화를 필요로 했을 세기인 세기의 '예술'인 영화."(다네) 더 이상 제7의 예술의 우월성을 주장하는 것이 중요한 것이 아니라, 영화의 힘의 절대성을 부인하는 것이 필요하다. "최근에 나는 좀더 오래된 예술——학문과 미술——이 본질적으로 영화에 존재하지 않는 그 어떤 폭력을 지녔다고 말한 바 있다." 이어서 제3의 여정이 도래하게 될 것이다. 즉 예술의 개념은 와해되고, 논쟁이 현대 예술 이전의 전위예술가들과 그 후계자들 주변에서 일어난다. 왜냐하면 이와 동시에 영화는 한편에서는 비디오와 새로운 이미지를 통해서 또 다른 편에서는 대다수의 대중을 감동시키는 텔레비전을 통해서 과거의 영화를 '배가시키고' 재편성하거나 현재의 영화를 재정적으로 뒷받침하기조차 했기 때문이다.

"신비 · 이미지 · 열정 · 폭력 · 별 · 로맨스 세계로 통하는 영화는 ——아마도 〈바람과 함께 사라지다〉가 가장 대표적인 걸작에 속하겠지만——현대 예술의 개념과 공통점이 별로 없다. 하지만 영화가 이 시대와 직접 관련이 있는 현대의 생성물이며, 예술과 대중 사이의 거리를 극복할 수 있기 때문에, 영화가 세기의 가장 신비스런 힘 중의 하나에 속할 뿐만 아니라, 마찬가지로 웰스를 다시 한번 부연 설명하자면, 비록 영화가 아주 드물게 예술의 큰 가능성만을 실현시킬 수 있을지라도 가장 근본적인 예술에 속한다고 말할 수 있다."(유세프 이샤그푸르)

6

영화는 오히려 19세기 예술이 아닐까?

  유세프 이샤그푸르는 다음과 같이 말하고 있다: "영화가 동시에 원시 예술과 현대 예술로 태어나는 독특함을 가졌으며, 시간이 한참 지난 후에 고전 시대에 도달하는 독특함을 가졌다." 영화는 세기말의 예술이라고 덧붙여야 할 것이다. 원시 예술이자 현대 예술이면서 동시에 세기말 예술이 바로 1895년에 그리고 오랫동안 영화에 붙여지는 현대성의 개념이다.

  초기의 영화 표현은 영화 기원의 표현과 동의어에 속하며, 아주 종종 사람들은 이것을 통해 영화의 단순형에 대해 말하고자 한다. 이것은 단순형으로부터 복합형으로 이르는 영화 발전의 개념을 함축한다. 사람들은 또한 영화의 역사 이전에 대해서 이야기한다. 이 모든 용어들은 19세기말에 관계될 때, 이 용어들이 영화 초기와 논리 형성 이전의 소박하고 고풍스런 시기와 동일시한다는 점에서 기만적이다. 그런데 원초주의란 단어가 1897-1904년 사이 원초주의(14-15세기 이탈리아의 화가, 이어서 오세아니아주와 아프리카의 미술가들)의 모방을 의미하는 미술 용어로 나타난 것이 바로 이 시기이다. 말하자면 원초주의와 원시 예술이란 개념은 세기말의 근대성과 다음 세기초의 근대성에 연결되어 있다. 따라서 원시란 용어는 필연적으로 경멸적인 용어가 아니다. 즉 소박함은 가장 경제적으로 수단의 강도를 의미할 수 있다. 세기초의 일부 이론가들이 그랬던 것처럼 영화에서 고풍스런 서체 형태를 결합하고 있는 표현 형식을 본다는 것은 "현대가 원시에서 온 것인지 아니면 원시가 현대에서 온 것인지"의 질문에 대한 대답을 결정하는 것을 불가능하게 한다.(앙리 메쇼닉)

사람들은 일상 생활에서 일어나고, 종종 새로운 커뮤니케이션 수단이나 새로운 형태의 광경의 출현과 동시에 일어나는 일련의 인식의 이동에서 영화의 시작을 보게 될 것이다. 이러한 이동은 한편으로는 18세기말과 19세기초로 시간대를 표시할 수 있다. 충격의 미학은 로베르송의 환상 효과, 기요틴 초상화, 멜로드라마와 눈부신 장면, 철도 여행 등과 같은 다양한 경험을 통하여 구성되는 시간을 갖게 되었다. 마찬가지로 1860에서 1880년 사이 우리는 이미지가 한 미디어에서 다른 한 미디어로 전파되는 사실을 확인할 수 있다. 미셸 푸코는 이러한 이미지와 함께하는 놀이의 몇 가지 예를 제시한다. 이 장면이 실제 그림이나 가능한 그림 사진에 속한다고 믿도록 하기 위해, 초상화나 수채화나 파스텔과 같은 요소로 된 사진 찍은 풍경을 장식하고, 사진 찍은 (등장) 인물 배경에 장식, 폐허, 숲, 송악이나 시냇물을 그리고, 스튜디오에 실제 그림이나 회기의 양식과 유사한 장면을 만든다. 물론 영화는 세기말에 무엇인가 그 이상의 것들, 즉 나뭇잎들의 떨림이나 연기와 같이 만질 수 없는 재료를 공중에 띄우기, 모래톱이나 둑 위에 파도의 부딪혔다 되돌아오는 파도 등과 같은 것을 보여주면서, 이러한 '이미지의 새로운 열광'을 완성하려는 것처럼 이르고 말았다.

필립 뮈레는 《시대를 관통하는 19세기》(1984)에서 다음과 같이 쓰고 있다: "어째서, 어떻게, 어떤 조건에서, 그리고 어떤 결과에서 19세기가 20세기 인류의 모험을 정의하고 측정하는 데 사용될 수 있는 일종의 종속(種屬)을 표현하는 용어가 되었는가? 강박 관념의 모호한 대상. 현대의 황금 숫자." 이 책의 한 부분인 '꼭두각시 학교(École des zombis)'가 영화의 관심을 끌었다. 이 부분에서 우리는 '물론 이 세기를 우리들의 세기로 확장하면서' 19세기에 대해 말하는 것이 필요하다는 사실을 읽을 수 있다.

장 뤽 고다르는 《영화사》와 영화 탄생 1백 주년 기념 영화인 〈2x50〉에서 샤를 크로 · 빌리에 드 릴라당 · 말라르메 등의 기록에 관한 발명을 현실화한 뤼미에르 형제의 영화의 발명을 강조한다. 역설적으로 영화는 공식주의(진부한) 화가나 동양 취미의 화가의 묘사에 다른 재료를 제공했다(마찬가지로 영화는 저속한 채색화에 대한 애호심을 추구했다).

1895년에 출현한 영화는 세기말이라 불리는 데카당 시대(퇴폐주의)와 동시대의 산물이다. 알랭 마송은 다음과 같은 질문의 양상을 조사했다: "언어 표현에 절망한(19세기말에) 많은 작가들은 언어 대신에 이미지와 침묵을 찬양하고, 따라서 영화의 수용에 알맞은 분위를 만들었다. (…) 파롤(개인 대사)의 비평, 이미지의 찬양과 몸짓의 발견, 바로 이 세 가지 연속 드라마(에피소드)가 문자를 영화화하는 데 중요한 것이었다. (…) 언어 활동에 대한 신뢰의 위기는 기호가 면제된 총괄적 표현으로, 지각의 흐름, 즉 정신 생활의 즉각적 표명으로, 그리고 소리 없는 인간성의 심오함에 해당되는 제스처의 진실로 무성 이미지의 초창기적 용인 가능성을 준비했다. 이러한 의견들은 단지 아벨 강스 같은 사람이나 상드라르와 같은 사람들을 부양하는 것이 아니라, 오랫동안 영화의 야망을 인도할 것이다. 즉 그리피스 · 투르네르 또는 무르나우는 이미지의 상징적 개념에서 영감을 얻지만, 프루스트와 마찬가지로 이미지의 상상적 개념에서 영화 또는 다른 형식으로 실현된 상상력의 비언어적 본질이 아니며, 에밀 포르가 꿈꾸었던 '언어 이전의 인간성'에로의 회기 또한 아닌 예술적 형상을 인정했다. 침묵의 수수 께끼 같은 매력, 가시적인 것의 충만함과 제스처의 예상할 수 없는 다양성은 이들의 눈에는 편집해야 될 자료가 되어 나타났다."[1]

우리는 또한 어떻게 세기말의 문학이 앞질러 영화 장치의 기술을 '분리된 작품'으로 제안할 수 있는지를 제시할 수 있을 것이다. 예컨대 1864년 에밀 졸라의 편지에서 다음과 같은 구절을 확인할 수 있다. "창문의 벽 구멍에 끼워넣은 일종의 투명한 스크린이 존재하며, 이 스크린을 통해 우리는 다소 감각적 변화에 고통받으면서 다소 변형된 물체를 알아본다. 이러한 변화는 스크린의 본질과 관계가 있다. 우리는 더 이상 정확하고 현실적인 창조를 갖지 못하지만, 그 이미지가 상연되는 장소를 통해 변형된 창조를 갖게 된다." 오스카 와일드의 〈도리언 그레이의 초상〉(1890)은 스크린 위에서 비행하는 새의 투사를 마치 알쏭달쏭한 감색염료와 마레의 고속도 촬영(동체 사진 기술)의 혼합으로 묘사하고 있는 작품이다. "가끔 새의 비행은 넓게 펼쳐진 작은 만이 보이는 창 앞에 당겨 놓은 작잠견으로 된 길이가 긴 커튼 위에 환상적인 새들의 그림자를 투사하고, 아울러 순간적으로 일종의 일본식 효과를 생산하고 있었다." 말하자면 이것들은 '운명적으로 움직이지 않는 예술에서 속도감과 움직임의 감각을' 부여하기 있었다. 렌즈 세계의 대상에 대한 암시는 프루스트의 작품에서 이러한 사실을 알고 있듯이, 마술 램프에서 만화경을 거쳐 망원경에 이르기까지 그 숫자는 많다.

따라서 자크 랑시에르는 영화의 미학을 예술로서의 사실성(역사성)과 마찬가지로 정의하는 4개의 다음과 같은 기본 주제로 자신의 담화

---

1) 알랭 마송, 〈이미지 위에 멈춰 서기 Arrêt sur l'image〉, 《세기말 Fins de siècle》, 피에르 시티가 편집한 책(보르도대학교 출판사, 1990).

를 요약하고 있다: "첫째, 영화미학은 반묘사적 예술의 개념이며, 즉 '암페어(전류량)의 터치'로 사고를 기록하거나 자외선으로 된 감각의 X선 사진을 전통적 묘사의 표현 코드와 대립시키는 예술이다. 둘째, 영화미학은 이중의 생산물로서의 예술의 개념, 즉 의도가 담긴 과정의 단위와 의식이 없는 자동적인 과정의 단위와 같은 예술이다. 셋째, 영화미학은 구체적인 양식을 표현하는 예술의 개념, 즉 감성의 초자연적인 양식, 감성과 지성, 의식과 감각이나 감정의 전통적 대립을 폐지하는 양식이다. 마지막으로 영화미학은 예술을 초월하는 예술, 즉 공동으로 존재의 새로운 양식을 정의하고, 공동체 생활의 형식을 구성하는 예술이다. 그런데 이러한 네 가지 개념은 (…) 이미 1세기 이전부터 공들여 만들어졌으며, 모두가 이미 완성되었고 매듭지어졌다. 마치 우리가 낭만주의 창시자들의 위대한 텍스트, 즉 노발리스의 《단편들》에서부터 셸링의 《선험적 관념론의 체계》와 헤겔 · 셸링 · 횔덜린이 공동으로 저술한 것으로 알려진 《가장 오래된 독일 관념론의 체계적인 단편》 등을 통해 알 수 있는 것처럼. 이 4개의 기본 주제는 역사성(사실성)을 구성하며, 이 안에서 미학의 역사성(역사적 사실의 가치)인 영화가 받아들여진다.

7

세기(世紀)의 역사란 무엇인가?

　우리는 1995년 영화 탄생 1백 주년을 축하했다. 정확한 날짜는 거의 중요하지 않으며, 누가(어느 나라가) 영화의 원조인가가 중요하다. 영화가 정말로 1세기의 나이를 먹었다, 벌써 1세기의 나이를! 단지 1세기이다.

　첫번째로 할 수 있는 검증은 실제로 영화 역사가 짧다는 것이다. 두 번째 검증은 아주 일찍 지각할 수 있는 사실로부터 발생한다. 르네 클레르 감독은 1927년 다음의 사실을 주목했다: "영화의 발전은 너무 빨라서 대부분의 영화가 3분기가 채 못 되어 유행에서 멀어지고 5-10년 내에 낙오해 버린다." 고다르는 사람들이 '구식 영화'라고 말하지만 '구식 소설'이라고 말하지 않는다는 사실을 주목했다. 이와 같이 말하는 방식이 구식이다. 우리는 1930년에 벤자민 폰데인의 붓끝에서 '구식 필름'이란 표현을 발견하게 된다. 아울러 1946년에 엡스탕은 '이 구식 영화'의 상태를 염려한다. 1946년에 엡스탕은 '전위의 구식 영화'란 용어를 사용하며, 1949년에는 어째서 많은 영화들이 이처럼 빨리 구식이 되는지를 다음과 같이 설명한다: "첫째는 그 장식이나 복장과 행동들을 통해 현재의 모든 유행을 규합하고 있는 모든 영화들은 사람들의 변심을 합산한다. 둘째는 왜냐하면 영화의 그 기원부터 오늘날까지 영화의 기술이 대부분의 다른 표현 수단 기술보다 더 빨리 발전해 왔기 때문이다. 셋째는 우리들의 생활 리듬과 생활의 변형 리듬이 정확하게 최근 50년 동안 엄청나게 가속화되었기 때문이다." 루이 셰로네는 1938년에 그 시대의 젊은이들에게 〈반역〉〈조로의 몸짓〉〈칼리가리〉〈유령의 수레〉〈다양성〉이 결정적인 여정을 묘사하지 않고 있지만, "전위 영화와 아주 가깝고 마찬가지로 시대에 뒤진 '회고전'을 묘사하고 있다"고 확인하면서, "영화의 '차후의' 생명(영화가 개봉된 이후의 영화의 생명)"에 관한 질문을 다음과 같이 제기한다: "영화는 젤라틴에 말린 상태로 미라화할 것인가? 영화의 중요한 비밀은 일시적인 조롱으로 변질된 후 완전히 사라질 것인가? 따라서 모든 살아 있는 의미 작용이 영화로부터 제거될 것인가?"

따라서 영화사가 개입하게 된다. 자크 루르셀은 두 가지 태도, 즉 첫째는 지속 기간과, 루르셀에 의하면 "단층선 또는 오히려 중심지는 분명히 1945년이며, 신사실주의의 승리를 두드러지게 하는 것이며," 둘째는 "영화사를 총체 속에서 고찰하고 (…) 영화사를 일관성 있는 모든 것으로 간주하며, 그 속에서 현대와 고전이 함께, 동시대적으로, 대응해서 일을 한다는 것이다."[1] 두번째 가정은 가장 이성적인 것이며, 영화를 촬영하는 방식에서 서로 다른 속도가 된 전개를 구상한다. 일부의 전개는 막다른 골목에 이르며, 또 다른 전개는 분열되기도 한다, 요컨대 모든 것이 가능지만 인정하기가 아주 쉽지 않은 가정이다.

마음속에 곧바로 떠오르는 '단절'은 무성 영화에서 발성 영화로 넘어가는 시대 구분이다: "사람들은 초기에 소리가 표현의 영역이라는

---

1) 자크 루르셀, 〈고대와 현대 Anciens et Modernes〉, 《트라픽 *Trafic*》지 16호(1995, 가을), p.132.

사실을 거의 설명하지 못했고, 발성 영화가 초창기에 아주 짧은 단편 영화 형식을 선호하는 것처럼 보였다고 이해했다."(앙드레 말로) 영화는 필연적으로 이 순간에도(1920년대말) 변했고, 이것은 많은 사람들에게 있어 심한 충격이었다. 과거를 그리워하는 사람들이 있었으며, 새로움을 열렬히 환영하는 사람들도 있었다. 무성 영화 시대는 꿈의 소재를 출현시켰다: "무성 영화의 등장 인물들은 사라진 인간에 속하는 것처럼 보였다. 등장 인물들에게 감정은 언어 이상의 중요성을 갖고 있었다. 단지 몽롱해지면서만 사랑할 수 있고, 손을 깨물면서 울 수 있는 사람이었다. 아울러 마치 지옥의 문을 다시 닫는 것이 문제가 되는 것처럼, 노기등등한 눈알을 굴리며 커다란 몸짓으로 죽어가는 인간이었다."[2]

　사람들은 또 다른 시대 구분을 상상했다. 급진주의자인 장 파트리크 망셰트는 다음과 같이 단호히 말했다: "예술로서 영화사는 1930년 이전에 끝났다. 예술 영화를 승계한 상업 영화가 1950년대에 해체되었다. 그 결과 현재에 카메라 뒤에서 또는 스크린 앞에서 농담하기를 원할 경우, 할리우드식의 경쟁주의를 제외하고 우리에게 남는 것이 하나도 없을 것이다." 또 다른 숙명적인 단절이 제안되었다. 말하자면 1945년 전후에(즉 제2차 세계대전과 죽음의 수용소 경험 후), 길잡이가 되는 인물과 작품은 때론 로셀리니의 〈무방비 도시〉나, 또 때론 웰스의 〈시민 케인〉이었다. 다음과 같은 루르셀의 표현을 상기해 보자: "로셀리니는 이 새로운 현대성이란 이중의 모습을 묘사한다. 즉 현재를 더욱 '갈망하고' 더욱 치밀하며, 정확한 묘사와 등장 인물들의 영혼, 무

---

2) 제라르 마세, 《무성 영화 *Cinéma muet*》, 파타 모르가나 출판사(Fata Morgana), 1995, p.16.

의식 등과 같이 가장 깊은 곳으로 담화의 내면화를 구현했다." 유세프 이샤그푸르는 〈시민 케인〉을 다음과 같이 평했다: "〈시민 케인〉은 발성 영화 안에 위치하며, 회화에서 큐비즘의 도래와 약간은 비교 가능한 고전 영화와의 확실한 단절에 속하는 최초의 작품이다. (…) 구성된 고전적 언어와 비교하여 그리고 영화의 모든 과거와 관계해서 자리를 잡을 수 있는 최초의 영화이다." 망셰트의 로셀리니에 대한 다음 평을 들어 보자: "현대의 위대한 이 영화인은 정말로 감탄할 만한 오슨 웰스에 뒤이어, 이 회상 궤도(순환 여정)를 책임지는 신랄하고 아이러니한 공백을 무시하지 않고 영화애호가처럼 형식의 표현을 다시 만든 사람이다." 르그랑은 "'현대' 영화의 출발이 주어졌다"라고 말하면서 "우리는 도중에 〈시민 케인〉의 날짜는 에이젠슈테인이 자신의 조형적 탐색의 총체이자 초월로 해석할 수 있는 〈이반 대제〉란 영화 제작에 착수했던 시기이다"라고 덧붙였다. 충분히 정당화된 관찰, 그만큼 에이젠슈테인을 과소평가는 것이 일상이 되었고, 이 영화는 고독하고 짓밟혔으며, 영화의 명성은 시간이 흐름과 더불어서만 감지될 수 있을 것이다.

한 세기의 영화를 구상하는 또 다른 가능성이 존재한다. 이 가능성을 보여주기 위한 방법으로, 다네는 틀림없이 3단계를 발견하고, 이 3개의 숫자 주변에서 또 다른 변이성에 몰두한다. 그런데 이 숫자는 암시하고 또 다른 것으로 넘어가고 있는 초고를 제안한다: '인류, 인간, 인간의 공간, 군중, 개인, 환경' 또는 1) 이미지를 향한 주체, 2) 주체를 향한 이미지, 3) 주체를 향하고, 이어서 이미지로 회귀하는 이미지. 미화하다/정신화하다/꿈꾸다. 또는 "영웅/인간/개인은 항상 3단계 내부에 있다. 이것은 영화사를 말하는 또 다른 방식에 해당된다." 8개의 영화를 《영화사》에 헌정하고 〈2x50〉이란 제목으로 영화 1백 주년을 기념하기도 한 고다르에게도 고유한 산술이 존재한다. 들뢰즈는 다네의 책 《시네주르날》(1986)의 서문에서 이미지 기능을 갖고 있는 3개의 시기를 구분한다. 첫번째 시기는 바로 이미지 뒤에서 보아야 하는 것이 무엇이 있는가?이다. 제2차 세계대전 이후 두번째 시기는 두번째 기능, 즉 이미지 위에서 보아야 하는 것이 무엇이 있는가?라는 기능을 갖는다. 마지막 시기는 세계에 대한 백과전서파식의 지식과 인식의 교육, 영화를 바라보는 눈의 프로다운 연수, '기술, 단지 기술의 찬미에서 공감하는 감독자들과 감독을 당하는 사람의 세계' 이후 어떻게 이미지 속에 끼워넣어지고, 어떻게 이미지 속으로 스며드느냐?는 것이다.

8
영화는 무엇을 원하는가?

1910년경부터 최소한 약 50년 동안 영화는 계속하여 희망을 불러일으켰다. 아주 초창기부터 영화는 특별한 마술(마술=이미지)을 연출했다. "마술은 바로 마술사 자신의 곡예와 자신에게 영화 기술, 즉 뤼미에르가 보여준 녹화 기술이 허락하는 곡예 사이에서 프로 마술사가 보여주는 망설임의 행위였다.(멜리에스) 마술은 이때부터 퇴각하지 않는다."(다네) 이어서 영화는 우리가 살핀 바와 같이 프랑스에서 영화 예술과 존엄성을 얻으려고 노력해 왔다. 그리고 아주 종종 유명 작가의 이름이 제작된 영화에 결합되기도 했다.

1920년대에 많은 선언이 공표되었다. 에이젠슈테인의 이론서, 또한 아벨 강스의 이론서들('위대한 영화? 내일의 복음서. 한 시대에서 다른 시대로 가설되는 꿈의 다리. 눈을 위한 위대한 예술인 연금술사의 예술'), 엘리 포르 · 장 엡스탕 등이 영화에서 총체의 완전예술 또는 무한한 가능성을 지닌 언어를 보았다. 이 문제는 엄격히 말해 소련에 한정된 문제만은 아니었지만, 러시아에서 1917년 혁명의 성공을 선동할 수 있는 문제와 하모니를 이루는 낙관주의였다.

"영화는 삶이었던 예술을 뛰어넘는 예술의 폐지에 대한 전진이었다."(루이 델뤽) 자크 랑시에르는 영화가 무엇으로 기록이 공인되는지에 대한 분석을 한다: "표상 예술의 의도적인 장치 대신 영화는 현대 물리학이 확증하는 종합적 심리 현상과 마찬가지로, 다른 종합적 심리 현상과 물리 흡착 장치를 현동화시킬 것이다. 기계의 눈은 여기에 사고의 움직임을 직접 전사한다. 물질의 전기 에너지는 여기에서 정신 신경 에너지와 조우한다. 영화 예술이 하나의 예술 이상인 것은 바로 이것을 통해서이다. 영화 예술은 감각의 구체적인 양식이다. 바로 이 양식이 고다르가 '신비'라고 부르는 말라르메의 명칭이며, 따라서 과학자 엡스탕과 니체주의자인 엘리 포르가 영화에 부여했던 '초자연적인' 또는 '신비스런' 자연을 확증한 바 있다."

영화는 초현실주의자들 사이에 희망을 부추겼다. 알랭과 오데트 비르모는 초현실주의자들과 영화에 대한 자신들의 저서에서 다음과 같이 쓰고 있다: "1917년부터 문학계에는 영화를 향한 부정할 수 없는 열정의 움직임이 일어났다. 이 초현실주의자들이 스스로 초현실주의의 소용돌이에 가담하지 않았을 때, 즉 이들이 젊었을 때 미래의 이 초현실주의자들을 전염시켰던 것은 바로 이러한 열병에서이다. 아라공이 1918년부터 '전위 예술의 염려 속에서 한 자리'를 차지하는 영화에 대한 필요성을 단언하지 않았던가? 이 시기에 잡지들——전위 예술 잡지뿐만 아니라——, 영화의 영광을 예찬하는 시들, 열정적인 기사들, 종종 열광적인 신앙 고백들로 넘쳐났다. "나는 당신에게 영화가 나의 아버지라고 말하고 싶다. 나는 영화에 나의 인생을 빚지고 있으며, 나는 영화를 사랑한다. 영화는 문학의 핑크빛 피임약이다. 또한 나는 영화에 피와 자줏빛 색소를 제공했다."(조셉 델테이) "만약 영화가 꿈이나 빈틈없는 인생에서 꿈의 영역에 결연된 모든 것을 해석하기 위해 만들어진 것이 아니라면, 영화는 존재하지 않는다."(아르토) "부뉴엘의 걸작, 〈안달루시아의 개〉는 영화가 시인의 두 손 사이에 있

는 위험하고도 훌륭한 무기라는 사실을 입증한다."(콕토, 1930)

"예술 교육의 단절 점 사이에서 가장 강력한 것 중의 하나는 영화이다. 영화와 함께 진정으로 의식의 새로운 영역이 탄생한다." 벤야민은 이러한 새로운 의식의 영역 대신 '가시적 세계의 무의식적 이면'이란 명칭을 사용하였다. 벤야민은 제르멘 뒤라크와 아주 유사한 말을 하였다: "만약에 기구들이 움직임을 해체하고 자연 속에서 무한소의 영역을 탐험한다면, 이것은 가시적으로 우리들에게 힘없는 대상인 우리들의 눈이 인지하지 못하는 드라마나 아름다움을 가르쳐 주기 위함이다." 이것이 바로 영화의 '과학적' 영역이다. 이러한 또 다른 가시적 세계를 정의하기 위해, 벤야민은 심리학과의 비교에 도움을 청한다. 또 다른 가시적 세계의 개념은 순회할 것이고(환각 상태에 빠지게 될 것이고), 이어서 필립 솔레르스가 장 다니엘 폴레의 〈지중해〉의 평에서 말하는 '보지 않고 본 사물'로 넘어갈 것이다. 말하자면 모든 것은 표상과 가시적 세계의 질서가 아닌 외부에서 이중으로 보인다.

카메라-만년필(Caméra-Stylo)에 관한 알렉상드르 아스트뤽의 텍스트와 더불어 1948년 새로운 유토피아가 시작되었다. 오랜 시간이 지난 후 알렉상드르는 다음과 같이 회고한다: "생각은 간단했다. 먼저 제목에 대해 말하자면. 나는 이 제목을 지가 베르토프의 반어법과 그의 유명한 영화-눈(cinéma-œil)이란 이론에서 차용했으며, 나의 담론은 아주 달랐다. 나는 카메라에 만년필의 역할을 할당했고, 앞으로 다가올 미래에는 시나리오 작가들이 감독의 중재 없이도 직접 영화를 만들 뿐만 아니라, 틀림없이 이제부터 모든 영역에서 영화에 접근 가능하며, 가장 추상적인 명상보다 더한 철학적 성찰 또한 영화를 만들 수 있으며, 또한 나는 만약 데카르트가 오늘날 살아 있다면, 그 또한 《방법서설》을 영화로 각색할 것이라고 썼다. 나는 나의 입장 표명, 즉 내가 관계했던 〈앙베르송 가문의 광채〉와 〈블로뉴 숲의 여인들〉이란 영화의 첫머리에 인용했다. 이 영화들은 미래를 위한 등대의 역할, 즉 오늘날 내가 아직도 부정하지 않는 오슨 웰스의 문장인 "영화에서 내가 관심을 갖는 것은 추상이다"를 할당했던 영화들이다."[1] 아스트뤽은 또한 《자본론》을 영화화하고자 했던 에이젠슈테인과 《법의 정신》을 영화화하고자 한 페데르의 예들을 환기한다. 이 영화들은 영화의 무한한 가능성을 확인해 준 도전 영화였다.[2] 이와는 달리 다른 사람들은 무한한 가능성을 모든 감각의 양상으로 세상을 재생산하는 영화의 능력에서 확인하였다. 이것이 바로 '총체 영화의 신비(Le mythe du cinéma total)'로, 바로 바쟁이 다음과 정의하는 내용이다: "영화 발명의 직접적인 신비는 따라서 19세기에 빛을 본 현실의 기계적인 재생산에 필요한 모든 기술을 혼란스럽게 지배하는 것, 즉 사진에서부터 축음기까지의 완성이다. 이것은 통합의 리얼리즘의 기술, 즉 이미지로 세상을 재창조하는 것이다. 예술적 해석의 자유의 장애(저당권)나 시간의 불가역성은 이 이미지에 영향을 미치지 않을 것이다." 이 텍스트는 1946년에 발간된 것이다. 아울러 르네 바르자벨의 〈총체 영화〉는 1944년에 개봉되었다.

세르주 다네의 선언은 항성의 꼬리와 흡사하다. 꺼져 가는 별은 그래서 그 별이 사라진 얼마 후에까지 그 별빛이 우리들에게 끊임없이

---

1) 알렉상드르 아스트뤽, 《그림자의 흥행사 Le Montreur d'ombres》, 바르티야(Bartillat), 1996, p.68-69.

2) "몽테스키외의 《법의 정신 L'Esprit des Lois》 제11장에 대한 인간적이고 재미있는 영화를 찍는 것이 가능하다. 마찬가지로 《결혼의 생리학 La Physiologie du Mariage》이나 니체의 《자라투스트라 Zarathoustra》나 폴 드 코크(Paul de Kock)의 소설을 영화화할 수 있다."(자크 페데르, 1925) 드니 마리옹은 다음과 같이 썼다: "지성적이고, 추상적이며, 내면적인 것은 스크린 위에서 표현되는 데 성공하지 못한다. 《방법서설》을 각색하려는 기도는 대수롭게 여겨지지 않았다."

도달한다. "우리는 마침내 이미 오래전에 숭고한 약속이 있었을 것이라는 사실을 잊게 된다. 우리는 그 약속이 희망으로 지켜져야 한다는 사실을 잊었다. 이러한 일종의 가운데(토막), 즉 우리가 있고, 아주 오랫동안 지속될 가운데(토막)를 가득 채워야만 한다."

9

영화가 세상을 통제하는 데
사용될 수 있을까?

에이젠슈테인은 다음과 같이 말한다: "우리는 어떻게 관객들이 어떤 방향으로 생각하도록 강요하는지를 발견했다. 관중에게 주어진 인상을 창조하기 위해, 과학적으로 계산된 방향에서 우리의 영화를 보여주면서, 우리는 우리의 새로운 사회 질서가 자리잡고 있는 사상의 전파를 위한 강력한 무기를 발전시켰다." 히치콕은 관객의 통제에 대해 말한다. 장 뤽 고다르는 히치콕이 몇 년 동안 세상의 스승이었다고 다음과 같이 말한다. "예컨대 히치콕의 효과 속에는 효용성만이 존재하며, **영화가 그럴 수 있다**라는 사상만이 존재한다. 즉 완전히 사라진 형식적인 공격."(디네) 잉미르 베리만은 1956년에 다음과 같이 공표했다: "나로서는, 영화를 만드는 우리들은 무시무시한 힘 중에서 소량의 힘을 사용할 뿐이다――우리는 위험과는 거리가 먼 거인의 작은 손가락을 움직이게 할 뿐이다."

영화는 같은 시기에 아주 다양한 정부 형태(통제와 확산의 욕망 속에서 어디선가 서로 다시 만나는), 즉 미국·소련·나치 독일에 의해 중요한 목적으로 간주되었다. 즉 문맹을 퇴치하고, 국가를 통일하고, 세상을 정복한다. 사람들은 영화의 최면술적인 힘 또는 영화의 상연에서 기인하는 따분한 영화에 대해 많은 말을 했다. 매혹, 마약, 무기력(혼수 상태), 바로 이것들이 정치 권력을 위해 발견된 수단들이다. 정복자의 정신이 과거의 유산에 속하고 계몽주의의 영향과 무교의 전통이 상대적으로 큰 프랑스와 같은 나라에서, 사람들은 영화가 '대중들'을 위한 교육적인 기능을 갖게 될 것이라고 생각했다. 예방 교육(알코올 중독 반대 등과 같은)을 포함하여.

영화는 모든 예술 중에서 가장 중요한 예술이라고 레닌이 말했다. 스탈린은 〈총 전선〉이 개봉되자 에이젠슈테인에게 다음과 같이 말했다: "당신이 미국에 갈 의도를 갖고 있으니, 미국에 가면 발성 영화를 상세하게 공부할 수 있도록 하시오. 이것은 우리에게 아주 중요한 일이오. 우리들의 영웅들이 영화를 통하여 연설할 수 있는 장비를 갖출 때, 영화의 영향력은 엄청나게 커질 것이오." 히틀러는 "선전이라는 것이 자신의 존재가 가시화되는 순간에 그 효력이 멈춰 버린다"는 괴벨스에게 히틀러의 제3제국의 영화의 지도와 통제권을 위임했다. 루이 트렌커 · 한스 스텐호프 · 바이트 할란 · 레니 리펜슈탈은 나치 치하의 공식적인 영화인들이었다. 할리우드는 초창기부터 게르만족을 혐오하는 영화를 만들었고, 이어서 '공산당에 반대'하는 영화를 만들었다. 미국 영화는 미국의 긍정적인 이미지와 **미국인들의 삶의 방식**이 전 세계에서 이상적인 해결책이라는 사상을 광고하는 가장 훌륭한 광고 수단 중의 하나였다. 영화는 적을 풍자하거나 혐오하는 데 이용되었다(일본 사람, 볼셰비키 당원, **우주인**, 유대인, 독일인 등).

문학에서 인용한 두 가지 예들은 영화에 부여된 힘의 본질을 보여 줄 것이다. 러브크래프트의 텍스트에서, 영화는 중요한 역할을 했다. 이 텍스트는 1920년 11월의 니알랏토텝(Nyarlathotep)에 관계되는 이야기이다. 마을에서 내레이터의 니알랏토텝에 대한 계시는 영화를 환기하는 풍경을 위해서 만들어진다: "어두운 홀에서 스크린에 투사된 것은 니알랏토텝이 감히 예언할 수 있는 유일한 사람이라는 사실을 예고해 준다. 나는 스크린에 투사된 폐허의 한중앙에서 와해된 기념물 너머로 망을 보면서 불길한 표정을 짓고 있는 누렇게 뜬 얼굴의 두건을 쓴 사람의 형상을 바라본다. 그리고 나는 사람들이 어둠과 최후의 공간에 들이닥친 파괴의 물결과 싸우는 것을 본다. 말하자면 소용돌이치고 격렬하게, 아울러 창백하고 차가워진 태양 주위에서의 싸움." 라인하트 클라이너에게 보낸 1921년 12월 14일 편지에서 러브크래프트는 이 텍스트 원래의 환상에 대해 다음과 같이 이야기한다: 니알랏토텝은 "공공 홀에서 장광설을 늘어놓거나 스펙터클로 인해 의혹과 토론의 큰 반향을 불러일으키는 일종의 유랑극단 배우이거나 연사이다. 이 스펙터클은 다음의 두 부분으로 구성된다. 즉 첫번째 부분은 공포스럽고, 아마도 예언적인 영화이며, 두번째 부분은 전기 기구와 과학 기구가 딸린 놀라운 약간의 체험으로 구성된다." 관객을 최면술에 빠지게 하는 이 행상은 러브크래프트가 알지 못했던——왜냐하면 로베르트 비네의 영화가 뉴욕에서 상연된 것은 바로 1921년 4월이기 때문이다——〈칼리가리 박사〉를 환기시켜 준다. 이와는 달리 러브크래프트는 자신이 클라이너에게 편지를 썼을 때 영화를 더욱 잘 볼 수 있었다. 게다가 최면술이란 주제가 1910년대의 영화에서 여러 번 등장했기 때문에, 러브크래프트는 1920년에 두 영화 중에서 한 영화 〈여명 전의 한 시간〉를 볼 수 있었다. 이 영화 제목은 〈칼리가리 박사의 밀실〉이란 만화 영화를 예고한 작품이다.

니알랏토텝은 전기와 심리를 혼합하고(무성 영화 시대의 미국 영화에서 최면술사의 이름은 프랑켄슈타인 박사라는 이름을 소유한 사람이다) 영화를 이용한다. 영화의 본질 자체가 주의를 끌며, '혐오스럽다'는 것이 어의를 정확하게 한다. 이야기에서 2개의 분명한 시간이 존재한다. 즉 폐허 사이에서 두건을 쓴 얼굴, '최후의 공간에서 들이닥친 파괴의 물결'과 싸우는 사람들의 우주를 연상케 하는 전투. 거기에는 시대의 영화에 상응할 수 있는 것이 아무것도 없다. 이와는 달리 우리들은 좀더 현대적 작품을 생각한다(예컨대 〈스타워즈〉와 같은 영웅 판타지 영화).

따라서 이미지로 이용된 영화는 러브크래프트의 작품에서 여러 가지 영역을 암시한다. 말하자면 환각과 꿈 사이의 중간이며, 정신적 이미지와 아주 유사하고, 일종의 전-논리적인 세상에 대한 이해뿐만 아니라, 예술가들과 무관한 상상력의 힘을 생각한다. 아울러 예술가는 서로 동화된다. 위대한 고대인들이 인간의 꿈을 통제했듯이, 러브크래프트의 세계에서 영화 이미지들이 도시의 주민들에 호소하고, 주민들의 머릿속에 전기의 도움으로 불어넣는 '메시지'를 표현할 수 있다는 사실은 놀랄 일이 아니다. 이를테면 "번뜩임이 놀랄 정도로 관객의 머리 주의를 달리고 있다"고 말할 수 있다.

몬터규 로즈 제임스의 이야기, 〈요술〉——자크 투르네르가 자신의 영화 〈공포와의 약속〉이란 영화 제작에서 영감을 받은 이야기인——은 투르네르가 인용하지 않은 한 구절, 즉 캐스웰이 어린이들에게 자신의 마술 램프의 한 장면을 제안하는 주절을 포함한다(사람들은 영화를 생각한다, 왜냐하면 묘사가 움직임을 고려하기 때문이다): "이야기는 상대적으로 평범한 것으로 시작된다. 그 중에서도(특히) 〈작은 빨간 두건〉(…)처럼. 투사된 모든 풍경은 아주 정교하고 완벽하게 사실적이다. 하지만 어디에서 이러한 풍경을 찍었는가? 어떻게 이 풍경을 촬영했는가? (…) 풍경은 계속되고 공포가 계속하여 커져 간다. 최면술에 걸린 어린이들은 숨을 죽이고 바라본다. 마침내 캐스웰 씨는 어린 소년이 저녁에 공원을 가로질러 가는 풍경을 묘사하는 장면으로 넘어간다. (…) 이 가련한 소년은 추격당하고 사로잡혀서, 사람들이 처음에는 나무 사이로 교묘히 빠져나가가다가, 점진적으로 점점 더 눈에 들어오는 깡충깡충 뛰는 흰색 옷을 입은 소름끼치는 괴물에 의해 방에 갇힌다. (…) 캐스웰은 다른 풍경을 투사한다. 예컨대 뒤엉켜 뒹구는 수많은 뱀, 다족류, 날개가 달린 혐오스런 괴물. 캐스웰은 어떤 절차를 통해 어린이들을 스크린에서 벗어나게 하고, 관객 사이로 다시 돌아가게 하는가? 왜냐하면 이 현상은 어린이들을 광기(의 가장자리)로 몰아넣는 분명한 잡음을 동반하기 때문이다."[1] 사람들은 보여준 풍경과 사람이 참여한 풍경 사이에서 혼동을 재발견한다. 몰입-매력을 통하여 스크린 속으로 빠져드는 것이 아니라, 최면술사(마부제)가 공동의 환상을 만드는 〈도박사 마부제 박사〉(1922)에서처럼 홀로 흘러 들어가는 스크린이다(한 대의 카라반이 스크린에서 홀로 지나간다).

영화의 힘은 영화 시청자를 통해 평가된다. 영화의 힘은 관객을 다시 모으고, 이것은 서양에서뿐만이 아니라 인도나 이집트에서 마찬가지로, 이들 나라에서의 영화가 이를 증명하고 있다. 1980년 망세트는 여러 차례 프랑스 대중의 무관심을 지적한 바 있다. "첫째 사람들은 더 이상 움직이는 것을 원하지 않기 시작했고, **둘째** 젊어진 영화(jeune cinéma)이다. 물론 이러한 사실로부터 현상이 더욱 악화될 뿐이다. 점점 더 줄어든 관객으로 인해 점점 더 늘어나는 스크린에서의 바보짓. 이것은 매혹적인 것이다." "누벨바그는 영화를 좋아하는 사람들을 죽이지 않았지만, 변덕스런 사회적 조건 전체가 이들을 죽였다. 특히 대

---

1) 몬터규 로즈 제임스, 《휘파람을 불어라, 그러면 내가 올 것이다 *Siffle et je viendrai……*》, 신판, 오즈월드(Oswalde), 1982, p.15.

중들은 도시의 시내에서 추방당했으며, 텔레비전이 갖춰진 바라크 건물 속에 감금되어 있다. 현대판(젊은 영화인들) 영화는 **동시적인 것이** 되었다, 왜냐하면 이 현대판 영화는 도시의 시내에 머물고 있는 사람들에게 적합하기 때문이다." 요컨대 20년 전 또는 25년 전에는 한 편의 영화 상영 시간이 길었다. 즉 교외·지방 등에서는 샹젤리제에서 유행했던 영화를 3,4개월이 지나서야 볼 수 있었으며, 최소한 매주 목요일, 일요일 오후, 토요일 저녁에서야 영화관 입구는 서민들이 때론 불안에 사로잡혀, 때론 음란하게, 때론 대체로 조롱조의 다혈질 목소리로 끊임없이 외쳐대는 소리로 뒤덮였다. 현재는 도처에서 영화가 독점 상영되고 있고(사람들이 풍요에 대해 말할 때, 단지 풍요의 뿔만을 바라볼 뿐이다), 서민들은 자신의 텔레비전 앞에 머물며, 영화관에는 떠들어댈 수 없고 절망적으로 자신의 사업 실패에 만족해야 하는 중간 간부들(특히 기자들) 이외는 없다."

1988년 다네는 텅 비어 있는 영화관의 문제를 '영화-인구 통계를 위해'라는 기사에서 다시 지적하였다. "'우리가 영화관에 갈 때 세상의 일부분을 이룬다는 감정을 가져야 한다'고 누군가가 10년 전에 말했다. 스크린은 그 당시 사람들로 붐볐다. 스타급 배우와 스타, 조연들. 관중, 일당, 투쟁중인 계급, 전쟁중인 국가. 이 영화의 황금 시대는 다음과 같은 양식이 통했다: **많은 사람들이 많은 영화관에서 영화를 본다. 영화관에는 많은 관객들이 있었다.** 세실 B. 드밀은 다음과 같은 꿈이 있었다: 영화관만큼이나 영화를 보려는 관객이 있기를!"(《리베라시옹》지 1988년 9월 13일자) 이 젊은 영화(틀림없이 지성적인)에 대한 망세트의 공격은 사라졌지만, 〈인디언 송〉(상연관이 거의 텅텅 비었었던)과 같은 영화에 대한 주목은 흥미롭고도 애매하다.

10

새로운 사람의 창조는
영화 발전과 관련이 있는가?

베르토프는 다음과 같이 말했다: "나는 소위 '영화-눈'이란 사람이다. 한쪽 눈으로 나는 가장 힘세고 가장 민첩한 손을 잡고, 다른 쪽 눈으로는 가장 날씬하고 가장 빠른 다리를 잡고, 세번째 눈으로 가장 아름답고 가장 생기발랄한 얼굴을 잡는다. 아울러 나는 편집해서 새롭고 완전한 인간을 만들어 낸다." 스크린에 있는 이 남자(프랑켄슈타인이 만들어 낸 창조물)가 영화관에서 보증인을 찾아낼 수 있을까?

랑시에르는 영화 예술의 미학적인 양식이 "영화를 새로운 역사적 인간의 출현과 연결시켜 준다는 사실을 보여준다. 그런데 이 인간은 오래된 위선과 심리적인 주제의 오래된 무기력에서 해방된 인간이며, 인간을 바라보고, 기계의 진실한 운동과 동일한 리듬으로 가고 있는 예술가와 동일한 '정직한' 인간이다." 영화가 특별한 인간을 만든다는 생각은 아주 진부한 것이다(영화사에 비해 상대적으로). 조르주 뒤아멜이 영화가 노예의 오락, 문맹자들의 오락이라고 말했을 때, 영화는 하층민의 수준에 맞게 각색되었거나, 이러한 (허울뿐인) 사람의 관심을 불러일으킨다는 사실을 의미한다(자신이 본 것을 꿈꾸는 것처럼 보이고, 종종 은밀히 잠자는 사람의 몸짓으로 흔들리는 많은 인간).

엡스탕은 1940대말경 현대 인간에게 만들어진 조건은 인간을 '읽기 위해 읽도록' 부추기는 일이 거의 없다는 사실을 단언했다. 이러한 나태(뇌의 피곤함, 읽기를 싫어하는 게으름, 읽으면서 추론하는 것을 혐오하는 행위)는 **관람자**(L'Homme spectateur)라고 부를 수 있는 '새로운 정신의 변화'의 도래를 부추겼다. 그런데 이 관람자로의 인간은 이동중에 있는 보편적인 풍경이면서 항상 움직이고 있는 풍경인 영화를 발명했다. 영화는 바라보는 것으로 족한 이미지를 통해 모든 것을 말할 수 있고 알 수 있고 또 약간은 들을 수 있는 새로운 수단을 가져다주었다. 또한 발터 벤야민은 영사기와 동일한 태도를 취하기에 이른 영화 관객이 엄청나게 변했다는 사실을 주목한다.

바로 이때 영화의 보통 인간이 당도한다. 보통 인간, 즉 "결코 영화를 **만들거나** 끝내지 못하는 이 단수형"(질 샤틀레)과 중간 인간, 즉 통계적인 창조물(마르크스가 시민-패널로서의 '영국의 자유 농민'이라고 불렀던 것을 변화시키는 데 성공한 사회-정치적인 막강한 공학의 산물, 즉 사회-정치적 재산과 서비스의 생산-소비자)과 혼동해서는 안 된다." '영화의 보통 인간'은 영화를 통해 만들어지는가?(영화-만들어진 사람). 이 표현을 만들었던 장 루이 셰페르는 다음과 같이 대답한다: "이것은 틀림없이 우리들의 개개인이다. 학문의 대상이 기쁨의 대상이 아니라, 기쁨의 대상이 학문의 대상이 되는 사람이다. 바로 이 사람이 관객이다." 사람들은 "다소간의 공포스런 시뮬레이션(…)을 위해 영화관에 간다. 한편으로는 공포, 또 한편으로는 미지의 세계, 다른 한편으로는 이런저런 일 때문에." 왜상 효과, 주문된 행동은 "인간 내부에서 결정되어야 하는 것으로 남아 있고, (그것이) 정확하게 구조화된 주제가 아니라는 사실을 보여주는 무엇인가의 이동을 이용한다(그렇다고 정확하게 구조화된 주제가 아닌). 영화의 힘이 바로 여기에 있다고 나는 확신한다. (…) 이 모든 것은 엄격하게 비현실적인 것보다 덜 '이상적인' 새로운 인간이 태어나고 있는 중이거나, 아주 사회적인 생활을 하는 유령과 같은 단조롭고 절대적인 인간이 다른 곳에 존재한다는 생각을 강요한다." 관객의 집단은 동반자 역할을 하는 영화에 의해 만들어졌다기보다는 이야기(제1차 세계대전의 대학살, 제2차 세계대전의 시체 유기(납골당))에 의해 만들어졌다.

아직도 다네가 했던 것처럼 무성 영화가 상연되고 있는 마법에 걸린 큰 영화관과 1940년대 또는 1950년대의 좌석이 꽉 찬 영화관 사이에서 구별을 여전히 해야 하는가? 영화는 쇼크에 의한 무의식, 공포는 물론 쾌락의 효과를 만들어 낸다.[1] 영화에서 아주 다른 질서를 가질 수 있다. 폴 발레리는 1944년에 다음과 같이 썼다: "이러한 영화의 마력적 효과가 나의 영혼을 나누고 있다.

영혼은 아주 강력하고 움직이는 화면 위에서 살고 있다. 영혼은 스크린에서 만들어지는 유령의 열정에 참여한다. 영혼은 그 유령의 방식에 사로잡힌다. 즉 사람들이 어떻게 미소짓고, 죽이고, 분명하게 생각하는지 등등.

하지만 이러한 이미지의 또 다른 효과는 좀더 야릇하다. 이러한 재능은 인생을 비평한다. 그렇다면 내가 보고 있는 이러한 행위와 이러한 감정의 교환, 아울러 이러한 행위와 감정의 단조로운 대립은 무슨 가치가 있는가? 나는 더 이상 살고 싶지 않다, 왜냐하면 이것은 더 이상 독창적이지 않기 때문이다. 나는 미래를 속속들이 알고 있다."

---

1) 다네: "그렇다, 영화는 공포와 관계가 있다." "또한 영화는 용기와도 관계가 있으며, 공포를 극복하려는 욕망과도 관계가 있다."

11
스타는 신인가, 아니면 괴물인가?

세르주 다네는 다음과 같이 말했다: "스타들은 돋보임, 육체의 권위, 깨끗한 공간, 수수께끼의 심오함을 가진 배우들이다. 기쁨으로 보강된 육체, 모방에 바쳐진 육체, 항상 실망하고 또 약속하는 쾌락에 바쳐진 육체." 또한 앙드레 말로는 다음과 같이 말했다: "한 스타란 가까이에도 멀리에도 있지 않으며, 여배우는 영화를 만드는 사람이다. 배우는 최소한의 드라마적 재능과 능력을 소유한 사람이다. 그래서 배우의 얼굴은 총체적인 본능을 표현하고 상징화하며 구현한다. 예를 들어 마를렌 디트리히는 사라 베른하르트와 같은 배우가 아니라 프리네(Phryne) 같은 신화이다. (…) 위대한 여배우는 여러 가지 서로 다른 많은 역할을 구현하는 배우이며, 스타는 포커스를 받는 많은 시나리오가 탄생하도록 하는 능력을 가진 여자이다." 이것이 바로 고다르의 마음을 그토록 사로잡았던 고양(高揚)이다(고다르는 이러한 고양을 자신의 《영화사》에서 다시 반복했다): "영화는 대중에게 호소하는 것이다. 아울러 대중은 신화를 좋아한다……. 신화는 유령에서 시작되어 기독교로 끝난다."

고다르에 의하면, 대형 플랜의 창안은 스타의 출현에 연계되며, "인기 스타의 독재는 순수하고 단순한 정치적 독재와 관계를 맺는다." 바르텔레미 아멘구알은 펠리니의 〈아마코드〉로부터 **스타 체계**(star system)를 분석하면서 다음과 같이 동일한 확증을 하고 있다: "할리우드는 사람들을 영원하고 신경질적이지만 복종하는 청춘으로 유지하려고 노력한다. 파시즘 또한 마찬가지이다. 무솔리니는 윌리엄 파웰보다 덜 유혹적이긴 하지만, 영광 · 희망 · 허세의 대퍼레이드의 중심에서 마찬가지로 스타였으며," "펠리니는 쓰고 있다. (…) '나는 파시즘을 성장하여 어른이 되는 데 성공하지 못하고 엄청나게 번식하면서 부패하고 썩은 역사 수준에서의 일종의 퇴화——유년기의 퇴화——라고 생각한다.' 이런 의미에서 할리우드 꿈의 공장은 따라서 파시스트가 될 수 있다." 미셸 무를레는 〈폭력의 변명〉에서 다음과 같이 쓰고 있다: "배우의 흥분, 연출은 폭력에서 아름다움의 확실한 기회를 발견하게 될 것이다. 영웅은 주문을 풀고, 불길한 질서에 좀더 현실적이며 고귀한 하모니의 탐색인 자신의 개인적인 무질서를 도입한다. 이렇게 해서 그 모델이 찰톤 헤스톤 · 페르난도 라마스 · 로버트 와그너 또는 자크 팰런스인 영웅 형태의 정의가 있게 된다. 거칠고 고상하며, 우아하고 씩씩한 영웅은 힘을 미에 일치시키고(또는 팰런스의 경우에서는 야성의 감탄할 만한 비열함), 싸워서 이기고 모든 행복을 예감하거나 알기 위해 만들어진 귀족가문의 완벽함을 대표한다. 폭력, 정복, 자존심의 연습, 가장 순수한 자신이 본질에서 연출은 따라서 일부 사람들이 '파시즘'이라고 부르는 것을 지향한다. 이 파시즘이란 단어가 틀림없이 이해 관계의 혼동으로 이상주의자들, 위선자들과 노예들의 의식에 상반되는 진정한 모럴을 지닌 니체풍의 개념을 커버한다는 사실에서." 폭력 영화에서 으스대는 비대해진 근육질을 소유한 현대의 슈퍼영웅은 이 텍스트에 발전을 제시했다.

스타들이 죽음의 세계에서 격리된 창조물로 묘사되었고, 특권층의 사람에 속한다는 사실은 15년 동안 사실이었으며, 카리스마의 힘을 가진 사람을 본떠서 지나치게 눈에 띄는 단체의 호응을 불러일으켰다는 사실 또한 이론의 여지가 없다.

촬영감독이나 감독들은 빛이나 부드러운 음영을 통해 또는 종종 얇은 명주 망사나 실의 도움을 받아 스타의 신체나 얼굴을 조각한다. 배우(남자 · 여자)의 몸값을 올리기 위한 이 모든 작업, 이 모든 재능은 지상의 열정과 감동을 정상보다 2음계 높게 하는 역할을 한다. 물론 스타를 '시장을 통해 부과된 표준의 미'와 동일시해서는 안 된다. 1980년에 망셰트는 유행하는 미에 대해 다음과 같이 기술하고 있다: "시장 원리에 따라 완벽한 여성은 실제로 날씬한 허리, 길이가 약간 균형을 잃은 롱 다리, 항문 쪽으로 끌어당긴 듯한 장방형의 엉덩이, 제로와 중간 사이에서 변하는 풍만한 가슴, 꽉 닫혀 있지 않은 입. 화가인 크라나흐의 정부들은 시장 원리에 따라 단지 옷을 다시 입거나 자살해야만 할 뿐이다." 이러한 묘사의 시대에는 더 이상의 스타는 존재하지 않았다. 이어서 미국 여배우들은 점점 더 바비 인형을 닮아 가게 될 것이다.

일부 스타들은 영화를 통해 모든 무대에서 만들어졌으며(가르보는 완벽한 한 예에 속한다), 다른 곳에서 온 스타들도 있다(보드빌(무대극), 브로드웨이 등등). 에드가 모랭에 따르면 스타 시스템의 황금기는 1920년에서 1930-1931년까지라고 한다. 1930년 이후 스타들은 자신들의 하늘에서 지상으로 내려가기 시작했고, 예외와 평범함이 뒤섞이기 시작했다. 우르술라 안드레스가 출현하는 비참한 영화 이외에는 더 이상 갖지 못했다는 사실을 확인하면서, 망셰트는 다음과 같이 결론짓는다: "시장은 더 이상 스타들을 원하지 않으며, 질 클레이버그를 원한다. 나는 뛰어난 코미디언인 질 클레이버그에 대항할 아무것도 갖고 있지 않으며, 인생에서 코미디밖에는 없다. 인생에서 열정과 정신의 폭발, 거대한 행운이 있으며, 나팔을 불며 짐을 싣는 수많은 코끼리가 있다." 따라서 스타들이 사라지는 순간이 또한 존재한다. 마를린 먼로에서 할리우드 '스타들' 중에서 마지막 스타를 보고, 브리지트 바르도에서 '외국' 출신의 스타들 중에서 마지막 스타를 보는 것이 관례이다. 먼로는 1962년에 죽었으며, 바르도는 실제로 10년 후, 즉 망셰트가 (1980년초에) 영화 스타들이 다른 스타들('인기' 가수, 올림픽 챔피언, 흥행 사업(연예 사업)과 제트기로 날아다니는 부자들의 단골들)에게 자리를 양보했다고 썼던 그 시기에 은퇴했다.

   '스타로 만들기' 란 현상의 실제는 아주 복잡하다, 왜냐하면 여러 장르의 스타(예컨대 바르바라 스틸이나 크리스토퍼 리와 같은 환상 영화 스타, 윌리엄 S. 하트나 클린트 이스트우드와 같은 서부 영화, 어린이 영화 스타(셜리 템플이나 미키 로니)나 동물 영화 스타(린 틴 틴(Rin tin tin)이나 암 원숭이, 치타). 요컨대 모든 인간과 동물(신인동형화된), 즉 분리된 작품으로 된 완벽성의 세계: 외관, 다리, 신과 여신이 지역 신화의 대부분으로 예시화된 사육제의 올림포스 산의 신들: '넝마주이부터 부자에 이르기까지,' 사회적 진보. "어제 여기에 왕들과 여왕들, 전사들과 연인들, 말하자면 온 종류의 인간들, 모든 종류의 진정한 인간의 감정들이 있었다⋯⋯." 이것은 제레미 프로코쉬(감탄할 만한 추함을 지닌 아수인 일명 재 팰런스)가 1963년 고다르의 영화 〈경멸〉에서 행한 말이다. 사람들이 이 등장 인물이 영화에서 요구하는 것을 알게 되었을 때, 이러한 '셰익스피어적인' 비약은 단지 대단한 추함으로 인식될 수 있었을 뿐이다.

12
영화에도 한계가 있는가?

크리스티앙 메상이 환기하듯이, 한계라는 단어는 '이마' '수치심'이 란 어원에서 왔다. 한계는 자의적인 것만큼이나 아주 필연적이다. "지 나치게 제한된, 우리들은 포위되어, 감옥에 갇혀 있다. 제한되지 않으 면 우리들은 더 이상 아무것도 아니다!" 국경이란의 용어는 한편으로 는 한계의 우유부단함을 표현한다. "결혼(의 신), 이 경계는 단 한마디 로 처녀와 결혼의 수행을 말한다." 영화는 무엇을 원하는가? "제3의 상태로, 영화는 모든 것이 되고자 한다."(고다르) 영화는 무엇을 할 수 있는가? 우리가 그것을 예상할 수 있듯이, 영화의 힘은 이것과는 거리 가 멀게 무한한 것이 아니다. 우리는 영화의 힘을 깎아내리는 것이 당 연시되었다는 사실을 알고 있다. '현실'의 문제에 아주 가까이 접근하 고자 하는 강박 관념의 욕망 속에서, 영화는 향수, 어떤 색채에 관계 될 때 어찌할 줄 모른다. 또한 강조(relief)가 영화에 저항한다. 이러한 부조리한 탐색(끝까지 추격하려는 열정)의 최종점은 영화 촬영(**무가치 한 영화**)의 욕구로 인해 인간 존재에 대한 실제의 사형 선고일 것이 다.[1] 항상 현실에 관계되는 또 다른 수준(기준), 하지만 가장 미세한

---

1) 포르노 영화 또한 진퇴유곡을 표시한다.

것인 내재성, 감정들에 대해 자크 리베트는 다음과 같이 말하게 될 것이다: "의혹과 동요 속에서 따라가야 할 것들이 있다: 죽은 사람은 틀림없이 이러한 것 중의 하나이다. 아울러 어떻게 신비한 일을 영화화하는 순간에 위선자로 느끼지 않을 수 있는가?" 물론 영화가 관계되는 유일한 것은 아니다. 고통이나[2] 감정들에 대해서도 마찬가지이다. 예컨대 고다르 자신은 사랑의 감정을 보여주는 능력을 좋아한다고 말한 바 있다.

영화의 한계는 우리가 영화를 다른 예술과 비교할 때 감지할 수 있다. 실제로 전방위의 대적이 있지만, 또한 만남·대화·교환·동맹이 있다. 사람들이 영화화한 위대한 작가의 소설의 페이지를 생각할 때(쥘리앵 그라크의 〈코페투아 왕〉(1970), 자신이 각색한 앙드레 델보의 〈브레에서의 약속〉(1971)), 사람들은 영화가 어디에서 장애물과 부딪히고, 어디에서 대용물을 발견하고, 어디에서 뚜렷하게 부각되는지를 본다. 그라크는 자신의 소설의 세목을 세공한 번 존스의 라파엘로 전파(前派)의 그림에서 출발했다. 바로 이 영화가 그림의 은덕을 입은 '소설적인' 작품이다. 영화에서 그림은(또는 그림의 재생) 두 번 반복하여 제시되었고, 그 제목은 그림 테두리의 아래에 나타난다, 반면에 이야기에서 내레이터는 기억력을 더듬어 제목을 다시 발견한다. 선택한 예에서 그치자면, 그라크의 이야기는 색체의 묘사가 거의 없다. 즉 이야기는 (거기에서) 그라크의 구상에 책임을 맡았던 것처럼 보이는 판화의 미학과 동일한 '흑백'이다. 델보의 영화는 이와는 반대로 컬러이다. 텍스

---

2) "사람들은 고통을 묘사하는 이미지를 만들 수 있을까…? 당신이 당신의 손가락을 나무에 비빌 때, 당신은 나무를 느낄 겁니다. 만약 당신이 가시를 쥔다면, 당신 손가락에 가시가 박힐 겁니다. 고통도 이처럼 진행됩니다. 고통은 외부에서 내부로 이동합니다."(스티븐 드워스킨)

트는 처녀의 화장복에 대해 다음과 같이 말한다: "처녀는 짙은 색조의, 끈으로 허리가 꽉 조인 헐렁한, 그녀가 걸을 때 단지 맨발의 발끝만이 드러나 보이는 화장복을 입고 있었다. (…) 말하자면 화장복 이라기보다는 망토라고 할 수 있는." 델보는 "영화 색인 따뜻한 색에 관해 말한다: 갈색, 황토색, 녹색과 황금빛 노랑색——그 위에서 얇은 직물로 된 보랏빛 화장복의 싸늘하고 격렬한 충동이 드러나 있었다." 따라서 어떤 타당성(직접적인 관련성)이 정확한 상황에서 '신뢰'의 개념을 가질 수 있을까? 2개의 서로 다른 논리가 이 작품에 내재해 있다. 결과는 한편으로는 채택된 선입관의 결합(논리적 일관성)에 의존한다. 이 때부터 한계라는 단어가 의미를 갖게 되는가?

"어떤 위대한 영화도, 우리가 이것을 잘 확인하기를 바란다면, 결코 위대한 작품의 **각색**이 아니다. 왜냐하면 일단 픽션이 특별한 형태로 만들어지면, 픽션을 '다른' 형태로 위탁하기 위해서는 픽션을 파괴해야 하는 것은 바로 관통을 통해서 이루어지기 때문이다. 사람들은 종종 다른 연극 작품으로 위대한 연극 작품을, 다른 그림으로 위대한 그림을, 다른 영화로 위대한 영화를 (…) 만들 수 있다."(프랑수아 르뇨) 그림에 대해 말하자면, 파트리스 롤레는 사람들이 영화와 그림의 관계(비교, 접속, 분리)를 구상하는 방식이 어떠하든지, 그림은 발터 벤야민에 의해 무효화되었다: "벤야민 이후, 아마도 그림과 영화 사이의 가능한 더 많은 비교가 더 이상 존재하지 않았다. 글자대로, 그림과 영화는 더 이상 특정한 위치나 공통의 장소를 갖지 못했거나 갖지 못할 것이다. 그림과 영화의 대조의 공간조차도——그토록 논쟁거리가 되었음에도 불구하고——파괴되었다. 어째서? 왜냐하면 그림과 영화를 비교한다는 것은 기어코 벤야민에게 있어서 그림의 가치 체계와 그림의 역사에서 물려받은 표현 방식에서 영화를 분석하는 것이기 때문이다." 장 루이 셰페르는 형식주의자 · 화가 · 영화인이었다. "이것은 아무런 상관이 없다."

역사의 재현은 영화에게 있어 극복해야 할 미묘한 또 다른 장애로 간주되었다. "영화가 탄생하면서부터 영화는 역사의 재현에 의해, 지나간 역사의 재현에 의해 고통을 받았다. (…) 무엇이 영화사의 재현에서 문제가 되는가? 영화가 근본적으로 현재의 예술이기 때문에 영화는 과거를 구성하는 데 실패한다는 사실(물론 로셀리니는 말할 것도 없고 포드 · 르누아르 또는 브레송 · 에이젠슈테인 · 기트리 또한 이것을 찾으려고 하지 않았다!)(자크 봉탕). 문제의 복잡성을 환기해 보자. 재현된 시대와 이 재현을 만들어 내는 시대 사이의 시간적 차이는 이 두 시대 사이의 특별한 관계가 설정되었다는 사실을 말하도록 한다. 촬영의 현재는 구성된 과거를 더 잘 보이도록 하는 것으로 사용할 수 있거나, 이와는 반대로 잃어버린(다시 찾아야 할) 이상으로 이용할 수 있기 때문에, 자신과의 유추를 가정할 수 있다. 재구성 그 자체는(예컨대 복장) 종종 사라진 현실에 충실한 이미지를 위해 선택한 시대의 재현으로부터 행하여진다. 반면에 이 선택한 시대는 질문해야 할 자료들이다. 재구성 도중에 발명 파트가 개입한다. 문제는 루키노 비스콘티와 같은 영화인이 자신의 등장 인물을 '실물과 동일한' 장식으로 발전하도록 할 뿐만 아니라, 이들에게 사라진 일상으로부터 그대로 온 물건들(예컨대 〈치타〉란 영화에서 크라우디아 카르디날에게 제공된 여자가 파트너의 이름을 적어넣는 무도회 수첩)을 조작하도록 제공할 때 복잡해진다. 지워진 시간에서 취한 대상이며 유령으로 불쑥 나타나는 이 물건의 상태는 영화의 재현을 둘러싸고 있는 잃어버린 시간과의 관계라는 아주 복잡한 망의 이해를 단순화시키는 것과는 거리가 멀다. 역사 소설은(역사적 로망) 기껏해야 문자나 칙령, 조약의 텍스트를 재구성할 수 있다. 영화와는 달리 역사 소설은 연출할 수 없으며, 고문서 그 자체, 물건의 형태로 과거의 흔적을 만들 수 없다. 또 다시 한계의 개념이 모호하고, 애매하다는 사실이 입증된다.

사람들은 영화에 한계를 제시했고, 한계의 경계 표시를 하고자 했다. 매번 다른 영역에 대한 토론에 영향을 미칠 때마다, 자리를 옮겨 간다는 사실을 항상 알지 못하고. 영화의 힘은 어디에서 멈춰 서는가? 어디까지 영화의 힘이 퍼져 나갈까? 이 힘은 영화가 생산하는 것에 영향을 미친다. 투쟁, 끊임없는 작업, 감속한 에너지, 기쁨과 포기의 1세기 후에 무엇이 영화를 구성하고 있는가? 그리고 어떤 힘이 오늘날 영화라고 부르는 것을 통해 표현되었는가? 영화에 맡겨진 희망들, 자발적이거나(의지주의자이거나) 열광한 공포들은 순간적인 자기 만족 이외의 다른 것을 조금도 정의할 수 없다. 영화에서 발생된 실망은 더욱 고려될 수 없다——최소한 영화 연출(감독)에 관해서는 이제부터 우리들 앞에 있는 가능한 일의 현실화만이 고려될 수 있다. 왜냐하면 한 페이지를 넘기려고 하기 때문이며, 총결산서가 작성되었기 때문이다. "우리들의 생각은 우리들의 수단에 의존하며, 새로운 수단의 생성은 우리에게 우리들의 판단이 우리들의 자원과 관계하고 있으며, 정신이 일시적으로 작용해야만 하는 것처럼 여겨져야 한다는 사실을 가르쳐 준다." 폴 발레리는 이러한 사실을 다음과 같이 부언설명하면서 말한다: "사고의 가장 위대한 힘은 사고된 사물——모든 의심스러운 것——을 고발해야 한다는 것이다."(1939)

참된 한계는 연출가(감독)가 자신에게 과하는 한계이다. 즉 어떤 주제, 어떤 장면, 촬영의 어떤 각도, 카메라의 어떤 움직임의 거절 등을 예로 들 수 있다. 이동 촬영은 어떤 상황에서는 정신적인 일이 될 수 있다. 여기로부터 '카포(Capo)의 이동 촬영'이라는 다네의 아주 유명한 텍스트가 등장한다. "관점의 공통성인 매력과 거절이 존재하고, 모럴과 관계가 있는 완강한 반감이 존재하거나 덜 엄숙하게 하기 위해(근엄하기 위해) 단순히 인간의 존엄성의 어떤 개념과 관계가 있는 완강한 반감이 존재한다. 우리는 효용성의 눈부신 연구에서 사용된 수단에 관해서, 하나의 구체적인 예를 들자면, 결코 모든 미학적 선택이 함축하고 있는 관념적 질서의 의미가 곤경에 빠지지 않도록 한다. 죽음, 폭력, 또는 뿜어 나오는 피를 영화화한다는 것은 저자를 참여시키는 결정이다. 우리는 이러한 사람에 대한 비존중이 이미 파시즘의 극단적인 형식 속에서 작품화되었으며, 다른 곳에서는 이상론자의 위선으로 능숙하게 마스크를 쓴 형태로 작품화된다는 사실을 잊을 수 없다."

13
1세기는 영화를 공인하는 데 충분한가?

　문집——바로 이 문집을 통해 마르셀 레르비에의 선집이 끝난다
——은 다음과 같은 대구를 이루는 2개의 인용문으로 시작된다: '영
화? 무지로의 불안한 회귀.' (르네 두미크, 1925) '영화? 인간의 또 다
른 시대.' (피에르 시즈, 1922) '영화, 새로운 여신.' (콕토) 말하자면 예
술 또는 하수도 직결식 수세장치의 변이형, '사람을 어리석게 만들고
풍속을 퇴폐화시키는 기계' (뒤아멜)? "그 수단을 통해 필연적으로 한
정되고 피상적인 영화는 그 운명을 통해 불가피하게 통속적이다?"(폴
수데 · 앙드레 브르통은 1951년에 '영화 생산 이론의 여지없는 천박
함'에 대해 말한다.

　이들의 영화에 대한 초기 비평은 영화에 상당히 해가 되었다. 감히
말하자면 이 초기의 영화비평은 의심스런 교환이 거래되는 시장과 애
매모호한 장소 사이에서 영화의 외형에 밀착되었다. 아스트뤽은 영화
가 '기름 찌꺼기 냄새를 풍기고' '넝마주이의 예술'이라고 말할 수 있
다고 말했다. 이어서 〈이삭 줍는 남자와 여자〉로 영화를 해방시킨 사
람은 바로 아녜스 바르다이다. 일부 사람들에게 결점이었던 것이 다른
사람들에게는 분명한 찬사였다. 하지만 이 기름 찌꺼기 냄새와 쓰레기
통을 뒤지는 것에 놀라는 제스처와 같은 무엇인가가 남아 있었다. 영

화가 진정으로 인정받았는지는 확실하지 않다. 왜냐하면 이 아첨꾼들은 항상 영화가 공인받기를 원했었기 때문이다(비록 이들이 영화가 대학으로 침투해 들어가는 것을 본다는 사실을 싫어했을지라도). 베르나르 샤르데르는 랑글루아가 자신에게 마르 델 플라타(Mar del Plata)에서 해주었던 다음과 같은 충고를 환기한다: "영화보관소, 영화가 대부분의 사람들에게 의미하는 것은 아무것도 없다, '박물관'이라고 말해야 하며, 예술과 역사에 대해 말해야 한다. 보조금을 위해서는 결코 이 사실을 잊지 마라."

영화에 관해 씌어진 것만을 고려하기 위해서, 모든 보증이 항상 주어졌던 것은 아니다. 마찬가지로 파악하기 어려운 대상에 관해 일하는 조건이 쾌적한 것은 아니었으며, 과거를 회고하는 일은 여전히 쉬운 일이 아니다. 말하자면 영화를 보는 어려움, 영화를 기억하는 어려움, 영화의 곧 사라지는 특성은 진실한 작업 태도에 방해가 되는 역할을 했다. (…) 스탠리 카벨은 사람들이 책 속에서 찾아볼 수 있는 시퀀스의 묘사나 시나리오의 요약이 많은 부정함을 구성한다는 사실을 주목했다——"이것은 가장 고차원적인 수준에서 발생한다"(그는 한 예를 트뤼포에서 인용한다). 사람들은 조르주 사둘이 종종 얻기 어려운 정보에서 비롯된 실수가 많다고 비난했다. 그렇게 실수하는 것들을 대수롭지 않게 여기거나, 그러한(어떤) 작품 속에 내재된 (많거나 잠재된) 실수를 칭찬하기조차 할 것이다. 게다가 명성에 해가될 근사치나 실수들은(일본에서는 할복자살을 요구할 권리가 있을 것이다) 작가의 이익을 위해 전가된다.[1]

제도의 영역에서('직업의 프로들'의 영역에 대해 말하려는 것이 아닌), 힘의 관계를 뒤섞고 있는 당파에의 소속은 어떤 행동을 이끌어 내는 것이다. "단지 정확한 방식으로 자신의 일을 하는 것이 좋으며, 감히

자신의 이름을 말하지 않는 악의로부터 고립되는 것이 좋다."(스탠리 큐브릭)

또한 환멸을 참고해야 한다. 알렉상드르 아르누는 1929년에 다음의 사실을 확인했다: "우리는 과거를 되풀이하지 않는다. 이것을 확신하기 위해서는 오래된 기록 영화를 보는 것으로 족하다. 이것은 13-16세기의 해도가 현대식 지리학자에게 더 이상의 정확성을 제공할 수 없는 것보다 우리에게 더 이상의 정확성을 제공하지 않는다. 아울러 이것은 트릭이나 꿈을 닮았으며, 그 어떤 현실과 일치하지 않으며, 우리에게 스튜디오의 재현보다 덜한 진실의 감정을 제공한다. 과거는 존재하지 않으며, 우리는 우리의 필요에 따라 솔에 적셔 문지른다. 역사적 영화는 우리들의 눈의 존재하는 상황 이외에서는 결코 전개되지 않는다. 말하자면 모든 이야기는 동시대적이다. 따라서 우리들의 다시 시작된 행위는 우리가 행위에 참여하고 있다는 이러한 사실 자체에서 코미디가 되며, 우리는 배우가 바쁘다거나 진실다움이 거의 없다고 생각할 권리가 있다." 1933년에 아르토는 〈영화의 조숙한 노화〉에서 다음과 같이 준엄하게 비평하고 있다: "무수한 망막에서 아교처럼 끈적끈적해진 이미지의 어리석은 세상은 사람들이 세상으로부터 만들 수 있는 이미지를 결코 보완하지 못할 것이다. 따라서 이 모든 것으로부터 해방될 수 없는 시는 일시적인 시, 즉 무엇이 존재할 수 있을 것인지를

---

1) 존 포드의 〈영웅의 임무 La Charge Héroïque〉와 〈사막의 여죄수 La Prisonière du désert〉를 혼동하는 것은 스탕달의 《파름의 수도원 La Chartreuse》을 《적과 흑 Le Rouge et le Noir》으로 취급하는 것과 마찬가지이다. 라 플레야드 전집서고(La Bibliothèque de la Pléiade)의 박식한 주해는 다른 영역에서 허용되지 않을 영화에 관계되는 기념비적인 실수를 인정하고 있다. 즉 보르헤스의 《전집》 제1권 p. 1722, 1926년의 〈이반 대제〉는 에이젠슈테인에게 헌사되었다(이루리 타리취의 영화 〈노예의 날개 Les Ailes du Serf〉가 관계됨에도 불구하고). 아울러 쥘리앵 그라크의 《전집》 p.1153에서 〈노스페라투 Nosferatau〉는 프리츠 랑의 영화가 되었다!

말해 주는 시에 불과하며, 우리에게 인간의 신화와 오늘날의 인생의 신화를 복원해 주기를 기다려야 하는 것이 영화가 아니다."

영화가 고통받고 있는 체계적인 흥미로운 사실을 확인하는 것은 놀라운 일이다. 1945년 12월 26일자 《르 피가로》지는 다음과 같은 앙케트를 했다. 상징주의 시인 폴 엘뤼아르는 다음과 같이 대답했다: "내 인생에서 영화가 차지하고 있는 위치는 무엇인가? 영화는 내 인생에서 아무런 위치를 차지하고 있지 않다. 몇 해 전부터 영화는 더 이상 아무런 위치를 차지하고 있지 않다. 나는 20년 동안 영화를 정열적으로 좋아했지만, 나는 영화에서 전쟁 이전보다 동일한 기쁨을 더 이상 느끼지 못하고 있다."[2] 앙드레 지그프리트 · 아르망 살라크루 · 가스통 바티 등도 브르통과 동일한 대답을 했다. 1933년에 《아트프레스》지에 게재된 〈영화를 위한 제2세기〉란 기사를 읽을 때, 사람들은 이 잡지에서 다양한 개성이 담긴 답변을 발견한다. "당신은 영화관에 예전보다 더 많이 가십니까? 덜 가십니까?"라는 질문에 필립 솔레르스는 "더 이상 가지 않는다"라고 답했으며, 베르나르 뒤푸르는 "나는 더 이상 영화관에 가지 않는다." 클로드 올리에는 "내가 시골에 살기 시작한 이후, 말하자면 내 나이 18세 때부터 더 이상 영화관에 가지 않았다." 미셸 드기는 "옛날보다 아주 드물게 간다(노후화?)" 등등이라고 각기 대답했다. 얼마간의 시간이 지난 후, 사람들은 영화를 보기 위해 자리를 옮기는 것을 멈추었다. 질문서는 카세트 비디오가 영화관의 출입을 대체했는지의 여부를 묻지는 않았다(왜냐하면 시골에서조차도⋯⋯). 사람들이 프랑스 지성인의 세계에서 헤아릴 수 있는 사람들, 즉 모리스

---

2) 앙드레 브르통은 영화의 나이에 대해 말하면서 다음과 같이 썼다: "인생에서 이러한 나이는 존재하고, 또 나이가 먹는다는 사실을 인정해야 한다."(1927)

드 콩디야크 · 장 포미에 또는 조제 코르티와 같은 사람들의 회상록을 읽을 때, 이들이 영화에 관해 전혀 언급하고 있지 않다는 사실에 대해 놀란다. 비트겐슈타인 · 프레드 어스테어 · 진저 로저스 · 카르멘 미란다 · 베티 허튼과 같은 사람들은 긴장을 풀기 위해 서부 영화를 감상했다. 사람들은 데리다가 영화에 그만큼의 자리를 할애했다는 사실을 인정하지 않는다. 그렇다면 누가 영화에 관심을 가졌단 말인가?

세르주 다네는 고다르가 클로드 장 필리프가 시네-클럽을 "마치 영화가 아주 하찮고, 대수롭지 않으며, 시시한 것으로 소개하면서 언제나 웃음짓고 있다고 비난하곤 했던 〈아포스트로프 Apostrophes〉란 방송을 기억하고 있다(이 점에 대해서는 파트리크 브리옹의 목소리도 마찬가지이다). 이것은 이 방송을 진행하던 베르나르 피보의 빈정대는 눈빛 아래서 일어났으며, 다네는 피보가 클로드 장과 같은 '정상적인 사람들 앞에서 결정적으로 소개할 수 없는' 필름보관소의 전 구두쇠 영감들에 대해 수치심을 준 것이라고 말했다." 게다가 그는 머리를 쳐들고 다음과 같은 종합 평가를 끌어냈다: "나는 단지 영화가, 비록 이 위대한 것이 사람들이 믿는 것보다 더 작아졌다고 할지라도, 내가 믿고 있는 것보다 더 큰 위대한 것이었다고 말하고 싶다." 영화가 위대한 것인가 하찮은 것인가? 모든 것은 상황에 달려 있다. 영화는 위대한 것이었으며, 그렇게 머물게 될 것이다. 사람들이 영화에 헌정된 텍스트를 읽을 때, 방해받을 수 없다는 것 또한 사실이다. 한편으론 아브라함이나 안티고네의 희생의 실제에 관해 던지는 질문과 다른 한편으론 '육체와 뼈로 된' 배우가 열연하는 〈로저 래빗〉의 인도마호가니가 대결할 때, 육체의 문제에 관해 던지는 질문 사이의 차이가 존재한다고 생각하는 것을 삼가하지 않을 수 없다는 것 또한 사실이다. 실제로 사람들이 비교 가능한 생각의 질서 속에 있는 것처럼 보이지 않는다. 이러저러한 영화에서 연출 작업의 정교함을 기억하면서 마음속으로 척도의 변화를 간직해야 한다. 영화는 맹목적인 찬사나 지나친 모욕을 받을 자격이 없으며, 끊임없는 중재, 즉 적응을 요구한다. 영화는 때로는 너무나 큰 때로는 너무나 작은, 말하자면 어느 정도 앨리스의 이야기나 걸리버의 이야기로 볼 수 있다.

14

영화의 미래는 무엇인가?

무엇보다도 두 가지 확인이 필요하다.

첫번째 확인은 영화가 그 종축에서(그 생성에서) '미래가 없는 발명품'으로 출현했다는 사실이다. 엡스탕은 이 점에 대해 오귀스트 뤼미에르와 자신이 가졌던 대화를 덧붙였다. 그 이후 영화는 끊임없이 변사 상태로 '살아왔다.' 1929년 12월 벤자민 폰데인은 무성 영화에 대해 다음과 같은 슬픈 찬사를 보냈다: "영화 나이 갓 30세에 이르렀을 때, 사람들이 영화에 희망과 찬사를 아끼지 않을 때, 무성예술은 한 방의 주먹을 얼굴 한중앙에 얻어맞게 되었다. 정말로 영화의 모든 자원이 고갈되었는가? 영화가 이미 모방되었는가? 영화가 녹슬었는가? 영화가 전통과 규칙으로만 살고 있는가? 물론 아니라고 대답해야 한다. 참사? 아마도 그럴 것이다. 그렇다면 결정적인 것인가? 나는 이것을 걱정한다." 시간의 비약. 우리는 현재 1979년에 와 있다. 제라르 르그랑은 고갈, 쇠진, 퇴화에 대해 말한다. "우리는 발성 영화의 도래와 함께한 '교체'에서 출발하는 3개의 큰 문체상 집단의 존재를 상정할 것이다. 물론 우리는 영화의 원사 시대(protohistoire)부터, 그렇지 않으면 선사 시대부터 장내 아나운서의 표지를 추적할 수 있다. 이 3개의 집단은 '현대' 영화의 출현 시기까지 영속했으며(오슨 웰스, 신사실주의, '누벨바그'), 1960년에서 약 1965년까지 다양한 형식으로 살아 남았다. 이 최후의 국면까지 '현대' 영화는 **반복되는** 것으로 인정되었 다." 현대 영화는 다음과 같이 더욱 명확하기조차했다: "그 총체에서 영화는 영화 자체는 물론 다른 예술에 관해 끊임없이 반복적이었다." 요컨대 "영화의 나이가 비록 1세기밖에 되지 않았을지라도, 나에게는 이미 방출의 가장자리에 있는 것처럼 보였다." 망셰트 측에서도 동일 한 목소리를 낸다.(1978-1981) "영화는 형식적으로 고갈되었다." 영화 는 "와해되었으며, 더 이상 발전할 수 없다." "영화를 혁신할 수 있는 더 이상의 방법이 존재하지 않는다, 우리들은 단지 재고품에서 꺼내 어, 재생하여 사용할 수 있다." "무엇인가가 지배했고, 이어서 쇠퇴하 여 암울해졌지만, 아무도 영화에게 무엇이 일어났는지 알지 못했다" "훌륭한 오래된 구조의 체계적인 되풀이, 버찌나 올리브 대신에 유행 하는 그 무엇인가 작은 거시기와의 뒤섞임, 뒤범벅, 우리들은 실제로 찬성한다." 할리우드는 황폐화됐다. 따라서 사람들이 텔레비전이 영 화를 매장시켰다고 말할 때, 텔레비전은 영화를 무관심하게 내버려둔 다: "텔레비전이 영화를 죽일지라도 우리는 개의치 않는다. 이미 많은 영화가 존재하고 있고, 사람들이 아직까지 보지 않은 영화가 많이 존 재하기 때문이다……," 세르주 다네(1922)는 다음과 같은 이중 이미 지, 즉 나선형 길과 백미러 효과를 사용한다: "우리는 오래전, 즉 10년 20년 전부터 계속해서 돌아가는 길 위로 끌려가고 있는지도 모른다. 우리들 앞에서 우리를 기다리고 있는 풍경을 발견하는 대신에 우리는 완벽한 아주 완벽한 나선형 길을 뚫고 지나가고 있다는 감정을 갖는 다. 연결도로가 아름답고, 순환도로이며 나선형도로가 아니고 또 우 리들을 다시 출발점으로 다시 데려다 줄지도 모른다고 두려워하는 고 속도로의 연결도로처럼. 결과는 다음과 같다: 우리들 앞에는 이미지가 없으며, 우리들 뒤에만 이미지가 존재하며, 백미러 장식은 끊임없이 다시 만들어지는 백미러로부터 모든 것을 포착한다." 그리고 이어서 사람들은 계획된 자신의 죽음이 '영화의 죽음과 동시에 일어난다!'는 사실을 알게 된다.

2001년 파트리스 롤레는 다네가 만든 잡지 《트라픽》지에서 이 주제를 분석한 바 있다. 1997년에 정확하게 이 잡지에서 영화의 사망이라는 주제가, 비록 이 주제가 자신을 보호하기 위한 것일지라도, 아주 종종 반복되었다. 영화인들이 이 주제에 접근했다. 예컨대 웬더스는 이 주제에 많이 접근했으며, 고다르 또한 마찬가지였다. 고다르는 목청을 높여 "내가 알고 있는 영화(내가 연출한 영화를 포함하여)는 끝났다. 누벨바그 시대에 우리들은——이 시기가 설사 이미 영화의 끝을 알리고 있을지라도——영화의 새로운 시대를 연다는 생각을 했다." 영화사는 기념비이다. 그것은 '더 이상 결코' 반복되지 않는다. 에릭 드 쿠퍼(1993)는 그것을 오페라사와 비교했다. "말하자면 오페라의 짧은 시간 동안 다량으로 출현하는 예술적·문화적인 경쾌한 힘에 비교했다. 또한 이어서 무대의 불이 꺼지고 아류를 통해서 이 이외에는 더 이상 계속하여 이어지지 않는 오페라와 비교했다. (…) 나는 영화에 대해서도 사정은 마찬가지일 것이고 마찬가지라고 믿는다. 그 어느 때보다도 더 영속하고 있는 영화는 그 어느 때보다도 더 죽은 상태이다. 결코 영화는 영화 초기 50-60년대 동안에 존재하며 의미했던 상태가 될 수 없을 것이며, 또한 의미하지 못할 것이다."

지금부터 10년 전에(1988-1991) 다네에 의해 제기된 진단이 유효할 뿐만 아니라, 그 윤곽이 강조되었다는 사실을 알아보기 위해서는 〈아저씨, 연습은 유익했어요〉를 대강 훑어보는 것으로 충분하다. '중편' 영화의 붕괴, 텔레비전을 통한 이미지의 포맷화. 젊은 감독들에 의한 광고미학의 동화(다네는 이러한 광고 이미지 주제에 관해 많은 연구를 했다), 비디오 이미지와 대적하고 있는 영화 이미지. 결론, 영화는 현실에서 점점 더 약해지면서, 이와 동시에 문화라는 상징적 재산에서 점점 더 강해지는 아주 애매한 물건이 되었다.

두번째 확인은 다음과 같다. 이 두번째 확인은 피터 올렌으로부터 온다. 영화는 다르게 재편성되었다. "영화는 분명히 특별 효과에 의존하며, 가정에 인도할 수 있고 상호 대화를 할 수 있는 숫자 예술로 바뀌었다. 디지털 기술은 이미지를 변형시키고, 결합하고, 적응시키게끔 하면서 촬영의 본질을 바꾸었다. 상감은 고다르와 로메르와 같은 영화인들에 의해 서로 다른 효과를 위해 채택된 형상이 되었다. 로메르는 〈영국 여자와 공작〉(2001)이란 영화에서 '장식 안으로 들어가기 위해' '원근법을 주고, 사람들이 횃불 아래로 지나가고, 창가에 있는 사람들을 볼 수 있도록 하기 위해' 숫자(컴퓨터 자판기)와 상감들을 사용했다. 오늘날 사람들은 컴퓨터(정보 처리)의 숫자(자판기)를 통해 얻은 이미지를 의미하는 '새로운 이미지(누벨이마주)'에 대해 말을 많이 한다. 정보 처리가 원본과 유사한 실제 이미지로부터 훈련되는 이미지들과, 거래가 원본 자체인 정보 프로그램(합성 이미지)에 의해 완전히 만들어진 이미지를 구별해야 한다. 또한 사용자의 머리에 닿는 모니터에 제시된 컴퓨터에 의해 만들어지는 이미지들이 있다. 그런데 이 이미지들은 단지 컴퓨터의 메모리 속에서만 존재하고, 착각을 일으키는 세상, 3차원의 비디오 게임, 과학에 대한 하나의 모델, 현실 세계의 특성을 탐사하기 위한 대화용의 그래픽 시뮬레이션일 수 있는 잠재적 세계를 제안하면서, 시뮬레이션의 3차원 세계 속으로 침투해 들어간다. 여러 해 전부터 특별한 효과(모르핑)에 의한 영화들과 합성 이미지들은 점점 더 비디오를 닮아 간다. 이러한 기술의 폭발은 최소한 영화에서 거래되는 두 범주의 이미지들을 구별하게 한다. 즉 욕망의 세계와 상상력의 세계를 만드는 것을 목표로 하는 이미지와, 문화적 과거를 갖고 있는 이미지와 현실에서 추출된 이미지 사이에서 '규칙화된' 교환의 순환 속에서 머무르는 이미지(암거래는 영화에서 언제나 존재했던 자질구레한 일에 속한다). 다른 한편으로 모든 것이 기술의 전개를 통해 가능한 흉내처럼 주어지는 이미지들이 존재한다. 위험은 그 어느 것도 이미지에서 가능하지 않다는 것이다. 왜냐하면 현실의 모든 단편은 이미지로부터 추방되었으며, 모든 문화적 과거는 생략될 것이기 때문이다(거래는 그 자체로 목적이 된다). 그렇기 때문에 이것의 조작에 필요한 조치는 은밀하게 이루어질 것이다.

무엇인가가 우리들의 목전에서 준비되고 있었는데, 바로 〈트론〉(1982)이란 영화가 전조의 신호로 볼 수 있다. 이후로 〈쥬라기 공원〉의 공룡들은 비약적인 발전을 이룩했으며, 〈글래디에이터〉는 디지털 시대의 콜로세움을 제시했다. 히로노부 사카구치의 〈마지막 판타지〉는 사람의 형상을 다시 만들면서 영화에 도전했지만 실패했다. 얼마나 많은 시간을 위해? 우리는 사무엘 블뤼멘펠드의 논증에서 위안을 찾을 수 있다. 예컨대 "인간의 신체는 영화에서 아주 종종 가장 정교하고 복잡하게 만들어지고 가장 장관인 특별 효과이다." 합성 이미지로 연출된 다른 영화(〈개미〉 〈슈렉〉)는 '죽음으로 위협받는 한 종의 이야기를 말하고 있다' 라는 것은 현실적인 촬영으로 만들어진 영화를 근절하고자 하는 욕망에 대해 무엇인가를 말하고 있지 않은가? 언젠가 적잖이 놀라는 일도 있을 수 있겠지만, 일이 그렇게 되었다, 왜 영화를 조작하느냐라고 말해서는 안 될 것이다. 올리비에 피는 다음과 같이 말한다: "영화를 더 이상 만들지 않지만 영화가 있었던 시대의 영화의 기준을 간직하고 있는 미국 영화 산업이 존재한다. 이 영화들은 완전히 우스워졌다. 픽션——제안된 끔찍한 픽션은 비디오 매스컴 매체(이미지 지원)에 전혀 상응하지 않는다."

있는 그대로 표명되는 영화에 대해서 말하자면, 왜냐하면 영화가 죽지 않았기 때문에[1] 사람들은 두 극단에서 커다란 기계의 상업적 오만함과 가족 영화와 같은 형태에 있어 모호한 두 가지 의미로 해석되는 재미를 확인한다. 영화 탄생 이후 길을 걸어오면서 사람들이 최소한 80년 동안 불러 왔던 것과 유사한 영화들이 살아남아 있다. 기록 형태(단편 영화——바라보는 데 가장 덜 흥미롭지 않은 것이 아닌 것인——를 포함하여)에 대한 후퇴 또한 자신의 방식대로 특별 효과와 새로운 이미지를 피하고, 마찬가지로 상대적으로 값싼 영화 제작 형태를 유지하려는 의지의 표현이다.

수치 비디오 카메라(디지털 비디오 또는 DV로 불리는)의 등장은 약간의 소용돌이를 야기했다. 왜냐하면 이것은 은으로 된 전통적인 수정체(전통의 영사기)를 경쟁자로 바꿔 놓았기 때문이다. 일의 습관도 바뀌었다. 사람들이 필름을 '마구 만지작거리는' 더 많은 편집이 필요했다. "이것은 단지 기술적인 문제만이 아니다"라고 아녜스 바르다가 말했다. "사람들이 다음과 같이 말할 때. 즉 이 계획에 약간의 이미지를 침가하는 것은 나쁘지 않을 것이다, 편집자가 필름을 찾으러 가고, 필름을 벗기고, 상자를 여는 시간에, 생각하고, 숙고한다. 일은 이렇게 이루어진다. 오늘날에는 버튼을 누르는 것으로 충분하다. 일은 아주

---

1) 수상자 명부를 작성하는 것을 원하지 않았지만, 베테랑 마누엘 드 올리베이라부터 섬세한 압바스 키아로스타미에 이르기까지 포르투갈과 이란은 자신들의 생각을 강력히 주장했으며, 몇 명의 이름만을 인용하자면, 데이비드 린치·팀 버튼·스티븐 프리어즈를 거론할 수 있다. 프랑스에서는 젊은 감독(남녀)으로 파스칼 페랑·상드린 베이세·클레르 메르시에·필리프 강드리외·아르노 데스플레생이나 프랑수아 오종 등의 명단을 들 수 있다.

빨리 처리된다." 팀이 더 필요하지만, 혼자서 촬영할 수 있다("당신이 촬영하는 사람 앞에 혼자 서게 될 때, 당신과 그 사람 사이에는 진정한 관계가 설정된다⋯⋯."(알랭 카발리에) 전통 카메라가 10분을 축적하는 동안 카세트는 60분간 지속된다. 신체에 접근하기에 더욱 큰 편리함 등등. 아녜스 바르다가 말하는 것처럼, 이 새로운 카메라는 르포('찰깍하는 소리')와 '채점 부'에서 훌륭하다. 올리비에 피는 '현실의 효과,' 즉 "우리가 현실 그 자체로 간주하는 습관을 갖는 것"에 대해 상대적으로 질문을 제기한다——올리비에 피에게 있어 "현실은 상상력이다": "현실에 대한 이러한 문제는 문자와의 관계에서 중요하다. 나는 연극인 출신이며 영화 팬이다. 내가 영화를 만들 때, 사람들은 다음과 같이 나에게 말한다: "당신이 쓰고 있는 작품은 너무나 연극적이다." 아주 가능성 있는 얘기이다. 왜냐하면 연극은 현실의 실연이어서는 결코 안 되기 때문이다. 연극이 현실이라는 사실을 입증해서는 안 된다. 연극은 무엇인가. 다른 그 어떤 것을 향해 즐겁게 다가갈 수 있다. 그런데 그 어떤 다른 것은 가끔은 현실일 수도 있다. 영화는 현실과 관계하는 이러한 환상을 항상 유지해야 한다. 영화 문자에서, 심리에 연결된 현실 효과를 포기하고, 환상의 열정을 유지하기 위해 배우의 일부 연기, 대화 양식을 포기하는 것은 아주 어려운 일이었다."

II

영화의 은근한 매력

15

영화에서 랑가주는
어떤 위치를 차지하는가?

안 마리 크리스탱은 문체에 대해 다음과 같이 쓰고 있다: "두 미디어 (랑가주와 시각)의 상보성, 아울러 두 미디어 기능의 특성들은 우리가 체계가 출현하는 도처에서 두 미디어를 복합 프로그램 안에 묶어 주는 체계에 접근할 때, 충분히 고려되어져야만 한다. 즉 문체의 본질로서 문체의 필요성은 랑가주와 시각이란 두 미디어의 특징을 갖는다."[1] 크리스탱은 또한 단어와 형상의 연합(파롤, 비주얼(디스플레이 장치)/랑가주, 시각)의 풍요로움과 유용성에 대해 다음과 같이 언급한다: "문체는 인간의 큰 상상력 중의 2개를 결합시켜 준다. 문체는 사회적 커뮤니케이션의 축으로부터 다른 축으로 향하는 질문과 개인의 힘을 유인한다."[2] 표의 문자는 이러한 연합의 산물이다. 영화와 표의 문자와의 접근은, 우리가 알고 있듯이 에이젠슈테인의 명상 속에 현존하고 있다. 랑가주와 비주얼의 혼합, 몽타주(편집)로서의 표의 문자의 연속,[3]

---

1) 안 마리 크리스탱, 《씌어진 이미지 혹은 그래픽의 부조리 *L'image écrite ou la déraison graphique*》, 플라마리옹 출판사, 1995, p.5.
2) 앞의 책, p.45.
3) 오버랩으로 화면이 다음 장면으로 옮아가기. [역주]

영화는 이 모든 것을 잘 알고 있다.

케이트 햄버거는 영화가 "단어의 비유적 표현이 풍부한 역량을 이미지의 언어적인 역량으로 바꾼다"[4]라고 말했다. 완전한 대칭의 양식은 의심을 불러일으킨다. 언뜻 보기에 이 양식은 이중의 명증을 은폐한다. 표현, 즉 '단어의 비유적 표현이 풍부한(이미지화한) 역량'이 의미하는 것에 대한 대답은 간단하다. 강독을 고려하는 일반적인 방식은 대칭 양식이 '문장에 비유를 사용하도록' 하기를 원한다(비록 이것이 사르트르가 말하는 것처럼 '강독의 실패'에서만 일어난다고 할지라도). 예컨대 알베르 라페는 이렇게 바라보는 방식을 비평했다: "내부 '이미지들'은 따라서 결국 사진 이미지와 충분히 비교할 수 있을 것이다. (⋯) 이것은 마치 우리가 단어들을 중개로 자아에서 일종의 영화의 개인적 상연이 전개되는 것이라고 상상하는 것과 마찬가지이다. (⋯) 내가 이야기를 읽거나 들을 때, 따라서 나는 '정신 속에'(이 내면은 무엇일까?) 내 강독이나 청취의 진정한 대상인 숨겨진 비전을 결코 갖지 않는다." '이미지의 언어적인 역량'이 관계될 때, 대답은 덜 명백해지지만, 양식의 타당성은 아마도 더욱 클 것이다. 장 다니엘 폴레에게 있어서, 영화 이미지로서 파롤은 스스로 이해되도록 노력한다. 이것은 예전에 러시아 형식주의자인 보리스 아이헨바움에 의해 표현되었던 관점이었다: "만약에 영화가 실제로 단어의 연마와 대립한다면, 이것은 단지 단어가 단어를 알아 맞춰야 하는 의미, 즉 단어가 감춰진 의미에서이다."[5]

알베르 라페는 모든 영화의 핵심에 '초-사진적인 개입'이라고 부르

4) 크리스티앙 메츠의 《비인칭 언술 또는 영화의 풍경 L'Enonciation impersonnelle ou le site du film》, 메리디앵 클랭크시에크 출판사(1991), p.182 재인용.
5) 보리스 아이헨바움, 《러시아 형식주의와 영화, 영화의 시학 Les formalistes russes et le cinéma, Poétique du film》의 〈문학과 영화〉편, 나탕 출판사, 1996, p.206.

는 결과로 생기는 '이미지 없는 구조'가 자리하고 있다고 주목하게 한 바 있다.[6] 이러한 **초-사진적**인 개입은 위대한 판화가(이미지를 만드는 사람)의 개입이거나 또는 일종의 유사한 담화(어떤 사람들은 자유 간접 화법을 말할지도 모른다)가 전개된다는 사실을 보여주면서 영화가 우리들에게 말하게끔 하는 익명의 해설자가 개입하는 것을 알려 준다. 우리는 사물로부터 영화가 일종의 내적 연상 담화를 만든다는 사실을 덧붙일 수 있다. 왜냐하면 대상은 그 자체로 "대상이 이름을 가짐으로써 그 자체로 평가되고,"[7] 대상이 알려지고, 확인됨으로써 평가되기 때문이다. 이미지 없는 구조, 자유 간접 화법과 내적 연상 담화는 랑가주를 참조한다. 이미지 아래서, 오히려 이미지와 더불어, 파롤은 이해되도록 노력하며, 단어들은 뒤죽박죽이 된다.

한편으로 파롤은 사람들이 다른 구성 성분을 포함하는 녹음이라고 부른다는 점에서 영화에 속한다. 미셸 시옹은 영화의 감상에 대한 전체 인상을 '오디오-이미지'라고 부른다.[8] "오디오-이미지는 시각적으로 우세한 것처럼 보이지만, 단지 허상적으로만 시각적이다. 따라서 오디오-이미지는 정신적이며, 음향적이라기보다 특별히 시각적이지 않다." 시옹은 계속하여 다음과 같이 덧붙인다: "즉 부분적으로 '자연적이며'(심리적-생리학적), 부분적으로 '문화적인'(절차, 코드, 문화적 조건으로 조건지어지는) 이러한 복합적인 과정에서, 음향과 이미지는 유일한 파트너가 아니다. 여기에 아주 종종 구두로 또는 시각적으

---

6) 알베르 라페, 《영화의 논리학 *Logique du cinéma*》, 마송 출판사, 1966, p.71, p.83 참조.
7) 바르텔레미 아멘구알, 《에이젠슈테인 만세! *Que viva Eisenstein!*》, 라주 돔 출판사, 1980, p.413.
8) 미셸 시옹의 《오디오-비전 *L'audio-vison*》, 나탕 출판사, 1990과 《음향 *Le Son*》, 나탕 출판사, 1998를 참조할 것.

로는 존재하는 언어 표현을 포함시켜야 한다." 따라서 "랑가주가 중요
하고 결정적이며 특권을 부여받고 있지만 마찬가지로 예외적이다"라
는 사실을 강조하기 위해, 오디오와 이미지 사이에 로고를 괄호 안에
넣었다.(오디오(로고) 이미지) 그렇지만 그는 문어 텍스트나 구어 텍스
트 형태로 된 언어의 확실한 출현만을 구상하고 있다. 그런데 이것은
또한 우리가 생각하는 것처럼 함축된 유령과 같은 언어의 존재이다.
파롤이나 작품이 아니라 파롤이나 작품으로부터 펼쳐질 수 있고, 함축
적으로 연출을 구성할 수 있는 보이지 않는 언어이다.

결과적으로 비주얼, 음향, 랑가주라는 3개 한 짝이 영화 표현의 재
료를 구성한다. 안 마리 크리스탱은 표의 문자로 된 다음과 같은 3개의
모습을 구별한다: "기호/음향(사운드 트랙, 녹음판, 표음 문자)과 기호/
의미(표의 문자의 의미 한정부)로 감속하는 소리이면서 동시에 의미인
원래의 시각 기호." "표의 문자의 의미 한정부는 마찬가지로 직접적으
로 이미지의 성질을 띠는 것처럼 보이고, 마치 작품을 이미지 지원의
또 다른 표현에 연결시켜 주는 관계처럼 보일 수 있다."[9] 그리고 크리
스탱은 다음과 같이 결론짓고 있다: "표의 문자의 의미 한정부는 문자
와 같이 대수학의 질서에 속하게 될 추상의 이름으로 단어에 대한 복
종에서 자유로운 그래픽의 의미소가 아니라, **가능한 혼합물의 지표로**
서 참여하는 본질의 상징으로서 그래픽 의미소이다."[10] 사람들은 영화
표현 수단의 세 가지 구성 요소와의 유사성을 발견하게 될 것이다. 처
음의 두 용어(시각, 음향)는 세번째 용어(랑가주)를 전제로 한다. 두번
째와 세번째 용어(음향과 랑가주)는 첫번째(시각)를 통해 결합된다. 마

---

9) 《문어 이미지 L'image-écrite》, p.56.
10) 앞의 책.

지막으로 항상 '후에 오는'(음향 효과, 따로 취급된 녹음) 부속물로 간주되는 두번째 용어(음향)는 뗄 수 없는 이 세 용어의 경계를 표시하는 필수적인 부가 가치이다. 시각은 분명한 이미지 지원이다. 이 매체에 사람들이 모든 것을 환원시킨다. 음향은 '분리할 수 있다.' 음향은 관객들이 음향을 반복하고, 흉내 낼 정도로 관객들의 기억에 인상을 주는 것이거나(사람들은 예컨대 한 곡조를 흥얼거리고, 대사를 얘기하며 혼자 즐거워하거나, 악센트나 억양을 다시 생각한다. 또 한편으로 사람들은 영화의 줄거리만을 기술할 수 있을 뿐이다), 아주 단순하게 음향은 디스크, 오디오 카세트나 콤팩트디스크에 재생되어 남아 있는 것일 수 있다. 장 뤽 고다르가 《영화사》를 연출했을 때, 처음에 그는 비디오 매스컴 매체로 작품을 보여줬으며, 이어서 콤팩트디스크를 편집하고 책을 발간했다. 그가 분리한 것은 비디오 작품에서는 동시에 행하여지지만, 그가 그렇게 할 수 있다는 사실 자체는 언어와 음향의 존재를 입증하며, 이들의 가능한 구별의 존재를 또한 입증한다. 숨겨진 보이지 않는 언어는 시각 아래에서 예상해야 한다. 이것은 마치 '가능한 혼합물의 지표'일 것이다. 사람들은 세번째 용어인 언어가 존재하지 않고 시각과 음향에게 중개자로 사용되지 않는다면, 이 세 가지 용어 중에서 두 가지 용어(시각과 음향)를 구상할 수 없다. 랑가주, 이미지, 음향을 동시에 생각해야 한다.

영화는 이미지와 음향으로 이루어진다: 첫번째(이미지)에서 문자가 나타나며, 두번째(음향) 사이에서 파롤이 등장한다. 랑가주는 언어 표현이나 문어 표현 형태로 존재한다. 말하자면 언어는 함축적이고 은밀한 방식으로 존재한다. 문자와 파롤을 초월해서 언어는 알랭 레네의 작품에서처럼 버스터 키턴의 작품에서 모든 것을 관통하여 통과한다. 표현 수단으로 구상된 영화는 완전히 이미지와 음향으로 된 언어의 분절에 근거한다. 이러한 언어의 분절은 연출의 단계에서 뿐만 아니라 각본을 레퍼토리에 넣는 단계에서[11] 존재한다. 언어와 시각은 순수한 동시성에서 생성된다. 게다가 영화의 의미는 시각, 음향, 언어의 만남과 논쟁에서 해방된다. 이때부터 이미지의 예술에 대해 말하는 것이 힘들어진다. '이미지'라는 단어를 통해 복합적인 총체, '이미지 덩어리'(폴 비릴리오), 시각, 언어적 표현, 음향을 포함하는 전체 이미지를 의미할 가능성이 있을지 모르지만.

---

11) 영화의 각본을 레퍼토리에 넣는 것은 이러한 총체와 무관한 인식을 통해 필연적으로 일어난다. 랑가주는 이미지 비전의 메커니즘에 현존한다. 보리스 아이헨바움은 "내적 담화의 계속된 과정이 영화 비전을 동반한다고 생각했다. (…) 여기로부터 강독 과정에 반대되는 운동이 나온다. 말하자면 사람들은 대상에서 출발하여 상상하는 단어로 향한다. (…) 하지만 이러한 전도는 단어를 배제하지 않으며, 특별한 상황에 위치시킬 뿐이다, 마치 강독이 시각적 묘사를 배제하지 않는 것처럼——그와는 반대로——묘사를 암시한다. 영화 감상중에 독자의 내부 독백은 영화를 통해 만들어진 내부의 연상 효과가 있는 담화에 의해 가능해진다. 즉 이름을 갖고 있다는 자격으로서의 대상은 그 자체로 주해되며(묘사된 대상은 그 대상을 교환으로서 지칭하는 단어에 의해 동반된다), 모든 행동과 마찬가지로 모든 제스처는 이야기를 요구한다. 시각과 언어 사이의 이러한 교환은 환각의 교환으로 해석될 수 있다. 말하자면 시각으로서의 문자는 환각을 일으키게 할 수 있다.

16

영화는 순수성의 예술인가?
비순수성의 예술인가?

　사람들은 영화의 비순수성에 대해 많은 말을 해왔다. '순수 영화'라는 개념은 프랑스의 전위(avant-garde)에서 통용되었다. 비순수성은 바쟁의 개념으로 이 개념에는 여러 가지 해석이 주어질 수 있다. 사진 이미지와 영화 이미지가 원했던 것과 보여질 수 있었던 것을 서로 만나게 하는 비순수성의 '블록 안에서 인물(동기, 소재, 주제)과 몫(할당액)을 공존하게 하는 것으로 인해 만들어진 비순수성.'(다네) 영화가 만들어 낸 동맹과 표현 재료의 이질성으로 인한 비순수성. 미셸 시옹은 '잡동사니를 넣는 상자, 잡낭의 개념이며 기만적인 개념'인 테이프-음향의 개념을 반박한다, 왜냐하면 그녀는 하나의 녹음의 이미지 지원에 모인 음향 요소들은 실제로 테이프-이미지에 대항하여 동맹을 이루는 일종의 블록처럼 나타날 것이기 때문이다. 많은 음향들이 우리에게 소리가 영화를 보게 하는 데 공헌하는 방식의 이미지를 포착할 수 있도록 하는 효과음으로 이미지 위에 투사되었다(이것은 시옹이 '부가 가치'라고 부르는 것이다). 소리는 장소를 갖고 있지 않으며, 또한 고정되거나 틀에 맞춰진 정관을 갖고 있지도 않다. 시옹은 오디오-탈시각(audio-divisuel)의 개념을 제안한다. 말하자면 소리와 이미지 사이의 전통적 분할 구도에 의해 분할되고 나누어진 오디오-시각이 아니라, 사람들이 이미지라고 부르는 것의 이질성(이종 혼성)에 내적인 것이며, 사람들이 소리라고 부른 것에 내재된 경향, 방향에 의존하는 개념이다.

우리들은 다음과 같이 추적할 수 있을 것이다. 말하자면 소리, 공간이 문제될 때, 우리는 매번 이질성의 존재를 확인한다. 바쟁은 다른 예술과 영화와의 관계 속에서 영화의 비순수성을 생각했다. 스갱은 다음과 같이 단언한다: "영화를 회화에 이르게 하는 것은 영화에서 회화를 분리하려는 것과 마찬가지로 모순이다, 왜냐하면 영화는 언제나 회화의 **액세서리**이기 때문이다." 스갱이 회화에 대해 말한 것 또한 조형예술의 진실에 속한다.(예컨대 조각) 다네는 다음과 같은 의미를 비순수성이라는 개념에 부여한다: "영화의 진실은 바로 녹화이다. 녹화에서 일탈하는 것은 영화에서 일탈하는 것이다. 녹화된 것이 신성한 역사를 갖는 경우를 제외하고. 녹화의 예술, 이것을 서양 사회에서 이미지의 좀더 오래된 역사에 소개하는 것에 두려워해서는 안 되며, 신학을 받아들이는 것에 두려움을 갖지 말아야 한다. 나는 영화 그 자체로 정신을 부양하게 될 영화에 대해 아무런 기대도 하지 않는다." "비순수성이라는 것은 타동적이라는 것을 의미한다. 자신이 아닌 무엇인가를 **목표로 한다.**"

모든 혼합, 외부에서 온 모든 간섭은 비순수성의 기호로 해석되어질 수 있다. 영화에서 특히 외부는 여러 가지 방식이 전개되는 프레임아웃이기 때문이다. 이 주제에 대한 논의는 1960년대말에 노엘 뷔르슈에 의해 시작되어 그 이후 파스칼 보니체 · 장 나르보니와 기타의 사람들에게로 이어졌다. 프레임아웃(피사의 범위를 벗어나기)이라는 의미는 처음에 피사의 시계에 나타나지 않고 인접해 있는 것을 의미했다. 들뢰즈는 다음과 두 가지 종류의 프레임아웃을 구별한다: "첫번째 경우의 프레임 아웃은 다른 곳이나, 옆이나 주변에 존재하는 것을 의미했다. 두번째의 프레임 아웃은 더욱 불안한 존재(그런데 사람들은 그 존재가 "강조되거나" "존속한다고" 더 이상 말할 수 없다), 즉 동일한 공간과 시간에서 벗어난 더욱 근원적인 다른 곳을 나타낸다." 들뢰즈는 프레임의 울타리가 최대를 이룬다는 가정을 구상한다(이 가정은 완벽하게 이루어질 수도 없다). 말하자면 바로 이때 "시간의 지속이 거미줄처럼 시스템 안에서 계속되고," "프레임아웃은 공간 통과(trans-spatial)와 정신(spirituel)을 결코 완벽하게 닫혀지지 않은 시스템 속으로 도입하는 또 다른 기능을 행사한다."

무지와 무관심 이후에 다음과 같은 토론이 존재한다: 얼마나 많은 프레임아웃인가? 어떤 프레임아웃인가? 프레임아웃이란 무엇인가? 등등 토론 후에 확증이 이어진다. 1999년에 루이 스갱은 다음과 같이 쓰고 있다: "스크린은 옛날에는 원심성이 아니라 구심성이었다." 또는 "매번——바로 이것 때문에 앨프레드 히치콕이 위대한 연출가였다——보이지 않으면서 보편적으로 존재하는 다른 곳에 대한 가정에 그 어떤 신용도 허락할 수 없다. 영화는 스크린이 보여준 것을 단지 믿을 뿐이다." 스갱 자신은 어백이 '주석'의 기록 형태로 사용되었던 14-15세기의 필사본의 예를 제시한다. 이 시기의 주석은 텍스트의 부분과 분리할 수 있으며 "또한 견고하다. 왜냐하면 접어 감친 가장자리로서, 주석은 텍스트, 즉 접어 꿰맨 옷감의 재료 자체를 구성하고 있기 때문이다." 달리 말하면 프레임아웃은 접어 감친 가장자리와 유사하다. 비평 담화에서의 프레임아웃의 남용으로 틀림없이 더 참을 수 없게 된 스갱은 거꾸로 된 해결책을 제안하고, 이러한 가정이 '형이상학적인' 편류를 초래하는 '형이상학적인' 편류에 반격을 가한다. 하지만 프레임아웃은 또한 쉽게 추방된다.

비순수성은 당연하며, 문제 제기가 되는 것은 순수함이다. 우리는 조르조 아감벤이 다음과 같이 말했던 것에서 비순수성의 개념에 대한 또 다른 해석을 이해할 수 있다: "질 들뢰즈가 제시한 것처럼, 영화에서 이미지는(아울러 영화에서뿐만 아니라, 일반적으로 현대에서) 움직이지 않은 그 어떤 것이 더 이상 아니며, 원형 또한 아니다. 말하자면 이야기의 밖에 있는 그 어떤 것이 아니다. 이미지는 움직이는 단면 자체, 즉 다이내믹한 장력과 같은 단면의 자격으로 희화되어 있는 움직이는 단면, 즉 이미지-운동이다. 바로 이것이 우리가 영화의 기원으로 볼 수 있는 마레와 머이브리지의 사진, 즉 움직임을 풍자하고 있는 이미지에서 아주 잘 볼 수 있는 다이내믹한 풍자이다. 벤야민이 자신에게 있어 역사적 경험의 요소 그 자체였던 변증법적 이미지라고 불렀던 것에서 보았던 것이 바로 이러한 장르의 풍자이다. 역사적 경험은 이미지로 이루어지며, 이미지는 역사를 풍자하고, 이미지 자체이다."[1]

---

1) 조르조 아감벤, 《이미지와 기억》, p.67.

17

스크린의 이론에 대해 말할 수 있는가?

"투사는 하나의 시스템이며, 이 체계 위에 영화가 세워져 있다, 영화의 내적 메커니즘, 즉 영화의 정신의 영혼이 기초하고 있다." 정신분석의 시대에 발전했던 예술. 이러한 사실을 알고, 마치 작가가 그것을 자신의 영화에서 만드는 것처럼 관객들을 아주 강하게 자신들 고유의 심리, 정신적 투사를 투자하도록 부추기는 영화가 기능을 한다."(지버베르크) 투사는 공간을 가상하며, 그 공간 위에서 투사된다. 안 마리 크리스탱의 《문어 이미지》에 의하면 출발부터 스크린이 존재하며, 그 스크린의 이론은 모든 언어보다 앞선다. 이 표면은 이미지가 나타나기 위해 필요하다(또는 이미지가 기록되기 위해서 필요하다). "만약 이미지가 공간 범주에 의존한다면, 무엇보다도 공간이 표면이 우선이다. 말하자면 묘사된 형상에 선행한다. 아울러 이러한 형상들은 그 자체로 공간의 표면에 의존할 뿐만 아니라, 그 형상을 격리하는 간격이 공간의 표면 가치를 보존한다. 이미지의 문자로의 변화는 가장 분명하지만 또한 가장 수수께끼같이 난해한 방식으로 또한 단순한 관찰을 확인한다. 공간이 형상 개개와 동일한 상태로 남아 있는 유일한 형식적인 데이터라는 사실을……"[1]

따라서 두번째 단계는 표면의 발명에서 탄생한 이미지의 출현이 될 것이다. "이미지의 출현은 스크린의 이론에서 직접 만들어진 생산물이다." "이미지의 생성은 도구나 언어의 생성과 마찬가지로 경이적인 발명이며, 도구나 언어는 이 이미지를 알지 못한다. 즉 스크린의 이미지이다."[2] 세번째 단계는 문자의 생성, 이미지의 문자로의 변화를 준비한다. "예언자가 우리들에게 문자에의 접근 통로를 열어 놓은 것은 바로 신들로부터 온 시각 메시지들을 이해하기 위한 강독을 만들어 내면서부터이다."[3] 따라서 예견(스크린의 한 이론의 형태인)과 쓰기(문자) 사이의 상관 관계가 존재한다. 초기의 스크린은 실제로 마술의 공간이었고, 이 공간에서 신들과 인간들 사이의 교환이 일어났다. 요약하자면 맨 먼저 스크린이 존재했고, 이어서 이미지와 이러한 시각 문자의 조용한 해석이 존재했다. 마지막으로 문명에 따라 상이하지만 항상 복잡한 발전(진화 과정)에 따라 순수하게 말하는 문자가 등장했다. 이렇게 해서 사람들은 독립된 기호들인 서로가 관련이 있는 그림 기호(글자), 즉 표의 문자로 넘어간다. "문자를 탄생시킨 것은 바로 이러한 '기초' 사상, 즉 미간행 형태를 만들어 낼 수 있는 진공 사상이다."[4]

"문자는 이미지로부터 태어났다."[5] 이것이 중요한 것이다. "문자의 도상적(圖上的) 기원을 변론한다는 것은 그 기원에서 언어를 제거하는 것이 아니라 오히려 그 반대이다. 이것은 단지 주제에 대적하는 것이다. 이 주제 위에서 이러한 기원이라는 것은 단지 요인에 의한 것일 뿐이며, 이것은 문자 기원의 이중적인 특성을 근본적으로 옹호하는

---

1) 《문어 이미지》, p.17. 우리는 크리스탱이 진공(vide)과 간격(intervalle) 개념 주변에서 스크린에 대한 이러한 사고를 제시한 자세한 설명은 무시하기로 한다.(p.17, p.18)
2) 앞의 책 p.17.
3) 앞의 책 p.103.
4) 앞의 책 p.20.
5) 앞의 책 p.5.

것이다."

　문자가 이중의 기원, 즉 언어와 이미지를 갖고 있기 때문에, 안 마리 크리스탱은 그때까지 이미지에게 거부되었던 자리를 이미지에게 돌려주고 언어와의 관계를 긴밀하게 한다.

　영화는 무엇에 관계되는가? 영화의 도래와 (기계) 장치가 역사적으로 사고의 영고성쇠나 스크린의 상상력의 영고성쇠를 명확하게 밝혀 준다는 것은 분명한 사실이다. 이러한 사상이나 상상력은 또 다른 일에 속하는 컴퓨터의 스크린을 기다리면서, 영화의 아주 실제적인 스크린과 아주 일시적인 결과를 발견한다. 자신들의 손으로 공간을 한정하는 많은 연출가들에게서 우리들이 볼 수 있는 제스처는 장점(고대 로마 시대에 제물의 내장을 보고 점을 치던 성직자)을 환기시킨다.

　1세기의 영화, 이것은 현실 또는 환영, 이야기 또는 우화, 신화와의 관계 주변에서의 변조나 묘사의 모든 가능성의 실현이자 지식이다. 어둠 속에서 스크린에 고정된 이러한 눈길의 중요한 경험은 또한 영화 이미지를 특징짓는 것이며, 이 이미지를 다른 모든 이미지 범주와 구별해 준다. 말하자면 이 이미지는 투사될 경우에만 존재할 뿐이다. 이러한 작업의 기술적 실현은 빛의 본질에 근거하는 이미지의 독창성과 이미지 출현의 스펙트럼만큼이나 중요한 것은 아니다. 영화이 유일한 소재와 물질적 관계는 따라서 스크린이며 영화의 장소인 필름이 아니다. '스크린 이론'의 이러한 이중 경험은 영화 관객의 관계를 설정하고, 이 관계를 벽면 위의 이미지 투사를 이용하여 시간을 가로질러 구석기 시대 사람들에 의해 고안된 중재에 연결시킨다. 하지만 벽면은 더 이상 동일하게 성립되는 방식이 아니다. "영화와 더불어 벽면은 이 세상 자체에 대하여 세상에서 실행된 서곡이 된다. 이것이 어째서, 장 뤽 낭시가 여러 차례 행해 온 비교 연구이지만, 플라톤의 소굴과 영화와의 비교가 적절하지 않은지의 이유가 된다. 동굴의 내부는 정확하게 세상의 외부에 대한 증거가 되지만, 부정적이다. (…) 영화는 그 반대로 작용한다." 스탠리 카벨은 투사 개념과 세상의 거의 마술에 가까운 재현의 개념과의 결합 속에서 '세상의 자동 투사의 연속'을 영화라고 정의내린다.

하지만 이미지나 그 내용에 대한 단순한 매혹이 중요한 것이 아니다 (세상에 대해 술책을 쓰는 행위는 잘못된 것이다. 왜냐하면 그것은 인위적인 것이기 때문이다). 바로 이 점에 눈길이 열리며, 이것이 바로 마주하고 있는 본질로서 세상의 움직임이다. 스크린 위에서 보이는 이동이 아니며(사람들이 고정 이미지와는 대조적으로 생명 있는 이미지라고 부르는), 기계적 이동 또한 아니다(카메라나 편집 시의 움직임). 그런데 이 기계적 이동을 통해 영화가 만들어지고 행위로 분해된다. 하지만 관객을 위해 존재로 변형시키는 카메라가 갖고 있는 이러한 방식이다(생사를 포함하여). 카메라는 존재가 무엇인지를 방법론적으로 다시 가르쳐 준다. 존재가 대단한 것이 아니지만, 지속되는 것은 존재 그 자체이다(스피노자와 함께 이 사실을 말하자면). 부드러운(펼쳐진) 막의 효과를 통해, 관객은 이러한 낯선 연속의 경험을 하게 된다. 이것이 바로 '영화관을 나오면서' 영화 상영이 끝난 후에도 영화의 여파를 계속하여 언제나 강하게 느낀다는 그 유명한 사실이 계시하는 내용이다.

'현대의' 영화인들은 사회와 정치에 대한 투사의 개념에 특별한 운명을 강조한다. 《영화사》(2a)에서 장 뤽 고다르는 투사, 영화, 이야기를 독창적인 방식으로 결합하고 있다. "가장 위대한 이야기는 영화사 이야기, 영화사는 영화사가 투사되기 때문에 다른 것보다 더 위대하다." 세련된 편집 없이는 어울리지 않는 이러한 단언은 모스크바 감옥에서 인물 투사론을 공들여 다듬은(1822년에 출간됨) 장 빅토르 퐁

슬레에 대한 일화로 이어졌다. 이어서 여러 가지 다른 반복구로 감금, 투옥의 사고 및 시간에서와 마찬가지로 공간에서의 상상력의 투사에 대한 사고를 서술하고 있는 보들레르 시, 《여행》의 강독이 이어진다. 따라서 동일한 사고가 다음과 같이 양식화된 반복을 이룬다: "따라서 이야기가 투사될 수 있기 때문에 내가 위대한 이야기라고 말한 투사가 존재한다." 지버베르크는 투사에 디오니소스와 아폴로의 개인적인 환영을 접속시킨다: "단기전이란 히틀러식 원칙, 히틀러의 정치 행보에 대한 모든 기질은 리펜슈탈의 영화의 불안정한 열광으로 가득한 카메라와 편집에서 다시 찾아볼 수 있다. 이것은 디오니소스적인 환희의 타락한 형태이다. '판타 레이(Pantha rhei)'의 고대의 원칙에 따르면, "모든 것이 유체이며" 모든 것은 움직인다. 여기에 또 다른 고대의 원칙인 "그노티 세아우톤(Gnothi seauton)"[6]이 대립하며, 음악에서 이성의 빛에 의한 아폴로의 "너 자신을 알라(Connais-toi toi-même)"가 대립한다. 만약 첫번째 경우 컷, 편집과 이동카메라가 배타적인 의도로 환희의 움직임을 창조한다면, 사람들은 여기에서 지식의 빛, 즉 우리들의 명상의 투사 센터를 최상의 원칙으로 간주할 것이다."

---

6) "너 자신을 알라"라는 그리스어. (역주)

18

영화는 시적인가, 아니면 미학적인가?

"불확실한 의미의 첫번째 확인 이래, [시적이란] 단어는 아리스토텔레스의 유명한 시학 개론서를 지칭한다.(1637) 이어서 시학(적)이란 단어는 한 학교, 한 시대, 한 나라에 고유한 개념 전체를 의미한다.(1750년 이후부터) 광의의 의미로 이 단어는 미학이란 용어가 후퇴하기 전까지 특별한 예술 장르나 예술 이론(1767-1768년 디드로는 폐허의 시학(Poétique des ruines)이란 말을 사용한다), 미학을 지칭하는 말로 사용되었다.(《프랑스어 어원 사전》) 이 단어는 20세기에 폴 발레리와 뒤이은 언어학자에 야콥슨에 의해 명예가 회복되었다: 시학과 수사학으로의 회귀.

'영화의 시학'은 다음과 같은 세 권의 책의 제목이었다. 즉 러시아 형식주의자들의 유명한 영화 이론인 《포에티카 키노》(1927)와 나머지 두 저서는 앙리 아젤(1973)[1]과 라울 루이즈(1995)의 작품들이다. 1998년 장 클로드 비에트는 《작가들의 시학》을 출간한다. 이 표현은 작가들이 영화에 서로 대립하는 만큼이나 작가들의 시학에 대립하는 표현

---

1) 이 책은 시학의 '중요한 표명'으로 제시되고 있다. 이 책은 시학을 정의하는 것보다 시학에 대해 말하고 있다.

이다. 비에트는 다음과 같이 시학에 대한 입장을 명확하게 밝히고 있다: "영화에 의해 표현된 '시학,' 한 편의 영화나 여러 편의 영화에 관계될 수 있는 시학이나 모든 작품. 시학은 한 영화인의 개인적인 비전일 뿐만 아니라 동시에 미학적이고 장인 정신적인 실천을 의미한다. 일소해야 할 그 어떤 이유가 없는 영원한 애매성. 영화에는 개념과 물질화 사이에 명확하게 밝히기가 매우 어려운 관계가 존재한다." 비에트는 12년 후에 다음과 같은 질문으로 회귀한다: "이 시학은 이 실천이 신비스럽게——이것이 바로 영화의 가장 중요한 신비이다. 이 신비는 통제할 수 없는 많은 사건을 토대로 구성되어 있다——각 감독에게 있어서 인생의 시간을 통하여, 영화 각 편을 완성하는 다양한 단계에 따라 상승 곡선, 하강 곡선, 정지되고 구불구불하고 옆으로 뻗은 곡선으로 작품 전체의 일관성 없는 존재를 재발견하는 도움을 줄 수 있는 동기를 밝혀 주는 것과 마찬가지로, 가장 물질적인 실천과 꿈(의식적이고 무의식적인)에 동시에 종속하는 지속적인 동기를 지닌 탐사의 시도이다."

자크 랑시에르는 시학의 미학으로 실천을 다음과 같이 설명한다[2]: "미학은 다른 개념을 희생하여 인정된 예술의 사고 체계에 대한 구체적인 개념이다. 즉 예술의 다른 시학 체계의 개념인 시학이다. 실제로

---

2) 랑시에르는 이 개념의 역사성을 구상하며, 그 결과 어떻게 영화가 총체 속에서 자리를 차지하게 되었는지를 설명한다. 도미니크 샤토(《미학인식론 *Épistémologie de l'esthétique*》(라르마탕 출판사, 2000)에서는 범주적 수준의 질문을 제기하고, 발레리의 시학과 미학 사이에서의 구별을 연구하기 위해 이 개념을 다시 인용한다. 그는 이러한 평행선의 가능성을 다음과 같이 검토한다: "만약 시학이 행위의 일반 이론이라면, 그 적대자는 감각의 일반 이론으로서의 미학이다. (…) 만약 미학으로 사람들이 현재 예술철학을 이해한다면, 말하자면 예술이 구체성을 갖는 것의 이론이라면 예술 개념의 구조, 따라서 문제는 전체에서 전체를 변화시킬 것이다. 이 영역에 사람들은 환대의 관점과 창조의 관점의 이중성을 재도입할 수 있다." 예술철학은 이 두 관점을 포함하는 가능성을 갖고 있다.

시학은 시 이론이 아니다. 시학은 예술에 대한 일반 이론, 즉 예술의 묘사 상태에 상응하는 일반 이론이다. 이러한 묘사 상태는 예술의 의태적인 본질의 개념에서 결코 그 자체가 고갈되지 않는다. 묘사는 현실적이거나 실제적인 모델에 견주어 본 복사와 유사하다는 유일한 기준이 아니다. 표현 양식과 표현 장르가 묘사된 주체에 요구하는 것은 바로 묘사 장르와 표현 양식의 구체적인 적용의 개념이다. 취미가 **시적 기술**(tekhné poiètikè)에 그 유효성을 제공하는 본질의 표식을 느낄 수 있고 확인할 수 있는 것은 바로 유사성과 일치라는 분할 방식을 통해서이다. 이것에 대해 미학은 '이론'일 뿐만 아니라 사고 체제이다. 그런데 이 사고 체제에서 예술은 묘사 규범을 해방시켰다. 말하자면 고상하거나 통속적인 주제, 자신들에게 어울리는 형태들과 자신들에게 적당한 형식과 표현 형태를 구별하는 동등한 가치, 서열, 일치와 같은 이러한 체계를 해방시켰다. (…) 예술은 따라서 편향된 인생이며, 생의 감각이 풍부해진 사고, 즉 공동체의 신비는 아닐지언정, 공동체의 리듬이다. 공동체의 미학적 양식은 바로 공동체가 느끼는 것을 생각하고, 공동체가 생각하는 것을 느끼는 공동체의 양식이다. 이것이 바로 사고, 예술과 어떤 점에서 영화를 기다리고, 순수하게 미학적인 예술의 개념을 만들어 내는 공동체의 미학적 프로그램이다."[3]

랑시에르는 따라서 훌륭하게 영화를 낭만 예술로 승화시켰다. 랑시에르는 이를 위해 소련에서와 마찬가지로 프랑스에서 무성 영화 시대에 큰 반향을 일으켰던 사상에서 출발한다. 롤란트 레흐트는 훔볼트의

---

3) 우리는 다음의 랑시에르의 텍스트를 참조한다: 〈영화의 역사성 Historicité du cinéma〉(앙투안 드 베크와 크리스티앙 들라주의 지도하에 발간된 《역사에서 영화로 De l'histoire au cinéma》(콩플렉스, 1998)에 실린 논문); 〈들뢰즈의 미학이 존재하는가?〉(에릭 알리에즈의 지도하에 발간된 《질 들뢰즈. 한 철학자의 삶 Gilles Deleuze, une vie philosophique》(1998)).

편지에 관해 사진 이미지의 이질성이 '현대 예술의 기본 구조를 구성하고 있다'는 사실을 보여준다. 이질성은 큐비즘 이후에나 가능해질 것, 즉 **콜라주**나 **몽타주**를 예고하고 있다. 우리는 단지 여기에서 이러한 구조가 얼마나 바그너풍의 현대 오페라 공연 작업에서, 아울러 특히 전원풍의 정원, 풍경화, 파노라마, 사진, 바그너풍의 오페라를 정확하게 이끌 수 있는 이러한 시구의 창안 작업에서 결정적인 것인지를 암시할 수 있다. 영화, 종합 예술 작품, 전형적인 의미의(특히) 숭고한 예술[4] 사람들은 델뢰과 베르토프의 사고와 경쟁하여, 정확하게 말하자면 형식주의자들이 '포에티카 키노'를 제안하고 영화의 내부에 단어의 조직화된 존재를 주창한다는 사실을 지적할 것이다. 마찬가지로 사람들은 묘사의 예술을 만드는 영화에서의 고유한 이질성이 미학과 시학이 이질성이란 주제에 공존한다는 점에서 전혀 모순되지 않는다는 사실을 지적할 것이다. 낭만적 · 미학적 사고의 종말은 또한 제라르 르그랑이 암시한 바와 같이 클로드 프랑수아 티페뉴 드 라 로슈의 '상속인'이며, 그의 작품 《지판티》(1760)가 이에 해당된다.[5] 물론 디드로나 루이 세바스티앵 메르시에를 잊어서는 안 된다. 비록 아주 엄격하게 미학-시학이나 시학-미학에 대해 말해야 할지라도, 미학을 철학의 분야나 영역으로 생각해서는 안 되며, "사고의 개념으로 생각해야 한다. 미학은 작품들에 대한 지식이 아니라, 작품에 관해 자신의 의견을 개진하고, 작품을 질문의 증인으로 삼는 사고의 양식이다. 질문은 사고도 모르는 사이에, 사고보다 먼저 미학을 살아 있게 하는 사고의 힘과 감각에 기초한다."(자크 랑시에르) 게다가 보편성에서 고찰된 영

---

4) 롤랑 레흐트, 《훔볼트의 편지 *La Lettre de Humbolt*》, 부르주아, 1989.
5) 1791년부터 'Giphantia'란 이름으로 영어로 번역되기 시작한 사진에 대한 최초의 책 중 한 권으로 평가받고 있다.〔역주〕

화의 역사성과 각 영화인에게 고유한 상황과 마찬가지로 개인적인 문제를 구별해야 한다.

19

영화는 천성적으로 '이집트적'인가?

　영화 예술과 이집트 예술(상형 문자, 죽은 자의 보존, 무덤의 땅)과의 비교는 1915년부터 베이첼 린지(《동굴에서 피라미드까지》) 또는 아벨 강스와 같은 사람들에 의해 이루어졌다: "우리들은 지금 과거로의 불가사의한 회귀를 통해 이 자리에 섰다, 이집트인들의 표현의 플랜에 다시 왔다."

　질 들뢰즈가 스트로브의 영화 세계에서(돌과 같은 이미지와 무덤과 같은 계획) 행한 묘사는 이집트를 참조하고 있다: "우리가 보고 있는 것은 단지 황량한 사막이지만, 이 사막은 땅 아래에 자리를 잡고 있는 시체들의 모든 선 아래에 있는 그 무엇인가처럼 무겁다."[1] 상형 문자처럼 미라는 많은 이론가들에게 영화에 대한 이들의 성찰 과정에서 이용되었다. 다음은 바쟁의 유명한 문구이다: "처음으로 사물들의 이미지는 사물들의 지속의 이미지이고, 미라의 변신과 같다."[2] 미라와의

---

1) 《장 마리 스트로브-다니엘 위예 *Jean-Maire Straub-Danièle Huillet*》(에디시옹 앙티곤, p.72)의 〈영화에서 아이디어를 갖다…… Avoir une idée en cinéma……〉. 《이미지-시간 *L'Image-Temps*》은 《너무 빠르거나 너무 늦었다 *Trop tôt trop tard*》(p.318)의 프랑스의 시골과 이집트의 시골을 참조하고 있다.
2) 바쟁, 《영화란 무엇인가? *Qu'est-ce que le cinéma?*》의 제1권의 〈존재론과 언어 Ontologie et langage〉(세르프 출판사, 1958), p.16.

비교는 다음과 같은 두 가지 방식으로 펼쳐진다. 즉 이미지가 녹화하는 것을 보존하고 움직이지 않는 것을 움직이게 하는 것. 보존의 기능, 들뢰즈는 이 기능을 《세르주 다네에게 보내는 편지》에서 해설하고 있다. 이 편지에서 들뢰즈는 영화가 "시간을 거스르는 것을 보존한다고 설명한다. 왜냐하면 영화의 시간이라는 것이 흐르는 시간이 아니라 계속되고 공존하는" 시간이기 때문이다. 고정되고, 움직이지 않는 것을 움직이게 하는 것에 대해 말하자면, 이 움직임화는 철학적인 프로그램에 해당된다. 바쟁 이후 40년이 지나 들뢰즈는 미라(Momie)의 개념을 다시 인용하고, 드라이어·브레송·로메르에 관해 정신적 자동 장치(automate sprituel)(스피노자에서 온)의 개념을 미라의 개념에 접속시키면서 중요한 발전을 이룩했다. 이렇게 해서 들뢰즈의 미라는 기관도 없는 신체(순수한 의미에서 미라는 내장이 비어 있는 몸체이다)와, 말하자면 아르토·스피노자, 이집트 사이의 정신적 자동 장치의 교차점이 되었다.

영화와 환상의 관계는 거의 논리적으로 다음과 같은 결과를 이룬다: "만약 영화가 정신예술이 되어 버린 자동성(무의식적 동작)이라면, 말하자면 무엇보다도 이미지-운동이라면, 영화는 우연히가 아니라 본질적으로 자동 장치에 인접해 있다." 들뢰즈는 시계추와 같은 자동 장치, 시계 점포의 사람들, 최면술에 걸린 몽유병 환자와 사고의 가장 세심한 표시인 운동, 즉 자율의 환상적 노력 속에서 사고가 생각하고 그 자체로 결심하는 방식을 표시하는 '위대한 정신적 자동 장치'인 무성 영화를 구별한다. 영화는 이 두 자동 장치 사이에서 흔들린다.

1982년 파스칼 보니체는 이집트의 미로 한가운데인 피라미드에서 미라를 발견했다고 환기하면서 다음과 같이 자문한다: "미라는 무엇에 소용되는가? 그 모습을 보존해야 하는가? 미라의 결정적인 순간,

이 순간을 통해 미라는 영원성을 초월한다. 이것은 사람들이 알고 있듯이, 사람들이 미라를 감고 있는 끈을 끌어당기는 순간이다——또는 코믹하거나 기분 나쁜 해석으로——미라가 스스로 감은 끈을 끌어당기는 순간이다, 말하자면 그 안에 무엇이 있는지를 알아보려는 순간이다. 종종 이 미라는 고대 영화 스타의 아주 순수한 얼굴일 것이다. 고대 이집트에 대한 할리우드의 사랑. 때로는 조잡하고, 혐오스럽고, 일그러진 얼굴이기도 하다. 때로는 형체를 알아볼 수 없는 인간이기도 하다. 하지만 모든 경우에서 미로의 내부로 길의 방향을 안내하는 것은, 얼굴의 지움이 아닌 한 얼굴에 대한 불안한 탐색이다."[3] 장 나르보니는 히치콕의 작품에서의 이집트의 중요성을 강조했으며, 1980년 히치콕에 헌정한 《카이에 뒤 시네마》지의 표지에는 전 세계에 상연되어 호평을 받았던 영화 〈사이코〉 촬영 당시 찍은 스핑크스의 사진과 중첩된 히치콕의 얼굴을 보여준다. 이 영화에서 노먼 베이츠의 어머니의 얼굴은 머미(mummy)와 멈(mom)(엄마와 미라) 사이의 재치문답을 시각적으로 연출한 미라의 얼굴 모습이었다. 들뢰즈는 무시무시한 얼굴의 사이즈를 내세웠다. 우리가 알고 있듯이 이미지-감정은 '그 경계로 공포에 대한 단순한 영향'을 미친다.[4] 최초로 들뢰즈는 《차이와 빈복》(1968)이란 영화에서 무서운 얼굴과 두려움을 주는 얼굴의 예를 이용한다: "사람들은 공포감을 주는 얼굴을 고찰한다(내가 공포의 원인을 보지 못하고, 이 공포의 원인을 느끼지 못하는 경험 조건에서). 대형 플랜과 영화의 프레임아웃이 아니라도, 무엇이 이러한 경험들의

---

3) 파스칼 보니체, 《맹인의 시야 Le Champ aveugle》, 카이에 뒤 시네마-갈리마르 출판사, 1982, p.73. 75.
4) 《이미지-운동 L'image-mouvement》, p.144. 들뢰즈는 '본질로서' 전체적인 플랜에 대해 말하고 있다.

조건들인가? "이 얼굴은 가능한 세계──무서운 세계를 표현한다. 표현을 통해, 우리는 영원히 근본적으로 표현된 것과 표현하고자 하는 것 사이의 왜곡을 포함하고 있는 이러한 관계를 이해한다. 표현된 것이 아주 다른 어떤 무엇으로 표현하고자 하는 것에 관계하고 있음에도 불구하고, 표현하고자 하는 것은 표현된 것 밖에서는 존재하지 않는 것처럼. 따라서 우리는 가능성을 통해 어떤 유사성을 이해하지 못하지만, 얼굴을 감싸고 있는 것과 함께하는 이질성 자체에서 감싸고 있는 것, 즉 함축되어 있는 것의 상태를 이해한다. 따라서 두려움을 주는 얼굴은 사람의 얼굴을 무서움에 떨게 하는 것과 유사하지 않지만, 감싸고 있는 것은 무서운 세계의 상태와 유사하다."[5] 흰색의 벽-검정 구멍 체계는 무서운 세상을 내세우며 베케트의 《영화》는 그 모습을 숨김없이 보여준다. '끔직한 아이'는 바로 자아를 통한 자아의 인식이 제거될 수 없음을 보여준다: "영화의 제3막, 대형 플랜, 충격 또는 감정의 인식, 자아의 인식."

5) 《차이와 반복》, 프랑스대학 출판사(PUF), 1968, p.334.

20
영화의 환상을 통해 무엇을 이해하는가?

    영화는 19세기 후반의 문학에서 전개된 여러 가지 '환상적인' 주제와 밀접한 관계를 유지하였다. 이 문학에서 떠나지 않고 따라다녔던 거울은 영화 장치의 관심을 끌었다. 장 파울 리히터는 다음과 같이 쓰고 있다: "나는 거울 앞에 서서 공포에 사로잡혀 다음과 같이 말했다. 나는 이 거울에서 내가 두 눈을 감았을 때 무엇과 닮았는지를 보고 싶다." 확실히 영화는 마치 타인들이 우리들을 바라보는 것처럼 '외부로부터' 우리를 관찰하려는 이 소망을 만족시켜 준다. 〈드라큘라〉란 영화에서, 조나단 하커가 면도를 하려 할 때, 드라큘라의 소리를 듣고 깜짝 놀란다. 왜냐하면 조나단은 거울 속에서 백작이 다가오는 것을 보지 못했기 때문이다. 이것은 꽤 알려진 장면이다.

    오늘날 반사의 소멸에 대한 실험은 카메라가 거울에서 보이지 않고 영화의 이미지가 거울에서 드러날 때 가능하다. 직업적인 사람들에게 있어서는 평범한 힘의 표현이지만, 속인들에게는 일종의 마술이다. 이 거울이나 반사경 '앞에' 카메라가 있고, 우리들은 마치 조나단이 드라큘라를 보지 못하는 것처럼 그 거울을 보지 못한다. 백작이 보이지 않는 것은 고유한 법칙을 갖고 있는 픽션의 세계에서 일어난다. 반면에 영화에서 보통 사람이 제기하는 문제는 현실의 형태에 속하는 촬영 시간과 공간을 참조한다. 아무튼간에 보이지 않음의 힘은 두 가지 경우에서 입증되었고, 다시 한번 말하자면 영화의 흡혈귀 같은 본성이다. 흡혈귀의 몸처럼 카메라가 거울 속에서 투사되지 않는 특성을 갖고 있기 때문만이 아니라, 아울러 좀더 일반적으로 앙드레 S. 라바르트의 표현을 인용하자면, 카메라가 다른 표현 수단의 실체와 동화되기 때문이다. 왜냐하면 '역 영상, 전수, 편집' 때문이다. 카메라는 흡혈귀와 유사하거나 그렇지 않을 것이다. 오염에 대해 말하지 않고, 시간이 숲 너머의 나라에서 멈춰 섰기 때문에, 숲 너머의 나라는 잠자는 숲이라 말할 수 있다는 사실——영화가 한계점 중의 하나를 이루는 절차인 이미지 위에서의 정지라고 볼 수 있다.

〈드라큘라〉가 개봉되기 5년 전에 쥘 베른은 《카르파트가의 성》을 출간했다. 이 책은 거의 드라큘라와 동일한 장소에서 행위가 전개된다. 스틸라(Stilla)에게 '살아서' 나타나도록 해주는 장치는 그녀의 초상화를 이용한 덕분에 가능했다: "그런데 오르파니크(Orfanik)에 의해 계산된 어떤 각도에 따라서 기울어진 거울이란 수단으로, 한 힘센 남자가 거울 앞에 위치하고 있는 이 초상화에 불을 비출 때, 스틸라는 반사를 통해 그녀가 실제로 살아 있고 아름다움으로 충만했을 때와 마찬가지로 '실제의 모습으로' 등장한다." '매일 저녁' 남작은 21세기초의 모든 남자들이 자신을 위해 할 수 있는 경험을 쇄신한다: '훌륭한 도구'를 통해 얻은 스틸라(또는 다른 여가수)의 목소리를 듣는 것과 '마치 스틸라가 살아 있었던 것처럼' 그녀를 보는 것이다. 《카르파트가의 성》이 출간된 지 3년 후, 뤼미에르 형제의 최초의 투사는 오르파니크의 재능에 연출을(움직임을 비롯하여 최소한의 음향, 하지만 음향은 에디슨이 담당했다) 시작하도록 도왔다. 무엇보다도 오르파니크에게서 중요한 것은 기술적 재현의 시대에서 예술에 고유한 의지를 담아 재생하는 것이었다. 또한 이것은 움직임이 있는 홀로그램(홀로그래피에 의해 재생된 상)의 예고였다. 즉 사랑하는 여자의 이미지인 여가수는 목소리가 전파되는 동시에 투사되었다. 방식 전체가 아주 완벽해서 착각을 불러일으킬 정도였다. 기술의 발명은 19세기를 끊임없이 따라다녔던 이중의 주제와 조화를 이룬다. 예컨대 인생을 빨아들이는 흡혈귀 같은 절차로서의 예술과 죽음 너머까지 인생을 보존하는 것, 이것이 바로 초기 영화에 공인되었던 사실이다.

노스페라투는 부분적으로 드라큘라와 제1차 세계대전의 공동묘지에서 나온 유령이며, **죽어서 걸어다니는 사람**(walking dead)으로 등장하는 죽은 사람이다. 그런데 이것은 아벨 강스의 영화에 나오는 군인들이나 사형이 집행된 후에 '생'이 부활된, 최소한의 감동적 표현이지만 연출-무대장치가인 알뱅 그로에 의하면 "마치 우주의 흡혈귀가 수백만 명의 사람들의 피를 마시기 위해 지구를 덮친 이러한 끔직한 사건"의 비유라고 말한 마이클 커티즈의 등장 인물과 동일한 제목이다. 영화는 그 유명한 '현대성'를 표명한다: "제1차 세계대전 이후(말하자면 국제 정치 경제 분야에서 새로운 법률적 공간과, 희생자를 헤아릴 수 없는 전쟁이라는 새로운 공간이라는 동시적인 발명), 이처럼 도처에서 공격당한 육체들은 무엇보다도 희생된 육체들이다."(장 뤽 낭시)

이중화와 전환성이라는 변신의 주제에 관한 제7의 예술의 멋에 대해 말해야 한다. 뤼미에르 형제의 도구, 즉 카메라와 영사기는 장치 그 자체 안에서 중복성 또는 이중화가 포함되어 있다. 환상 영화에서 신체는 론 체이니의 영화처럼 무한적으로 조형적인 영화와 묵직하고 비정한 보리스 칼로프 영화 사이에서 흔들린다. 이러한 것들이 배우의 '연기'의 두 국면이다. 즉 신중함, 광화 작용의 유혹, 또는 아주 멀리 나아간 변신의 예술이다. 순수하게 말하는 연기 너머로 특히 지킬(Jekyll)과 하이드(Hyde)의 주제가 제안할 수 있는 무대 장치의 변형(특히 루벤 마물리안과 빅터 플레밍의 버전에서. 아울러 스티븐슨의 스토리에 대한 무성 영화로의 수많은 각색은 계시적이다)은 만화 영화와 동맹을 맺은 추억을 만든다. 아울러 무대장치의 변형과 함께 동맹 관계를 맺는 추억을 만든다.

21
연출이란 무엇인가?

연출이란 단어가 사람들이 연출이란 단어를 찾으려고 기대하게 될 영화에 관련된 여러 작품, 특히 사전들이나 영화 교육 서적 속에 존재하지 않는 데 반해, 연출의 개념은 마치 연출이 그와는 반대로 일종의 성배(聖杯)가 되는 것처럼 특별한 격상의 대상이 되었다. 미셸 무를레는 1965년에 다음과 같이 쓰고 있다: "장막이 올라간다. 어둠이 홀 안에 깔린다. 장방형의 빛이 지금 우리들 앞에서 감동을 주며, 곧이어 제스처와 소리가 홀 안을 지배한다. 우리는 이러한 비현실적인 공간과 시간에 사로잡혀 이 자리에 있게 된다. 여러 가지 행복감과 더불어 음영과 밝음의 소용돌이와 이 소용돌이에서 기인하는 소리들의 거품을 떠받드는 신비스런 에너지를 연출이라고 부른다." 연출 활동의 두 가지 일면을 구별해 보기로 하자. 즉 물질적인 활동과 이 활동의 결과. 연출가 활동의 첫번째 일면인 물질적인 활동에 대해서 사람들은 이 연출가란 직업이 일종의 조직의 의미인 권위를 요구하고, 심리학적 지식을 요구한다고 말한다. 샤를 파테의 1918년 텍스트는 당시에 연출가란 직업이 이미 "너무나 힘든 직업으로 간주되었기 때문에, 나는 누가 총체적인 임무를 담당할 능력이 있는지 알 수 없었다"라는 사실을 보여준다. 1957년 아르망 J. 콜리에는 '영화의 책임자'에 대해 말하고 있으며, 연출가란 '총체적인 창조를 담당하는 중요한 작가' '예술적 에너지의 트랜스'라고 정의하고 있는데,[1] 요컨대 이 말이 연출가란 정의를 잘못 내리고 있는 것은 아니다. 레이몽 벨루르에 따르면, 다음과 같은 2개의 연출이 존재한다: "첫번째 연출은 그 장면과 플랜이 무엇이든지간에, 특히 이것을(장면과 플랜) 행하는 방식이 무엇이든지간에 무대와 플랜을 조직하는 덕목을 핵심으로 하는 연출이다. "따라서 연출은 영화의 모든 것에 적용된다. 사람들은 이 첫번째 연출이 다른 이름을 장비할 수 있음을 보게 될 것이다. '연출'이란 것이 결국 그 이름 중에서 한 이름일 뿐이다. 다른 한편으로 더 정확하게 또 다른 연출이 존재한다. 말하자면 특히 프랑스에서 시대의 한 순간에 비평적 목표라는 이름으로 만들어진 '사고-현실'이다. (…) 따라서 연출은 본질적으로 플랜 속에서 그리고 플랜 사이에서, 즉 픽션의 공간과 시간으로 이해된 공간 속에서 그리고 시간 속에서 신체와 플랜의 관계를 만들어 내는 양식을 추구한다."

우리는 장 클로드 비에트처럼, 어떻게 영화연출가 또는 감독을 구별하는지를 자문할 수 있다……. "감독은 마치 순수한 물질적·기계적 활동에 관계되는 것처럼 암시적 의미를 갖고 있으며, 모든 것에 적용된다. 반면에 3개의 다른 이름(비에트는 저자란 이름을 덧붙이고 있다)들은 각자가 자신들이 관계하는 영화 작업에서 구체적인 방향을 암시하고 있다. 연출가는 우리들에게 연극에서처럼 공연할 배우들과 공간이 있다고 말하며, 운동 상태에 있는 총체를 암시한다. 이미지를 생산하는 영화인은 가시적인 효과들의 달콤한 연속보다 플랜과 기관의 정

---

1) 1919년 화가인 마르셀 그로메르가 '영화의 작곡가'에 대해 언급한다(물론 음악가를 지칭하는 말은 아니다!). 1926년 샤를 딀랭이 사용한 말은 영화인이었으며, 이와는 달리 1929년 쿠아삭은 감독이란 말을 사용했다.

리(정돈, 구성, 설비)에 한층 더 관심을 갖는 좀더 애매한 조물주를 환기시킨다."

망셰트는 로지가 "많은 사람들이 영화란 것이 대개 아무런 말이나 지껄이면서 되는대로 움직이는 온갖 종류의 사람들을 촬영하는 것에 있다고 믿고 있는 시대에서 보기 드문" 특성을 가진 영화로 평가되는 자신의 최신 영화(하지만 로지는 자신의 이 영화들을 좋아하지 않았다)에서 보여준 신중함과 능력에 경의를 표하고 있다. 아울러 로지는 알베르 르윈의 〈좋은 친구의 사생활〉이란 영화에서 자신에게 연출의 행위가 무엇인지를 보여주는 한 예를 제시한다: "거의 모든 문들이 일반적으로 색이 있고, 가로 창살을 댄, 간접적으로 창 뒤에서 일어나는 것이 은근살짝 보일락 말락 하는 여러 가지 불투명으로 된 유리가 끼워져 있었다." 연출가가 관객들에게 아주 종종 정교함을 지닌, 따라서 포착하기가 어려운 '효과'를 제공할 수 있는 사람이라는 사실은 맞는 말이다("연출은 효과의 생산이라고 정의내릴 수 있다." 필리프 아르노): 비밀 관계, 측면 효과, 매장, 상궤를 벗어난 조화……. 장 클로드 기게는 점점 더 '안정감 있게 다혈질로 자신의 의도를 에워싸면서 의도를 강조'해야 한다는 것에 유감을 표명한다. 그런데 영화계의 '정신적 아버지들'(그레미용·오퓔스·포드) 중에서 최초이 사람에 속하는 비스콘티와 같은 영화인은 결코 그렇게 하지 않았다. 따라서 자신의 '현대성'으로 〈승객들〉과 〈신기루〉의 연출가에게 큰 감명을 준 〈산드라〉에서 이러한 사실을 찾아볼 수 없다: "나는 옛것과 새로움의 관계라는 그 기원에서의 현대성에 대해 말한다. 비스콘티에게 있어, 옛 상황에 적용된 새로움의 물감이 중요한 것이 아니라, 새로움이 옛것에 관계하는 거리, 관점이 중요한 것이다. 어떤 의미로는 자신의 마음을 드러내면서, 추억의 비밀을 탐험하면서, 혼탁한 물에서 잃어버린 시간의 단편을 낚으면서, 비스콘티는 어제와 오늘, 과거와 미래를 대조시킨다. 우리들은 아주 위대한 정치 영화의 힘과 규모 앞에서 감동을 받고 있는 것이다. 말하자면 이 영화는 이탈리아와 이탈리아의 문화를 파괴한 산업 시대와 대중 사회의 재앙을 고발하고 있다."

들뢰즈에게 있어, 영화인의 작업은 움직임-지속의 덩어리를 생산하는 데 있다. 다네는 다음과 같이 말한다: "영화인만이 **보여주는** 사람이다," "만약 영화가 무엇보다도 보여주는 행위라면, 영화는 **보여주는 열정**을 갖고 있는 사람들에 의존할 것이다." 이어서 다네는 '보는' 영화인들(이 보는 영화에서는 '사람들은 바라보는 것, 배경과 모험,' 즉 브레송 · 랑 · 미조구치 · 히치콕 · 혹스와 '배경이 그토록 중요성을 갖고 있지 않은' 수직 화면에 평행한 면인 월시 · 부뉴엘 · 로셀리니 · 매커리를 구분한다)과 보여주는 영화인들(채플린 · 파스빈더)를 구별한다: 순순한 보기는 과학이며, 순수하게 보여주는 것은 장면이다. 연출은 자동적으로 관점의 개념에 연결된다. 다네는 다음과 같이 결론을 내린다: "나에게 있어 '관점'은 아주 정확하게 이미지가 생략된 신체의 위치에 오는 것, 우리가 분별하지 못하는 반점을 보는 것이다. 관점은 항상 카메라 대신 있게 될 인물이 볼 수 있는 것을 참조한다. 여기에 충실한다는 것은 연출의 문제에 즉각적으로 대적하는 것이다(왜냐하면 확실히 하나의 관점과 논리적이지 못한 금지된 이미지들이 있기 때문이다). '관점'의 문제는 **누가** 바라보는지를 자문하는 것으로 회귀한다." 관점의 영화(안토니오니 · 드파르동), 이중 관점의 영화(대중 영화, n 관점의 영화), 마지막으로 가장 위대한 영화 사이에서의 구별. (…) 나는 이 범주의 영화에서, 다음성 범주의 영화에서, 사육제에 어울리는 범주의 영화(아마도 〈이반 대제〉(2001), 포드의 일부 영화)에서 〈사냥꾼의 밤〉을 더 이상 위대한 영화라고 생각하지 않는다. 플랜("이미지와 시간을 분할할 수 없는 덩어리," 숨쉬기와 리듬 "그 시간이 플랜의 한 부분을 구성한다"), 편집("편집: 시대에 뒤진 예술의 넘을 수 없는 영역: 영화"), 연속, 마찬가지로 연출 예술에 접근하기 위한 공격 각도. 스갱은 다음과 같이 말한다: "사람들은 위대한 연출가들이 비어 있음을 영화화할 줄 아는 사람이라고 인정한다. 따라서 에른스트 루비치는 위대한 연출가이지만 프랭크 카프라는 그렇지 않으며, 자크 투르네르·앙드레 토트 또한 위대한 연출가가 아니다"(스갱은 다음과 같이 덧붙인다: "친구 사이에 밤을 보내기 위한 새로운 게임"). 연출의 위대한 예술은 실체들 사이, 또는 실체들과 대상들 사이의 거리의 예술이다. 다네에게 있어, 발레리오 주를리니는 "모든 공포증 환자들과 마찬가지로 순수한 연출가들이다. 말하자면 발레리오는 한 신체가 다른 신체들과 격리되어 불에 타는 것과 동일한 방식으로 거리를 구성하고 있다."

무엇보다도 수사학적 주제인 거장의 솜씨가 남아 있다: "거장의 솜씨는 바로 풍부한 단순함으로, 이것은 거장들이 시간과 더불어 얻는 것이다. 그리고 예컨대 포드나 혹스의 최신작들, 또는 랑의 2부작 '힌두교'는 서로 닮았고, 〈카제무사〉와 닮았다. 일화나 절차에 의한 외부적 방식에서가 아니라, 오히려 본질적으로 다음과 같은 점에서 기인한다. 말하자면 밧줄에서 각색한 플롯이란 ㄱ전적인 단순함을 통해서. 또한 '조형적인' 거장의 솜씨, 말하자면 원하는 것을 알고 행하는 것을 원하는 영화화를 통해서."(망셰트) 일부 초보자들 또한 아주 빠른 속도로 거장이 될 것이다: 〈시민 케인〉(젊은 천재인 웰스의 작품인)은 항상 인용되는 좋은 본보기이다. 이와는 반대로 채플린의 다음과 같은 구절이 있다: "인생은 너무 짧아서 아마추어 이외의 다른 것이 될 수 없다." 장 폴 토로크는 내레이터(프리츠 랑의 숨겨진 해석)를 통해 다음과 같은 말로 끝나는 경멸적인 고백을 한다: "나의 성은 디트리히 폰 에르라흐이다. (…) 나의 아버지인 조각가 악셀 폰 에르라흐는 운명적인 대리석에 시대에 지칠 줄 모르는 호랑이의 형상을 조각하여 자신의 무덤 위에 세웠다. 금속이나 돌을 경멸하는 나에 대해 말하자면, 잘 변하는 셀룰로이드와 빛과 은색 소금과 석고 가루와 우아한 흰색 음영을 가지고 각 이미지가 세상을 함축하고, 이미지들을 배치하고 있어, 그 결과 이미지들이 거울이며 판독할 수 없는 세상의 지도인 이미지 알파벳을 구성했다."

22
시나리오는 촬영되도록
운명이 주어졌는가?

  이 장을 시작하기 위해서는 시나리오라는 단어와 더불어 다음과 같은 아주 큰 혼동 앞에 놓인다는 사실을 인정해야 한다: "실제로 사람들은 우연히 이 시나리오라는 단어가 때로는 주제, 즉 의도와 등장 인물과 사건들의 영향력을 선에 위치시키는 몇 문장으로 요약된 이야기를 의미한다는 명제를 설명할 수 있다. 때로는 이 단어가 이것들 사이에서의 상황의 조직과 상황의 연속, 즉 드라마의 다이내믹을 의미하기도 한다. 때로는 게임, 장식, 프레임인, 이동을 지시하는 가장 완전한 대본을 의미하기도 한다. 필요에 따라 신축 자재의 이 단어는 가장 추상적인 도표로 축약되거나 연출의 가장 물질적인 경계에까지 늘어날 수 있다."(미셸 무를레)

  다네는 다음과 같이 시나리오, 신비, 이야기를 구별한다: "시나리오는 시작하고 끝나는 사실로 정의되는 반면 이야기는 항상 이미 시작되었고 다른 모든 영화 첫머리의 자막보다 더 먼저이다. (…) 이야기의 유일한 형태는 도입부는 존재하며(결말이 없다), 바로 신비이다. 신비는 독백하는 것을 옹호한다." 다네는 또한 영화와 원작자, 즉 영화와 시나리오를 구별한다. 다네에게 있어 시나리오는 항상 힘을 갖는다:

시나리오 작가는 자신이 이용하는 것에서 누적된 효과를 앞지르는 선수이다. "자신이 모든 것에 대해 모두 알고 있다는 자격에서, 악마가 가장 가능한 훌륭한 시나리오 작가이다. 또한 조작된 인간성의 연극을 즐긴다는 자격에서, 마찬가지로 가장 훌륭한 대중이다. 시나리오는 영화인을 회의주의(무슨 소용이 있는가?)와 구별되는 아카데미즘에 강요하고 관객을 이미 공연된 맥 빠진 연극의 명상을 강요하는 영화의 상류와 하류에 있다(생산 이전과 이후이다)." 하지만 비평이 이러한 장치에 연루시키는 것은 바로 그 이야기와 더불어서 시나리오 그 자체이다.

달리 말하자면 시나리오에 대한 다음과 같은 세 가지 태도가 개략적으로 기술되어질 수 있다. 첫째, 시나리오에서 영화의 촬영에 선행하는 단계를 보여주는 것을 구성하는 전통적인 태도(기능적인 측면에서), 즉 작품이 일단 완성되면 사라지는 축적물의 동가――하지만 또한 필요한 단계, 왜냐하면 이 단계가 서술하는 '좋은' 영화의 조건 자체이기 때문이다. 이와는 달리 사람들은 시나리오를 연출가의 영감에 대한 족쇄라고 고발하는 또 다른 태도를 찾아볼 수 있다. 따라서 시나리오는 '아첨하여 참조해서는' 안 되는 것이 중요한 나침반이 더 이상 아니다.(마르셀 레르비에) 마찬가지로 사람들은 시나리오에서 특히(훌륭하게) 예술 영화의 적을 보기까지 할 수 있다. "영화의 실수는 바로 시나리오이다"라고 페르낭 레제가 공표했다. 2개의 대적 관념이 제시되었다. 즉 설화적 영화(=상업 영화) 대 비설화적 영화(=실험, 전위, 예술 영화). 이미지 대 단어들, 연출가 대 시나리오 작가. 좀더 희귀한 제3의 태도는 시나리오를 자율 장르로 만드는 경향이 있다. 아무튼간에 영화를 도달해야 할 목표로 선호하는 관점을 채택하는 것이 더 이상 문제가 아니다. 시나리오는 그 자체에서 고유의 목표를 찾게 될 것이다. 이것이 바로 벨라 발라즈와 피에르 파올로 파솔로니가 서로 달리 취한 입장이다. 이것은 장면(설화적 분할)과 플랜(영화에 고유한 문체) 사이의 망설임 속에 위치한다. 또한 이것은 영화를 준비하는 자료와 자율 장르로서 시나리오의 개념이 차지할 수 있는 문학적인 형태의 중간에 위치한다.

고전적인 사고: 영화의 본질은 문자에서 벗어난다. 단어와 이미지의 대립은 다음과 같은 질문을 제기한 마르셀 레르비에에 의해 1943년에 반복되었다. 즉 창조적인 행위가 어디에 있는가? 그리고 레르비에는 다음과 같은 은유를 계속하여 전개시킨다: "그가 팔 아래로 늘어진 밧줄을 들고 지주가 수직으로 세워진 광활한 중앙 홀 중의 하나 속으로 들어가자마자——그런데 그 돛의 날개는 엷은 판으로 겹쳐 붙여 있었다(합판으로 되었다), 그가 뾰족한 6분의와 파노라마와 같은 키 막대기 사이의 뒤쪽의 상갑판, 즉 기계로 움직이는 갑판교 쪽으로 자리 잡자마자, 밧줄을 푸는 소리가 요란한 장식으로 된 육중한 배가 기술자들의 행사 준비를 위한 법석으로 큰 폭의 전기 불꽃, 연출가, 선장을 향해 흔들리는 것처럼 보이자마자, 그가 진정한 창조에까지 올라가기를 바란다면, 그가 영화의 저자가 되기를 바란다면, 시간이 자신의 솜씨를 증명할 때가 되었다고 느껴야 하다면, 자신의 예술의 재료 자체를 만들 때가 왔다고 느껴야 한다면. 또한 그가 포착된 이미지에 씌어진 단어의 단순하고 또한 가능한 한 충실한 전사를 위해 시작하는 시선의 포착을 거절할 것이다. 연안 지방이라는 주제를 목적으로 위험도 놀람도 없는 연안 행해를 위해." 망세트는 영화, 즉 '하지만 단지 자신의 시나리오'를 보지 못했다는 또 다른 비평을 비난한다.

40년을 전후해서 고다르는 '우선 보아야 한다'고 천명했다. "시나리오를 만드는 것은 더 이상 가능하지 않다. 〈열정〉이라는 영화를 위해서 씌어진 시나리오는 없었으며, 단지 엄청난 자료가 있었을 뿐이었다. 이를테면 비디오테이프, 음향테이프, 소책자. 그림과 음악에 따라서 시나리오를 얘기해야 했고, 모든 양떼를 모으게 하는 텍스트에 도달해야 했다. 우리는 종이와 연필로 바닷가에서 시나리오를 쓰는 것보다, 해야 할 일이 무엇인지를 찾기 위해서 6억 프랑의 예산 중에서 2백90만 프랑을 보이는 시나리오, 비디오 장면을 만드는 데에 썼다." 고다르는 무엇보다도 '세상의 가능성'을 만들기를 원했다. 바로 이러한 경험은 영화 자체에 이어 그 결과로 만들어진 《열정이란 영화의 시나리오》에 상세하게 기술되었다.

벤자민 폰데인은 1928년 다음과 같이 동시에 선언했다: "진정한 시나리오를 쓴다는 것은 불가능하다." 아울러 "따라서 촬영 불가능한 시나리오의 시대를 열어 가자." 그는 촬영하도록 운명지어지지 않은 영화-시를 썼다. "이 3개의 영화-시들로 된 텍스트에서 주어진 기술적 일부 지시 사항과 마찬가지로 시나리오의 각 장면은 영화 촬영과 거리가 먼 암시를 위해서만 취해질 수 있을 것이다. 즉 이것은 단지 기억이 읽는 행위와 함께 소비하는 정신의 일시적인 상태의 생성에 협력하도록 운명지어져 있다." 읽혀지기 위해서 만들어진 시나리오들이다. 로테 아이스너는 표현주의 시대의 일부 특별한 문체, 특히 "(…) 거의 완성되지 않고 종종 즉흥적인 휴지로 운각으로 나누어진 손상된 문장들로 이루어진 칼 메이어의 문체를 강조했다. 모든 것은 아폴리네르의 몇몇 시처럼 읽힌다." 1920년부터 프랑스에서 아벨 강스와 루이 델뤽은 자신들의 영화에 대한 다소 상세한 묘사를 나타나게 했다. 독일에서는 이 시기에 시나리오를 간행하기 시작했다.

벨라 발라즈는 1948년에 다음과 같이 말했다: "오늘날 시나리오는 드라마가 연극에서 탄생한 것처럼 영화에서 탄생한 자율적인 예술이

되었다. 시나리오는 반쯤 끝난 생산물, 스케치, 플랜(…)이 아니다. 물론 시나리오는 연출되어야 할 이미지들과 대화들을 기술한다. 시나리오는 연극 작품이 우리에게 장면을 참조하게 하는 것과 동일한 방식으로 영화에서 참조하게 한다. 그렇지만 연극 작품은 1류 문학 형태인 것처럼 간주되었다." 이러한 관점은 현실화되지 않았다. 시나리오는 영화 속으로 사라지거나 또는 좀더 설득력 있는 방식으로 보존되어야 한다. 피에르 파올로 파솔리니는 시나리오를 자율적 기술의 장소, 작품의 완성이 정확하게 만들어야 할 작품에 대한 참조에 머무는 작품 · 대상 · 신체 · 몸짓 · 상황의 조직이 문학 작품의 이야기나 영화 이야기가 아닌 조화 법칙에 따라 이루어지고, 영화 따라서 또 다른 '언어'를 향하는 경향에 의해 특징지어지는 장소로 간주한다. 파솔리니는 실제로 영화의 언어를 전시해야 할 재료의 조직으로 생각했다. 말하자면 현실의 언어, 이러한 언어의 기호의 자격으로서의 대상에 속한다. 하나의 플랜에 이르는 모든 것은 영화 언어의 최소 단위를 구성한다(즉 영화 언어의 최소 단위인 시넴(cinème)은 언어의 최소 단위인 모넴(monème)인 플랜 속에 포함된다). 시나리오라는 단어는 2개의 서로 다른 구조에 속하는 기호이며, 그 언어 속에 또 다른 형태의 의지를 기입한다. 시나리오를 읽는 사람은 시각적 완성을 텍스트에 제공한다. 움직임, 긴장, 진행의 자격으로서의 시나리오. 말하자면 문학 구조의 영화 구조로의 이행의 경험으로서 시나리오의 강독이다.

필리프 강드리외는 《카메라/스틸로》지의 어느 호에서 다음과 같이 기고했다: "시나리오는 일종의 영화의 병, 즉 열이 있는 상태의 열병일 것이다. 이 상태를 통해 시각은 빛에 접근할 것이다. 행위의 묘사, 대화, 등장 인물들의 심리적 선회들은 이미지의 원인이 아닌 효과들이다. 프레임인, 카메라의 움직임, 빛은 문자를 선행한다. 영화는 소설 장르의 각색이 아니다. 영화는 특별한 시간 내에 이미지를 만들어 내야 할 절대적인 필요성의 결과이다. 영화가 상상하고 다소간 능숙하게 재현하게 될 것인 '비전'이나 '환상 효과'가 중요한 것이 아니다. 절대로 아니다. 최초의 것, 영화의 기원에 관계되는 것은 역설적으로 시각이 아니다. 보이지 않는 이미지의 파편이 시나리오를 쓰게 한다. 이것은 영화를 쓰게 하는 상세한 단편적인 세상이다."

23

영화 이야기는 무엇으로 구성되는가?

영화는 일반적으로 이야기를 얘기한다. 영화는 아주 종종 항상 동일한 스토리를 이야기하기도 한다. 장 폴 토로크가 다음의 사실을 입증했을 때 이러한 사실을 알 수 있다: 〈네 멋대로 해라〉과 〈안개 낀 부두〉란 두 영화가 대강 동일한 이야기, 버넷의 〈하이 시에라〉와 오런키와 보스트의 〈철창 너머로〉의 이야기를 얘기하고 있으며(〈안개 낀 부두〉는 〈망향〉의 '리메이크'이며, 〈망향〉 또한 미국에서 두 차례, 이탈리아에서 한 차례 리메이크되었다), 모든 사람들은 이 영화(연출)들을 구분하는 것이 이 영화들을 닮게 하는 것(시나리오)보다 더 중요하다는 사실을 안다. 하지만 이것은 다음의 사실을 방해하지 않는다. 즉 반복이 문제가 되며, 반복이 다른 작품에서보다 더 잘 '전개되는' 이야기들이라는 사실에 (최소한의) 관심을 집중시킨다. 이것이 어째서 사람들이 이 영화에 관심을 갖게 되는지의 이유가 된다.

알랭 마송은 영화란 이중의 예술, 즉 "이야기를 구성하는 예술, 이 이야기를 형체로 나타내는 예술이다. (…) 나의 기쁨 또한 2개이다. 하나는 이야기에 관계되고, 다른 하나는 이야기의 구성에 관계한다." 마송은 이야기의 기능을 다음과 같이 분해한다:

— 첫째, 이야기는 하나의 선택이다. 즉 "영화의 상징적인 가치는

영화가 이 선택을 지배하려는 보살핌에 달려 있다. 영화는 자동적으로 움직임을 서술적 활력으로 변화시키지 않으며, 영화의 지성은 영화에 필연적으로 영향을 미치는 변전을 따르는 것을 구성하지 않는다."

— 둘째, 이야기는 하나의 질서이다. 즉 "이야기는 단지 추정되어질 수 있다. 이러한 추정이 받아들여졌기 때문에, 나는 영화적인 묘사가 정의하고자 하는 구성에서 거의 빠져나갈 수 없다. 등장 인물들과 나의 관계, 내가 이들의 서술적 담화에 용인하는 신용은 아주 엄격하게 형상화를 결정한다."

결과적으로 영화는 이미지가 은밀히 진행하는 물의 흐름, 파랑(부서지는 큰 파도)과 폭풍우와 같은 이미지의 플롯을 제어하는 사고를 요구한다. (…) 동질성과 통일성의 원칙, 인간 중심의 이해 관계가 우리들의 영화의 비전을 지배한다. 이것들은 언어의 질서에 속한다. 마송은 "종종 아주 복잡한 지성의 형태를 살아나게 하는 빛의 예술"이라는 편에 선다.

다네는 피터 위어의 〈위트니스〉(1984)에 관해 다음과 같이 말하고 있다: "영화의 모든 여정이 아무튼간에 '끝'이란 단어로 이르게 하지만, 그 어느것도 종국에 콘크리트로 된 시나리오용 고속도로와 '물건을 나른다'란 개념을 따르는 '시뮬레이션'으로 된 행위가 거의 을씨년스럽지 않도록 한다. 여행을 매력 있게 만드는 것은 바로 길을 가면서 일어난다. 일들이 정말(진심으로, 그것을 마지막으로)로 일어나는 것은 바로 일들이 일어나지 않는 체하도록 만드는 방식이다." 영화는 아주 종종 잠시 본론에서 벗어날 권리를 요구해야만 할 것이다. "누군가 잠시 본론을 떠나면 다시 본론으로 돌아갈 것이다. 이것은 확실하다. 하지만 원하는 순간에. 〈위트니스〉란 영화에는 이전의 장면에서 아무런 일이 일어나지 않았을 것이라는 확신을 하기도 전에 새로운 장면의 시작을 기다려야만 할 때, 이 옛 영화의 이상한 신선함을 갖고 있는 많은 장면이 있다. 사건을 장면의 마지막 3분의 1 부분, 즉 이러한 유동적이고 운명적인 리바운드의 예술 속에 위치시키는 방법. 포드(존)는 가장 위대한 인물이었다." 아울러 다음과 같은 삶의 예술을 정의하는 또 다른 주목을 살펴보자: "나를 감동시키는 모든 영화는 어떤 장면을 다음 장면에 연결시키는 필요성이 진정한 작업의 대상이 되는 영화이다. 시간을 옆으로 제처두고, 시간을 발명하고, 팽창시키는 일."

영화가 다른 것을 선호하는 상황이 존재한다. 시대와 장르의 상황(레일 위에 묶여 있는 여주인공, 이때 열차가 소리 없는 연속물 안으로 도착한다)과 '이야기를 관통하는' 상황(경주)을 구별해야 한다. 또한 순수하게 서술 용어로 정의된 상황과 연출을 위한 풍부한 가능성의 자격을 갖춘 상황을 구분해야 한다. 후자의 상황이 여기에서는 중요하다. 필리프 아르노는 작은 책을 썼는데, 그 책에서 "사람들은 영화에서의 만남에 관한 변이를 따르며" 이 영화는 우리가 정확하게 겨냥하는 영화이다. "픽션 영화에서 등장 인물들의 만남은 더 많은 공통점이 있다는 사실이다. 즉 피할 수 없고, 실용적이고, 시나리오의 편리성을 위해 만들어진 인물." 이야기의 의무적인 확장, 이것은 확장이 시나리오 매뉴얼에 포함되어 있지 않을 때, 이러한 유용성 속으로 용해되는 것처럼 보이고, 어떠어떠한 조치를 내리는 것에 호의적일 수 있는 것처럼 보인다." 만남은 분명히 많으며, 우리는 시대, 즉 주제를 선택할 수 있다(사랑하는 사람(사랑)의 만남). 프랑스에는 수많은 사랑을 주제로 하는 만남의 문학적 패러다임, 즉 "사랑하는 사람들의 두 눈이 만나고," 스탕달식의 구체적인 사랑의 만남, 상징주의에 의거한 만남 등이 있다. 부뉴엘 영화의 두 장면은 따라서 필리프 아르노의 특별한 관심을 끌었다. 하나는 〈엘〉(1952)이란 영화이며, 다른 하나는 〈아르시발드 드 라

크루즈의 수형 생활〉(1955)이란 영화이다. 세번째 영화〈현기증〉(1958)
은 비평가의 관심을 자아냈지만, 놀랄 만한 것은 아니었다. 히치콕의
종탑이 강요되는 장면이 있는 영화 또한 동일한 부류에 포함된다. 따
라서 만남이 구체적으로 영화의 주제라고 말할 수 없지만 연출의 정
신을 자극한다. 우리는 장난삼아 블로흐의 《흔적》이란 책의 핵심어 도
표를 취할 수 있으며, 우리는 또한 영화를 위한 많은 주제를 찾을 수
도 있다.[1] 변형, 이별, 오랜 주시, 접촉 없는 재회, 침묵과 거울, 비밀
스런 진실, 공포나 행복의 전조, 유혹, 핑계(다네: 트뤼포의 영화는 단
하나의 의문만을 제기한다: 어디를 통해 우리가 나갈 수 있을까?), 등등.

우리가 1930년대와 1960년대 제작된 미국의 영화를 보거나 들을
때, 우리는 공들여 만든 영화 대사에 의해 놀라게 된다. 우리는 이 점
에서 많이 뒤져 있다. 오늘날 주인공은 '부주의로' 젊은 여자(또는 자
신의 가장 친한 친구)의 아버지(또는 오빠(형))를 죽이거나 또 다른 동
일 형태의 '실수'를 한 후, '죄송합니다'라고 말한다. 이것은 등장 인
물이 어려움이 있음을 감지하고 있다는 표시이다. 이와는 반대로 짜
증, 이것은 바로 우리가 현대 영화에서 영어 대사 '퍼크 유(fuck you)'
처럼 많이 들을 수 있는 '죄송합니다'란 표현이다. 알랭 마송은 다음
과 같은 사실을 주목한다: "형언하지 못할 단순성을 가진 주인공들은
개명된 사회의 가장 위대한 이익으로 통하는 모든 것을 파괴한다. 다
른 주인공들은 각자가 그 진실이 실체가 없는 주인공들의 대담에 접
근할 수 없는 은밀한 어떤 진실을 추구하는 자신들의 막연하고 재잘
거리는 수다의 미궁에서 갈피를 잡지 못한다. 일부 주인공들은 자신

---

1) 책의 선택은 자의적이지 않다: 에른스트 블로흐(《이 시대의 유산 *Héritage de ce
temps*》)는 우리에게 영화의 역사적 순간에 관해 자문하게 한다. 특히 일반적인 영화
에 관해.

들의 상스러운 어휘에서 전통적인 질서나 가치를 부정하는 태도(허무주의)를 공표한다. 우울하고 과묵하지만 야성적인 열정의 경향을 가진 전위적 기질이 있는 주민들은 낭만적이기보다는 오히려 경멸적인 과시로 자신들의 침묵을 과시한다." 언어가 금지된 모든 사람들은 '고집으로만 살아간다.' 망세트는 다음과 같이 배우들의 문제까지도 제기하기에 이른다: "예전에는 우리가 여성들−대상(대상으로서 여자들을)을 갖고 있었다. 이것은 영화에서 아주 좋은 일이었다, 게다가 여자들은 대상으로서의 남자들과 마주 대했다. 클라크(Clark)와 마주한 제인 러셀, 당신들은 두 배우 모두에게 멋진 흉근(가슴 장식)이 있었다는 사실을 인정할 것이다. 오늘날 우리들은 비열한 남자와 마주한 비열한 여자를 갖는다. 이러한 상황은 계속되고 있다."(1980) 이러한 성찰은 단지 잘못된 정신의 증거일 수 있다.

24
어떤 형태에서 움직임(운동)이
멀어지는가?[1]

많은 (촬영)기사들(그리고 '훌륭한' 기술자들)은 자신의 작업의 중요성을 이해하려 하지 않는다. 기술은 기술자들에 의해 또한 대부분의 우리 현대인들(동시대인들)에 의해 '있는 그대로' 취해야 하는 '개관적인' '과학적인' 사실로 간주되었다. 하지만 항상 이것이 필연적인 것은 아니었다. 주임 촬영기사인 찰리 반 담과 에브 클로케는 '소신'에 근거하고 있는 《빛-주연 배우》란 책을 발간했다: "빛은 영화의 해설가 중의 하나이다."

1919년 마르셀 그로메르는 다음과 같이 썼다: "그 어느것도 기쁨에서 비극에 이르는 빛의 다양한 표현을 부인하지 못할 것이다. 더욱 강조해야 할 것은 다른 수단들이 소리를 죽이고 동반되는 것에 지나지 않지만, 한 점에서 이러한 표현을 강화하는 가능성이다. 빛은 힘 있는 노래처럼 작열한다. 아울러 빛은 영화 그 자체이다. 또한 빛은 드라마 그 자체이다. 나는 코페 원작의 대수롭지 않은 영화 〈죄인〉을 기억한

---

1) 이 질문은 《흔적》에서 에른스트 브로흐가 제기한 질문이다.(갈리마르 출판사, 1968, p.164)

다. 아주 짧은 살인 행위 장면은 빛이 터져나간 램프가 떨어지는 데서 이 모든 비극을 차용했다(아주 검은 평면과 움직이는 흰색으로 된 램프). 아주 성공적인 이 장면은 다른 장면들을 압도했다(브레송은, 1980년대에, 자신의 영화 〈돈〉의 한 대목에서 이 상세한 묘사를 기억했던 것처럼 보인다)." 그로메르에게 있어 '영화의 색깔,' 말하자면 빛은 '조판된 색깔'과 아주 유사한 것이었다. 말하자면 그가 렘브란트나 클로드 로랭[2]의 부식동판화를 뒤적였음에 틀림없다.

아벨 강스는 다음의 사실을 확언할 수 있었다: "두 종류의 음악이 존재한다. 소리의 음악과 영화 이외는 아무것도 아닌 빛의 음악이 바로 그것이다. 빛의 음악은 소리의 음악보다 음계의 변이에서 더 고음이다."(1927) 2년 후 강스는 다음과 같이 계속하여 말했다: "나는 이러한 열정의 광분으로 〈나폴레옹〉이란 나의 영화에서 처음으로 스크린에서 심포니 음악을 만들려고 시도했다. 하지만 그 심포니 자체로 음계를 구성해야 하고 이러한 빛의 음악을 듣기 위한 그토록 적은 청취자들이 있다는 것이 얼마나 비극이었던가⋯⋯."

1965년에 클로드 올리에가 슈테른베르크의 영화에서의 빛에 대해 말한 것을 환기해 보자: "모든 빛은 더 이상 광채가 없으며, 있는 힘을 다해 사라질 때까지 한 방향에서 헤매는 점으로부터 나온다. 빛은 직선으로 나갈 수 있으며, 우회할 수도 있고, 굴절하고, 반사하고, 관통할 수도 있다. 빛은 한 점으로 모일 수도 있고, 퍼져 나갈 수도 있으며, 약해지거나 꺼질 수도 있다. 빛이 더 이상 없는 곳은 바로 암흑의 세계이며, 빛이 시작되는 곳에 빛의 불씨가 있다. 암흑의 전초에서 중요한 이 불씨의 빛의 여정은 빛의 드라마틱한 모험이다. 이 빛의 여정

---

2) 쥘레(Gellée)로 불리기도 한 17세기 최고의 프랑스의 풍경화가.〔역주〕

을 따라가 보자. 빛이 가장 섬세하게 조각하고, 가장 공략되지 않는 것 중의 하나인 이 이상한 움직이는 대상을 비추고, 윤곽을 뚜렷하게 하고, 반사하고 관통하는 동안, 즉 새로운 신비한 빛들이 흰 스크린 위에 투사되는 동안, 모험적인 이러한 빛으로 우리 자신을 사로잡게 내 버려두자.”

또 다른 '움직임'은 색깔의 움직임이다. 우선 흑백 안에서, 이어서 색깔 그 자체를 위한 움직임이다. 흑백 영화가 처음부터 색깔을 암시 하는 능력을 갖고 있었다는 사실은 알려졌다(마치 무성 영화가 소리를 암시한 것처럼).[3] 이러한 관계는 관습과 문화 코드에 근거한다. 풍경, 사람의 모발, 동물의 털, 유니폼, 광대의 복장, 삼색 불꽃, 카드 놀이 등등. 앞에서 색깔을 잊는다는 것은 어려운 일이다. 흑백은 상상의 노 동을 유도한다. 말하자면 환각을 일으키고, 배합하고, 꿈꾸고, 기억하 고(…), 훤히 비치는 커다란 면사포를 걸치고 춤추는 장면은 뤼미에르 시선의 〈뱀처럼 몸을 뒤트는 춤〉에서처럼 색깔의 개념을 환기시키는 순수하게 조형적인 주제이다. 사람들은 채색가의 환상에만 상응하는 자의적이고 가지가지로 변하는 색채를 덧붙여 면사포 '위로' 흑백을 색칠한다. 따라서 필름에 현존하는 색채는 한 복사 필름에서 다른 복 사 필름에 따라 변한다. 절차는 색깔의 하루살이의 개념을 퇴색이나 훼손에 의해서가 아닌 색깔 본연의 움직임에 의해 정착된다. 우리는 아 주 단순하게 제목에서(〈주홍빛 거리〉〈푸른 가드니아〉〈위험을 위한 녹 색〉)나 대화 순간에 색깔을 말할 수 있다: 오탕 라라의 동명이인의 영 화에서 두스(Douce)는 자신이 거울에서 '녹색'으로 비쳐졌음을 공표 한다.

---

3) “우리는 영화에 모든 소리, 미세함을 빌려 주는 데 또한 자유롭다.”(다네)

영화에서 색깔의 문제는 사진 영역을 필연적으로 참조하여 체계적으로 구상되어지는 것이 아니다. 어윈 파노프스키는 다음과 같이 말했다: "모든 초기의 영화들이 구상했던 움직임이 없는 작품들은 실제로 판화들이었다. 즉 19세기의 삼류 화가들과 우편엽서들(또는 마담 튀소의 밀랍인형들⁴⁾) 만화——영화 예술의 가장 중요한 뿌리들 중의 하나인 만화를 잊지 않아야 하지만…….⁵⁾ 우리는 이 리스트에 유아기적인 미학을 첨가할 수 있을 것이다. 금세기의 1930-40년대 동안에 이러한 경험은 에피날의 판화 전사술,⁶⁾ 즉 마술 등에 덧붙였으며, 또는 그 대용물인 실루엣과 책의 삽화에 덧붙였다. 아울러 일반적으로 이러한 경험은 "무한한 풍경을 담고 있는 원형을 제공하는 펜대에 끼워넣은 렌즈를 잊을 수 없는 돋보기와 현미경, 쌍안경과 망원경을 결합시켰다."⁷⁾ 아울러 레이몽 루셀이 《시선》이란 긴 시에서 이 경험을 노래한 바 있다. 19세기말과 20세기초에 통속적인 이미지의 질서, 즉 투사와 반투명의 이미지의 질서에 의존하는 모든 것은 채색 유리(스테인드글라스)와 함께 '시작된' 영화에서 얼룩덜룩 칠한 색깔의 계보를 구성한다. 로제 린하르트⁸⁾는 영화 색깔이 '회화 색깔의 농도와 정반대로' 투명하다는 사실을 강조했다.

만약 영화에서 색깔이 지워지는 우아함을 갖는다면, 색깔은 영화를

---

4) 프랑스 스트라스부르 태생의 밀랍인형 창시자로 본명은 마리 그로스홀츠이다. 프랑수아 튀소와 결혼하여 영국에 정착했으며, 런던에 튀소 여사의 밀랍 박물관이 있다. 〔역주〕

5) 《미학 잡지 *Revue d'esthétique*》, 1973년 특별호 〈영화: 이론, 강독〉(도미니크 노게가 요약하여 발표한 텍스트).

6) 에피날에 살았던 장 샤를 펠르랭에 의해 종교나 역사에 관한 주제로 만들어진 판화로 주로 행상인이 팔았다. 1796년부터 공방을 설립하여 판화를 생산하기 시작하여 상업화했다. 〔역주〕

7) 미셸 푸코, 《레이몽 루셀 *Raymond Roussel*》, 갈리마르 출판사, 1963, p.148.

8) 1986년 1월 《카이에 뒤 시네마》 379호 p.31-32.

순간적인 수천 개의 불빛으로 빛나게 한 후 지워진다. 어린 시절은 채색 그림의 이미지, 석양, 산들을 바라보는 것으로 혼자 즐거워하며, 재미있는 인식의 경험, 즉 창문에의 투사, 물의 표면 위에서의 빛의 효과, 촛불에 신기해한다. 색깔들은 색깔들이 접근하는 형태를 진정으로 살아 있지 않게 할 수 있다. 이를테면 색깔들은 남의 눈에 띄지 않고 달아나는 경향이 있다. 색깔은 에피날의 판화에서처럼 '거품을 내뿜을 수 있다.' 색깔은 여행하고, 방랑하며, 사물이나 존재의 지원에서 분리될 수 있다. 연결의 대리인인 색깔은 동시에 절연의 대리인이기도 하다. 사람들은 코미디 뮤지컬에서 한 장면에서 한 장면 또는 한 무대에서 한 무대로 이동하는 떠돌이 색깔의 예들을 찾을 수 있을 것이다. 사람들은 종종 색깔을 통한 무대의 갑작스런 침입에 참여하기도 한다.

영화에서 색깔은 두 극단, 즉 순간에서의 색깔의 효과와 색깔에 대한 시간의 효과 사이에서 취해진다. 관객들은 육감이나 욕망으로 색깔에 빠져들거나, 이와는 달리 공격을 당했다고 느낀다. 샤를 알베르 싱그리아는 색깔의 감상을 귀 속으로 터질 듯한 소리를 받아들이는 것과 미식가의 입맛 사이에 영화를 위치시키고 있다: "우선 사람들이 듣고자 하는 것은 아주 노란색의 눈에 띄는 트럼펫을 동반한 리듬, 운, 후렴구이며, 정확하게 금을 상징하는 금발처럼 아주 노란색. 따라서 노란 크림, 장미와 고기의 붉은색과 아주 잘 어울리는 부서지기 쉬운 아주 노란 윤이 나지 않는 금속면, 사람들은 재스민을 먹는다고 믿을지도 모른다!" 하지만 색깔은 또한 깨지기 쉽고, 변하기 쉽고, 항상 지워질 위험이 있다.

25
영화는 무엇을 좋아하는가?

엡스탕은 1921년에 다음과 같이 쓰고 있다: "이 모든 드라마와 그토록 많은 사랑은 단지 빛과 그림자이다. 재료로서 1평방미터의 흰색 깃발은 그토록 열렬하게 모든 사진에 나타나는 실체를 반사시키는 데 충분하다."

린하르트는 1946년 우리가 아는 우주와 인간에 관계되는 영화의 정복 리스트를 다음과 같이 작성했다: "이것은 근본적으로 단순한 풍경들, 사막, 산, 눈, 바다(하지만 예를 들어 엑상프로방스 지방 사람들의 삶의 모습, 시골 풍경의 섬세함을 찾으려고 해보시오!) 아울러 대도시, 기계, 군중, 어린이, 동물, 기본적인 대감정들 요컨대 폭력, 공포, 승고한 사랑, 말하자면 서사적이고 서정적인 카테고리 이와는 달리 이 리스트의 공헌은 심리학이나 세상의 음영을 담고 있는 형이상학적 비전에서 문학이나 연극의 공헌보다 아주 작다." 1959년 그는 영화 탐색의 장이 엄청나게 확장되었기 때문에 더 이상 그렇게 진행하지 않을 것으로 확신했다. "영화의 생성은 세상과 정신의 이해에서 심도 있게 발전했다(텍스트는 1957년에 씌어졌으나, 1959년 《카이네 뒤 시네마》에 발간되었다)."

제르멘 뒤라크는 영화는 초기부터 '외부 생활의 움직임의 표현, 즉 파도, 달리는 열차, 물의 튀김'을 기록했다고 환기한다. 이 세 가지 '표명'에 대해 할 말이 많았을 것이다. 버지니아 울프에서 마르셀 프루스트를 지나 위고에 이르기까지. 이것은 1924년이었다. 20년 후 알렉상드르 아르누는 다음과 같이 말했다: "바다, 연기, 열차, 배, 영화는 우리에게 이 모든 것을 제공한다. 그런데 이 모든 것은 우리가 마치 이것들이 자연 그대로인 것으로 판단할 수 있도록 인위적으로 사진을 찍었던 것이다. 우리는 매일 밤 인간의 가장 오래된 장난감을 갖고 논다. 즉 여행, 출발, 귀환, 재앙, 난파, 이 모든 것은 취미, 절망, 환희에서 삶의 존재까지를 제공하는 것들이다." 같은 시기에 드니 마리옹 또한 생기 넘치는 재료들의 목록을 작성했다. "액션의 장의 무질서한 개간을 하는 동안에 영화는 자신에게 이상할 정도로 유리한 영역을 발견했다. 안경을 쓰지 않은 눈에 평범하고 볼품없이 보이는 얼굴이 매력과 놀라운 풍채를 풍기는 것처럼, 얼굴이 렌즈를 통해서 보였을 때, 어떤 연극은 스크린에로의 전환이 다른 연극보다 더 적합한 것처럼." 누가 어째서 불이란 소재는 사진 찍기에 가장 인상이 좋지 않는 주제인 반면, 모든 형태 아래에 있는 물, 즉 눈부터 구름까지, 파도의 영원한 움직임으로부터 무기력한 늪 속에서 태양의 반사에까지 완전한 이미지를 만든다고 말할 것인가? 따라서 홍수는 영화 소재의 전통적인 뛰어난 파트너였다. 반면에 화재는 영화에서 회피하는 대상이었다. 여전히 장식과 사진을 잘 받는 대상과 사진을 잘 받지 않는 대상의 이중 목록을 만드는 것을 지금까지 행하지 않은 것은 가능성 있는 일이었을 것이다. 첫번째의 경우(촬영 효과가 좋은)에는, 예컨대 물을 비롯하여 사막, 기계들, 거의 모든 동물들이 해당되며, 두번째의 경우(촬영 효과가 나쁜)에는 불을 비롯하여 숲, 모든 조각과 회화가 해당된다. 우리들은 단지 이러한 분할이 영화와의 대조의 시험에 저항할 것이라고 말할 수 있을 것이다. 이와는 달리 단어는 다시금 말해도 '사진을 잘 받는, 촬영 효과 좋은'이라는 단어이다.

이 단어는 몇 해 전부터 여기저기에서 들어 볼 수 있는 진부한 단어이다. 엡스탕은 블레즈 상드라르가 '어떤 대상을 현실에서보다 스크린에서 더 생기 있게 보이게끔 하는' 포토제니(촬영 효과)에 대해 생각하는 것을 알고자 했다. 알쏭달쏭한 작가가 그에게 다음과 같이 말했다: "촬영 효과(포토제니)는 어색하고 우스꽝스런 만병초 속의 식물이지만, 커다란 신비이다." 1919년 루이 델뤽은 우리에게 촬영 효과는 "바로 영화와 사진의 일치이다"라고 제시했다. 엡스탕은 1921년에 다음과 같이 말했다: "촬영 효과는 유행어와 욕된 말이 아니다. 새로운 발효소, 피제수, 제수, 몫이다. 사람들이 이 말을 정의하기를 원하면 실패한다. 아름다움의 모습(미의 얼굴), 이것은 사물들의 멋이다. 나는 이 말을 구체적인 것을 동반하는 감정들에 위협이 되는 음악의 곡조로 인정한다. 비밀. 사람들은 그것을 종종 짓밟는다. 마치 이것은 땅속에 매장된 알 수 없는 석탄이 수많은 가치가 나가는 것과 같다. 우리들의 두 눈은, 아주 오랜 습관을 제외하고, 이것을 직접 찾아낼 수 없다. 렌즈가 초점 촬영 거리 사이에서 촬영 효과를 중심잡고, 배수하고, 정제한다. 다른 것과 마찬가지로, 이러한 촬영도 촬영익 원근(렌즈)을 갖는다." 이어서 엡스탕은 1923년에 다음과 같이 썼다: "촬영 효과 상이란 것은 변화하는 공간—시간의 구성물이다. 바로 여기에 아주 중요한 양식이 존재한다. 여러분들이 이 양식을 좀더 자세하게 번역하기를 원한다면, 바로 다음과 같다. 상이란 것은 만약 이 상이 이동하고 공간과 시간에서 동시에 변한다면 촬영 효과이다."

소품 전문가인 요제프 폰 슈테른베르크는 연출과 간격의 문제를 다시 제기한다. "무엇보다도 영화에서 가장 중요한 기술은 렌즈와 소재를 분리하는 죽은 공간에 생기를 주는 것을 아는 일이다." 무엇으로 이 공간을 채워야 하는가? "연기, 비, 눈, 안개, 먼지, 또는 수증기가 사진기의 움직임으로 죽은 공간을 각색한다."

인간의 모습만이 남는다. 무엇보다도 얼굴이 중요하다: "얼굴은 사람들이 탐험하는 데 결코 지치지 않는 영역이다. 스튜디오에서 영감의 신비스런 힘에 민감한 얼굴의 표현을 녹화하는 것보다 더 고상한 경험은 더 이상 존재하지 않는다. 인간 내면의 생기 있는 모습을 보는 것은 한 편의 시가 된다."(드라이어) 롤랑 바르트는 "사람 얼굴의 포착이 군중들을 가장 큰 마음의 동요 속으로 던져 버리고 마는 영화의 전형에 속하는 가르보의 얼굴에 질문을 던진다."

아울러 모든 상황에서의 신체, 즉 '놀란' 제스처뿐만 아니라 숙련된 가공에서 만들어진 제스처도 고려해야 한다. 폴 베쉬알리의 〈여자들, 여자들〉의 플로어(촬영 장치)에서 장 클로드 기게가 엘렌 쉬제르에게 다음과 같이 반복하는 말을 보았을 때, 장 클로드 기게의 경탄을 들어보자: "플로어(촬영 장치)의 빛 속에서 마술적이고 거대해 보이는 (…) 이러한 방식, 생생한 등장 인물의 위대함 (…) 이것은 나에게 마치 내가 그때까지 의심할 수조차 없었던 최상의 진리를 손으로 만진 것처럼 일종의 폭발이었다." 망세트는 로저 무어가 대단한 수단을 갖고 있지는 않지만, 자기 자신의 부족함을 자신에게 유리하게 바꿀 줄 아는 사람이라고 다음과 같이 생각한다: "무어는 편차로 우리들의 영웅이 '**완전하게 거기에 있다**' 라는 사실을 보여주는 것처럼 보이는 약간 굼뜬 사람(시골뜨기)의 연기를 한다. 캐리 그랜트(더욱 능력이 있으며 결코 굼뜬 사람이 아닌)가 완벽하게 벌을 받는 것은 바로 트릭에 해당되며, 그의 역할은 오래전부터 나의 호기심을 끌었다. 내가 그에 대해 말하고자 하는 것은 바로 원인을 야기하는 이야기이다."[1] 또한 망셰트는 〈매일 새벽 나는 죽는다〉에서 제임스 캐니의 연기를 다음과 같이 주목한다: "완전히 손을 뗀 자신의 폭력을 **다시 행사하려는** 그의 행동 방식은(예컨대 그의 두 팔은 그의 신체를 따라 결코 **늘어뜨리지 않는다**) 멋지다(게다가 여기에 캐니의 두 팔 **위에** 한 장면 전체가 존재한다)." 다네는 '자신의 두 눈으로 듣는' 배우에 속하는 다나 앤드루스의 '신비스럽고 완고한' 연기를 지적한다. 미넬리의 영화 〈해적〉에 대해 말하자면 다음과 같다: "오랫동안 초만원의 이미지들과 촬영 장치를 두려워하지 않던 영화는 주디 갈랜드와 진 켈리가 결코 부딪치지 않고 서로가 움직이도록 하는 법을 알고 있었다. 그리고 이들이 서로 부딪혔을 때, 이것은 이들이 당황하기 시작했다는 증거이며, 자신들의 꿈을 꾸는 능력이 감소하기 시작했다는 증거이다. 아주 은밀하게 가면을 벗은 세라핀(Serafin)이 보잘것없는 의자에 부딪친 것은 바로 가면을 벗은 세라핀이 정신이 없는 마누엘라(Manuella) 앞에서 아무런 말이 없을 때이다. 따라서 켈리의 모든 재능은 이 일을 아주 우아하게 행하는 데 있다. 이것은 잠시 동안 지속되며 이것은 아주 훌륭하다." "가르보, 나는 그의 간계의 하나를 마침내 찾았어요. 그녀는 항상 평형 장애 상태에 있어요. 나는 이삭 뉴턴의 관점에 대해 말하기를 원해요. 단지 어떻게 그녀가 가능한 야간 높게 발꿈치를 들면서 계단을 올라가는지를 바라보세요. 물론 그녀처럼 고운 미인. 끊임없이 그녀가 순식간에 털썩 넘어질 인상을 주는 그녀처럼 고운 미인, 이것은 시선을 끌게 마련이고, 사람들은 더 이상 그녀에게서 눈길을 뗄 수 없을 거예요."(망셰뜨)

---

1) "경박함의 상징 그 자체이기도 한 일부 위대한 미국 배우들(캐리 그랜트)의 발음이 아주 또렷한 (무게감이 있기도 한) 연기."(다네)

26
형식의 이야기가 가능한가?

영화사는 더 이상 영화사가 지금까지 스타일의 역사와 학파의 역사 (전통적인)의 모델 위에서 체계적으로 생각되어 온 대로 더 이상 생각할 수 없다. 말하자면 많은 특징에 의해 정의된 다소간 폐쇄된 체계들의 시간적 연속, 즉 경제 질서나 정치 질서에 어느 정도 적절한 고려라는 구색을 갖춘 모든 것으로서 더 이상 생각할 수 없다.

영화사는 1세기를 초과하지 않으며, 이 세기에 연이어 일어난 대부분의 기술 혁신은 출발부터 실현할 수 있는 것이었다. 존 포드와 같은 영화인은 그리피스와 고다르와 동시대 사람이었다. 학파나 스타일의 총체와 같은 유산과 계보의 축으로 영화 형식의 역사를 구상하는 것보다 동거와 대적과 같은 연합과 교차의 표시로 고찰하는 것이 더 낫다. 영화에 대해 일반적이며 이미 고전이 된 앙리 포시옹의 주목을 다시 현실화하는 것이 중요하다: "예술사는 우리에게 동일한 시기에 대담하고 빠른 형태와 병치되고 느리고 진보가 늦은 형태를 보여준다."[1] 이 개념은 짧은 역사 동안에 끊임없이 혼성 형태의 동시대성을 제안하는 영화에 알맞다.

---

1) 앙리 포시옹, 《형태의 생애 *Vie des formes*》, PUF, 1979, p.87.

이러한 형태 자체들은 병치와 혼합에 근거하며, 이 병치와 혼합은 영화가 뮤직홀에서부터 만화에 이르기까지, 연극에서 멜로물에 이르기까지 모든 측면에서 차용한 요소들의 혼합을 통하여 이루어진 방식만큼이나, 표현 수단의 본질, 즉 이미지와 소리, 언어의 결합으로 이루어진 본질과 관련이 있다. 영화를 구성하는 이미지와 소리의 결합은(소리는 무성 영화 시대에서도 존재했다. 비록 소리가 필름과 독립되었을지라도) 움직임과 소리의 덩어리이다. 영화의 형태는 처음에는 이러한 질서를 따랐다. 이것은 예술 영역에서 존속하기 위해 영화의 본질을 생각하는 데 도움을 줄 수 있는 모델이 음악뿐만이 아니라 문학, 사진도 가능하다는 사실을 의미한다. 장르의 개념은 예컨대 사람들이 형태를 출현하도록 노력하는 수준에 따라 소집될 수 있다.

이 이야기는 다른 표현 수단과 커뮤니케이션 수단, 즉 예술(인정되거나 대중적인) 또는 미디어가 문제가 되는 수단과 밀접하게 섞여 있다. 연극의 형식으로 자신의 고유한 장소와 대중을 갖기 전에, 영화에게 있어서는 공범자와 동맹자가 존재하는 것이 필요했다. 표현 수단의 자격으로 모델을 찾거나 각색해야만 했다. 이를테면 미국에서의 보드빌(가벼운 희극), 신문의 문화면(연재소설)이나 만화, 소리와 화자가 있는 라디오 등등. 일련의 프로그램 배치에 불과한 텔레비전은 영화를 또한 식민지화했다. 관객의 인식은 텔레비전 공연의 특징에 익숙하며, 스포츠 광고에 익숙하고, 특수 효과의 비디오 필름과 텔레비전 영화의 범주에 익숙하다. 비디오의 출현과 합성 이미지의 출현은 현대 영화 형식의 변형에서 점점 더 중요한 위치를 차지한다.

영화 형식의 역사는 모든 역사화 이전에 이러한 형식을 분명하게 해 주는 것을 전제로 한다. 말하자면 이 형식들은 관찰 가능한 대상으로 구성하는 것을 전제로 한다. 왜냐하면 형식은 명증이 없기 때문이다.

중요한 영화인 개개인은 최소한 자신의 이미지를 신의 작품에 끼워넣은 독창적인 형식을 만들었다. 존 포드의 7개 영화에서 '기념비 계곡(Monument Valley)' 형식을 특징짓는 것은 이 형식이 알려지고 위엄있는 장소에 의거하고, 그렇지만 장식의 기념비적 모습이 이 형식에서 존 포드가 변조한 비밀스런 형식을 감추고 있다는 사실이다. 실제로 이 형식의 두번째 특징은 이 형식이 명백한 구조에서 조금도 닫혀 있지 않다는 것이다. 여러 개의 영화의 병치에서 기인하는 이 형식은 특별히 그 어떤 영화들 사이에서 완전하게 닫혀 있지 않다. 아울러 사람들이 7개의 영화를 볼 때, 이 영화들이 움직이는 형식을 제안하는 것처럼 보인다. 마지막으로 이 형식은 하나의 내용, 즉 하나의 주제에 연관되어 있지 않지만 교대하거나 서로 중복되는 여러 개의 내용과 연결되어 있다. 이러한 공간은 수사학의 형상의 총체로 나타나며, 가장 주목할 만한 것은 그 이름 자체가 지니고 있는 건축학적 은유이다. 특히 '기념비 계곡'은 기억의 연극이다. 즉 포드는 여기에서 자신에게 미국의 과거의 정수를 대표하는 것을 기록하고 있으며, 이러한 공간적 '저장고'는 필연적으로 연출가의 모든 영화의 추억을 함축한다. 그런데 그 영화에서 공간적 저장고는 장식으로 이용된다. 이를테면 이 제목에서, 공간의 저장고는 역사에 대한 명상이다. 영화는 독특한 형식을 포함할 수 있다. 따라서 존 포드의 영화 〈사막의 여죄수〉에서 나바조의 양탄자는 하나의 예로 볼 수 있다. 왜냐하면 지표를 갖고 있는(특히 레이지 라인(Lazy line)이라는 상표가 붙어 있는) 이 물건은 그 형식을 작품에 제공하고 연출가에게 과거(남북 전쟁)와 현재(매카시즘(le mac-carthysme))[2]를 동시에 생각하게끔 하는 모델이 되기 때문이다.

동일 시대의 여러 개의 영화들에 속하는 장면의 배열을 관찰할 수 있다. 시간에서 제한된 자료체(코퍼스)(공간에서 확장될 수 있지만)는 동일한 문제를 갖고 있는 시간에서 제안된 다양한 해결책을 드러나게 해준다. 원근화법(무대(장식))의 그러한 문제에 대한 연구는 영화 형식의 폴리포니(다성음)의 역사에 공헌한다. 따라서 1939-1941년대 미국 영화에서(예컨대 〈환상적인 기마 여행〉 〈시민 케인〉 〈라 펠린〉) 식탁 주변에서 전개되는 장면들 또는 계단의 사용(수많은 예의 영화들 중에서 두 영화. 즉 부뉴엘 감독의 〈엘〉이란 영화(1952)의 남자 주인공의 예——아코디언 이미지를 하고 있는 자기 숙소의 계단을 지그재그로 걷고 있는 주인공. 마리오 바바 감독의 〈너무나 잘 알고 있는 소녀〉(1963)란 영화의 여자 주인공——스페인에서 로마에까지) 광장의 계단에서 졸도한: 아울러 또 다른 많은 가능성이 제공된다: 창문, 문 등등.

서술적 주제의 처리는 우선 표현 수단에 고유하게 속하는 절차를 알아보는 데 도움을 주며, 예컨대 문학(어떠한 주제에 관해 또 다른 성질의 해결책을 제안하는)에 관련된 영화의 특수성을 말하는 데 도움을 준다. 장 루세는 그들의 《그들의 두 눈이 서로 마주쳤다》라는 책에서 첫 번째 만남의 장면, 즉 서양 문학에서 눈길의 교환 장면을 연구했다. 오페라를 참조하고 거울 놀이를 참조하여 만든 〈애증〉(비스콘티 감독)이나 〈현기증〉(히치콕)에서 이러한 장면의 전환은 눈길의 교환 장면의 결과를 얻도록 해준다. 이 전환은 또 다른 증명에 이른다. 이를테면 영화, 즉 정신적 이미지의 구성인 영화가 부딪혔던 근본적인 문제였던 시기에(1954년과 1958년) 표현된 다양한 해결책들. 이 점에 관해 환각의 이미지와 몽상의 이미지를 만들었던 개념에 대한 명상이 시작되었다.

비스콘티와 같은 일부 영화인들에게 있어, 아주 멀리 나간 텍스트

---

2) 1950년대 미국 상원의원인 맥 카시(Mac-Carthy)가 주도한 공산주의 추방 운동. 〔역주〕

상호성은 중첩, 참고 더미와 포화 상태에서 기인하는 진정한 허상의 생성에 이른다. 문체와 회화의 교차로에서 가시적 세계의 경계에 서예의 도입은(예컨대 문자를 그리는 그러한 카메라의 움직임) 영화에 고유한 형식을 제안한다. 즉 공간에서 글자는 공간이 전개됨에 따라 지워지고, 관객들이 글자를 자신의 정신 속에 카메라 여정의 기억을 간직하는 것을 인식하도록 관객들에게 요구한다. 연출은 연출가가 속해 있는 '대집단'이란 단어로 통지될 수 있다. 〈미치광이 피에로〉(고다르)는 특히 "후작 부인이 5시에 외출했다"라는 문장과 '담배 가게로의 통행'과 그 뒤를 잇는 '병사들'의 언저리에서 소리와 시각의 변이로부터 이해된다. 장 르누아르의 〈암캐〉에서 묘사의 주제는 시각화한 단어들의 놀이를 통해 자동차의 묘사에 이르며, 이론의 여지 없는 사인에 속하는 연출가의 덧없는 자화상에 이른다. 우리들은 다른 예술적 표현들과 다리를 만들게 될 이러한 많은 예(음악 형식을 포함하게 될)를 확인할 수 있을 것이다.

더욱이 형식의 역사가들은 역사가 출현의 장소라기보다는 오히려 자신이 명백하게 설명하는 형식들의 출현 조건이라는 사실을 마음속에 새겨야 한다. 이들이 작업하는 재료는 단지 부분적으로 역사적이거나 역사를 관통하는 것이다. 이 점에 관해 이미 유세프 이샤그푸르에 의해 제기된 2개의 개념을 정의하는 것이 합당하다. 말하자면 역사시학의 개념과 성좌(星座)의 개념이다:

1) '역사시학'에서 중요한 단어인 '시학'을 잊어서는 안 되며, 이 단어의 술어인 '역사적'이란 말을 또한 잊어서는 안 된다. 역사성은 이것이 없으면 작품의 진수, 즉 작품의 차이와 독창성을 이해할 수 없다는 사실을 의미한다. 우리가 작품의 독창성에서 작품에 접근하면 할수록, 작품의 역사성을 이해하는 것이 더욱 필연적인 사실로 된다. 아

울러 이러한 이해는 작품의 재료, 테크닉과 형식으로서 이해하는 것이 된다. 역사시학은 작품의 테크닉에 대한 미세한 분석을 필요로 하며, 바로 이 점에서 역사시학은 사회적 연구나 역사 연구와의 차이가 존재할 뿐만 아니라, 있는 그대로의 예술에 인정하는 무제한의 중요성에 의해서 차이가 난다. 즉 역사의 철학에서 예술의 구조 기능에 의해서만 밝혀지는 중요성.

2) "이러한 성좌의 개념은 '문맥'의 개념과는 아주 다르다. 모든 인간적인 존재로서 한 작품이 많은 관계에서 실현되며, 이러한 관계가 형태를 가질 때만 연관을 맺는다는 사실을 아는 것이 중요하다. 이 때 성좌가 나타난다. 성좌는 작품과 독립하여 존재하지 않으며, 작품을 만들면서 작품과 형태를 이룬다. 작품으로부터 작품으로 다시 돌아오고 작품을 발견하기 위해 이 성좌를 찾는 것이 중요하다. 문맥과 한정은 아주 다르다. 사람들은 문맥의 작품을 연역한다. 반면에 성좌를 존재하게 하는 것은 바로 작품이다. 왜냐하면 작품이 바로 그 중심이기 때문이다. (…) 이러한 역사적 조건에 의미를 제공하는 것은 바로 다름 아닌 작품이다."

이러한 개념에 따라 웰스의 영화를 분석한 이샤그푸르는 3개의 문제가 만나는, 즉 시대와 재료 및 저자의 만남의 결과로 이루어진 '위대한 작품'으로 평가한다. 이러한 만남은 '성좌'로 구현된다.

27
영화를 어떻게 생각하는가?

브레송(1959)은 다음과 같이 썼다: "배우는 계획된다. 움직임은 안쪽에서 바깥으로 진행된다. 영화에서는 정반대, 즉 바깥에서 안쪽으로 진행된다. 촬영 동안 모든 것이 안쪽에 있어야 하고, 안에 머물러야 하며, 아무것도 밖으로 빠져 나가서는 안 된다." 13년 전 알렉상드르 아르누는 다음과 같이 말했다: "연극은 원심력의 예술이다. 왜냐하면 말, 말의 정수가 폭발되고 관객과 더불어 드라마를 구성하기 때문이다. 또한 영화는 구심력의 예술이다. 왜냐하면 영화가 외부에서 내부로 진행하기 때문이다. 말하자면 영화는 관객을 스크린 위로 낮추며, 관객을 계속된 접근 방식을 통해 액션의 한가운데로 유도한다." 이러한 내부, 즉 안쪽을 향한 움직임의 총체가 내면성을 예측하게 하는가? 장엡스탕은 시각적 사고의 개념을 옹호하며 에이젠슈테인 또한 마찬가지이다. 다네에 따르면, 영화는 '들뢰즈 개념의 질서에 속하는 1,2개의 사안,' 플랜과 프레임아웃[1](물론 서로가 연관이 있는)이란 것을 창안했다. 아마도 문학에 대한 피에르 마슈레의 모방 "영화는 무슨 생각을 하는가?"에 자문해야 하는 것이 아닌 "어떻게 영화를 생각하는가?"

---

1) 화면 밖으로 피사체가 나가는 것. [역주]

또는 "영화와 함께 어떻게 생각하는가?" 혹은 "어떻게 영화가 우리에게 생각하도록 끌어들이는가?"를 자문해야만 한다. 다음과 같이 항상 감독들이 한 말의 기록을 면밀하게 검토하면서: "감각으로부터 사고에까지(스트로브), 감정에서 사고까지(채플린), 사고에서 감각까지(에이젠슈테인), 사고에서 감정까지(로셀리니)."(다네)

모든 중요한 작품과 마찬가지로, 대성공을 거둔 작품은 잠재적 사고로 만들어진 영화이다. 우리는 이 영화에서 2개의 의미 수준을 찾을 수 있다. 하나는 전래의 사고를 규합한 것이고, 다른 하나는 영화 그 자체를 통해 만들어진 사고이다. 영화의 몸통으로 들어가면서, 첫번째 수준의 사고는 본질이 바뀌어 의문이나 조건의 사고가 된다. 사고한다는 것은 여러 가지 방식으로 질문하는 방식인 것이다. 따라서 작품이 암암리에 의문을 내포한 주제를 제안하는 사고에서 출발하자. 영화는 관객을 영화와 질문하도록 초대함으로써 서로 커뮤니케이션이 가능하도록 한다. 관객은 영화에서 전개되는 의문의 한가운데 그 자체에서 영화와 관계를 유지한다. 실제로 작품은 의문 공간을 전개해 나가거나 설명한다. 작품의 의문화는 형식적 문제와 존재의 문제를 바꾼다. 이렇게 제기된 문제들은 함께 다루어져야 한다. 위대한 작품은 형식화된 질문과 생기 넘치는 질문의 교차로이다. 파스칼이 말하기를 스타일은 사람들이 사고 속에 넣는 움직임에 지나지 않는다. 한 작품을 연출하면서, 저자의 사고는 대상의 형상화된 탐색 운동을 채택하는 것이다. 이러한 작품의 의미는 형태의 제 사실들과 분리할 수 없으며, 형태의 운동에 또한 관계된다. 작품의 운동을 옹호하면서 의문을 제기하는 것을 수용하는 사람은 영화의 '대화체의 구성'에 참가한다. 보리스 아이헨바움은 영화에서 '관객의 **내부** 담화'에 대해 말한다. 작품이 일관성을 유지하는 것은 바로 영화에 의해 전개된 연상되는 담화와 관객의 내부 담화의 만남이다. 이렇게 해서 사람들은 대화의 영역이나 문답의 영역으로 들어간다. 이를테면 프랑시스 자크는 스크린의 아주 구체적인 공간의 늘어진 장식과 같은 것에 해당될 문답의 논리적 공간에 대해 말한다.[2]

문체를 향한 서곡의 역할을 조용한 해석에 부여하고 있는 안 마리 크리스탱은 우리들의 관심을 의문-해석의 중요성에 집중시킨다. 관객의 자격으로 우리들은 이해하는 것과 해석하는 것 사이에서 망설인다. 해석한다는 것은 한 언어를 다른 한 언어로 번역하는 것이다. 확대해 말하자면, 이것은 개인 감정을 보여줄 권리를 요구하면서 이해될 수 있도록 솔선수범하는 것이다. 우리가 작품에 자문하기 위해 작품의 감각의 내부 운동을 다시 발견하지 않는 만큼(텍스트에 통일성 및 운동과 독창성을 부여하는 역동성), 우리는 개인 감정을 해설하면서 작품에 관해 자문한다. 해설한다는 것은 텍스트 앞에서 연습하는 활동이며, 이해한다는 것은 오히려 감각의 의문 생성에 참여하면서 텍스트에서 만들어 내는 능력이나 철차인 것이다. 또한 여기에는 동등하게 추진력을 확신시켜 주는 여러 개의 의문선이 존재할 수 있다. 이해한다는 것은 평평하게 놓는 것이 아닌 움직이도록 하는 것이다. 해설한다는 것은

---

2) "물리적 공간은 3개의 등위된 숫자의 수단으로 구분할 수 있는 위치에서 물질적인 점의 존재의 가능성으로 생각되어질 수 있다. 마찬가지로 '트락타투스 (Tractacus: 실행, 토론)'는 논리적 공간에서 원자의 가능성으로 기초적인 절을 구상한다. 이러한 사상에 따르면, 이것은 모든 원자적 상황의 질서를 따르는 체계이다." (프랑시스 자크, 《상호 질문의 논리적 공간 L'Espace de l'Interlocution》(PUF, 1985, p.10-11) 안 마리 크리스탱은 이미지의 재료를 '현존'이라는 용어로 정의한다. "왜냐하면 이 재료는 재료의 사실로만 효용성이 없기 때문이다. 표면 위에 재료를 놓는다는 의도에서 재료는 이미 만남의 시초이다. 이를테면 색체의 유약과 화면(종이) 사이에서, 테이블 놀이와 같은 이 종이 스크린, 테이블 위에 놓인 한 장의 종이와 같은 형태와 관객이나 화가의 눈길 사이에서: 이것들은 뒤섞인다."(p.19) 이러한 시선들의 혼합은 표면-스크린의 시선 이외의 다른 공간에서 실행되지 않는가?

작품을 이용하기보다는 작품을 자극하고, 이용하는 위험에 빠지는 것이다. 해설하면서, 사람들은 다른 공간에서의 투사를 통해 텍스트를 생성한다. 이타성을 이해하는 해설가의 의도가 존재하지만 타자는 동일한 것으로부터 읽혀진 것으로 남게 된다. 해설은 동일한 것의 논리에 위치하며, 반면에 의문은 타자와 동일한 것의 논리에 속한다. 질문을 한다는 것은 절대적으로 작품 속에서 작품과 더불어 생각하는 것이다.

우리가 해석하지 않고 질문할 수 있을까? 또한 질문하지 않고 해석할 수 있을까? 절대로 불가능하다. 이 두 사항은 서로가 뒤얽혀 있다. 해석의 의문 영역에 의해 바로 보상받는 질문의 해석 영역이 존재한다. 해석의 정당함을 보장하는 것은 바로 의문의 효율성에서이다. 작가의 의도를 작품의 의도가 아닌 작품의 의문으로 대체해야만 한다. 의문이 먼저이고 해석은 그다음이다.

28
철학자는 영화를 어떻게 생각하는가?

질 들뢰즈는 1983년과 1985년에 영화에 관한 두 권의 책, 오히려 2년에 걸쳐 한 권의 책을 썼던 셈이다: 《이미지-운동》과 《이미지-시간》(《영화 1과 2》). 들뢰즈는 영화 분야에 관심을 가진 유일한 철학자가 아니지만, 그토록 광범위한 규모로 영화에 대한 명상을 행한 유일한 철학자이다(1945년 아이데크(Idhec)에서 있었던 메를로 퐁티와의 회담 내용인 〈영화와 새로운 심리학〉으로부터 2001년 장 뤽 낭시의 〈영화의 명중〉에 이르기까지 영화의 주제에 할애한 철학자의 텍스트는 간결하다). 들뢰즈의 책은 어떤 만남을 이야기한다: "나는 대답이 또 다른 문제를 제기하는 것을 무릅쓰고, 성찰력의 권리가 아닌 철학의 문제가 나에게 영화에서 대답을 찾도록 할 때 영화에 관해 글을 쓸 수 있었다."

들뢰즈와 영화와의 만남은 갑작스런 것이 아니었다. 이 만남은 들뢰즈가 이미 펴낸 두 책에서 감지할 수 있었다. 즉 《카프카》(1975)에서는 고다르와 웰스의 표현주의 영화를 다루고 있다. 또한 1976년은 장뤽 고다르에 관해 《카이에 뒤 시네마》지에서 들뢰즈와 대담이 이루어진 해였다. 아울러 《1천 개의 플로어》는 대강의 영화 플랜에 대한 들뢰즈의 성찰력을 배가시켰으며, 고다르 · 에이젠슈테인 · 헤르츠크 · 히치콕 · 슈테른베르크 · 웬더스 · 다니엘 만(〈윌러드〉란 영화)과 같은 감독에 대해 언급하고 있다. 더욱이 영화에 관한 책들은 들뢰즈가 이전에 《경험론과 주관성》(1953)이란 책에서부터 이어온 성찰력의 일관된 선에 위치한다. 분파로 가득 찬 땅굴과 같은 철학 작품에서 개념의 사고 과정을 따라가야 한다.

니체와 스피노자 철학을 바탕으로 하는 들뢰즈는 베르그송-퍼스의 계보를 조직하지만, 움직이는 계보의 정리를——말하자면 들뢰즈 저서가 전체적으로 그런 것처럼——구성한다. 《이미지-운동》은 《이미지-시간》의 시작 부분에서 바로잡았던 계통학을 정리한다. 즉 이미지-명상과 이미지-관계는 이 책에서 다른 이미지들-운동과 마찬가지로 동일한 플랜 위에 놓고 있다. 그런데 이 이미지-운동은 첫번째 책에서 분명하게 자리를 차지하지 못했었다. 게다가 만약 이미지-인식(말하자면 이미지-운동)이 5개의 커다란 형식(애정·충동·액션·명상·관계)으로 나누어진다면, 이미지-시간은 또한 정확하게 분해되지 않는다. 이 이미지들이 시간과 간접적인 묘사로부터 나오게 하지 않는 이상, 정확하게 이미지-추억과 이미지-꿈은 어떤 범주에 속하는가? 모든 것이 시작되는 것은 바로 이미지-결정체이며, 들뢰즈는 3개의 이미지-시간을 구분한다.

들뢰즈의 책은 1970년대의 성찰을 삼찌웠던 여러 가지 영감의 이론과 단절되었다.(기호언어학·서술학·심리분석학) 무엇 때문에 들뢰즈는 전쟁의 기계였나, 비록 '부드러운 외관'에도 불구하고. 들뢰즈는 자신의 새로운 관점을 통해 알려진 개념에 새로운 배분을 부과했으며, 이러한 개념 사이로 다른 영역에서 온 개념들을 도입시켰다. 들뢰즈는 《이미지-운동》의 서문에서 자신의 책이 영화사를 쓴 책이 아니라고 말했다. 하지만 우리들은 비워진 역사가 《이미지-시간》에서 회귀하지 않았는지 자문할 수 있다. 아무튼간에 들뢰즈의 책은 영화사가들에게 질문을 제기할 수 있었다. 들뢰즈는 이미지-운동에서 이미지-시간으로의 이행을 역사적이라고 명명해야 하는 용어로 생각했다. 하지만 그렇다면 단절을 어디에 위치시켜야 하는가? 제2차 세계대전 후 신-사실주의와 더불어 위치해야 하는가? 물론 이 2개의 커다란 이미지 형태들이 필연적으로 엄격한 시간적 관계 속에서가 아닌 어떤 시기에 실현된 가시성이라는 생각에 머물러야 한다.

거의 순간적으로 이미지-운동에서 고전 영화의 묘사를 보고, 이미지-시간에서 영화의 현대성이란 개념의 확증을 보는 것에 바탕을 두고 있는 들뢰즈의 해석이 만들어졌다. 이것은 어느 면에서 다시 문제를 제기하지 않게 될 진부한 사고가 되었다. 자크 랑시에르는 들뢰즈의 분류학에 문제를 제기하며, 이때부터 유명해진 이미지-운동/이미지-시간의 구별에 의문을 제기했다. 랑시에르는 이 두 범주 사이의 단절이 '허구적'이라고 생각하고, 브레송의 작품에 관한 철학자의 담화를 분석한 후 교훈을 끌어냈다(두 저서에서 의미 있게 접근한): "들뢰즈의 관점에서 보면, 이미지-운동의 논리와 이미지-시간의 논리 사이에서, 또한 '소리-기관(모터)'의 표상에 따라 공간을 지도하는 편집과 의식적 사고의 생산물이 이미지-세계의 잠재성의 자유로운 전개에서 동일한 힘을 갖기 위해 공간의 방향을 잃게 하는 편집 사이에서의 구별이 거의 없다는 사실을 의미한다. 브레송의 영화와 들뢰즈의 이론은 영화 구성의 변증법을 분명하게 한다. 영화는 예술과 사고의 현대적 이미지를 정의하는 사고와 비사고의 초기적인 이러한 정체성을 완성시키는 예술이다. 하지만 영화는 또한 세상의 중심이라고 자처하고 사물을 자신의 처분대로 할 수 있다는 자신의 의도로 인간의 뇌를 재구성하기 위해 이러한 정체성의 개념을 뒤집는 예술이다. 이러한 변증법은 단번에 변별 자질을 통해 2개의 이미지 형태를 구별하고, 따라

서 고전 영화와 현대 영화를 구분하는 경계를 고정시키려는 의지를 무력하게 한다."(《영화의 우화》)

들뢰즈의 책은 이중 영역(의문과 해설)이 아주 잘 제시된 영화에 관계되는 책이다. 들뢰즈의 책을 읽어감에 따라, 독자들은 한계를 극복하고, 각 한계를 극복하고 난 후 '새로운 무엇인가'를 보게 되며, 이미지의 질을 바꾸고, 기호 체계를 바꾸며, 많은 것을 바꾸게 된다. 들뢰즈는 영화의 다양성을 기술했다. 들뢰즈에 따르면 영화란 무엇인가(들뢰즈가 생각하는 영화는 무엇인가)? 한패거리. 들뢰즈가 나열하고 기술하는 이미지들은 늑대 무리이다. 《이미지-운동》이란 책을 출간하면서, 들뢰즈는 "이미지 형태와 상응하는 기호들을 마치 사람들이 동물들을 분류하는 것처럼 분류하는 것이 중요하다"[1]라고 선언했다. 아울러 우리들이 비율과 변화무쌍한 재능에 따라 이러한 이미지들을 필연적으로 뒤섞게 하는 그 어떤 영화인을 고려한다면, 무한한 영화인과 영화를 찾아볼 수 있다(다양성은 셀 수 없는 망 속에 참여하게 된다). 개개의 영화인, 개개의 영화는 하나의 모험이 된다. 누벨바그 이후에 오는 영화의 풍요로움은 영화가 단 1명의 영화인에 한정되어 있지 않다는 사실에 있으며, 바로 "많은 영화인이 있다"라는 것이다(많은 작품이 존재한다). 이러한 표현이 물론 영화사의 많은 순간에 가치가 있을 것이다. 아울러 들뢰즈 자신의 책에 대해서도 가치가 있을 것이다. 그런데 들뢰즈 책의 강독은 "여러분들이 그 책을 읽을 때마다 등 뒤로 불어오는 시원한 바람의 효과, 여러분들을 집착하게 하는 요술 빗자루의 효과를[2] 만들게 한다."

---

1) 《협상 *Pourparlers*》, 미뉘 출판사, 1990, p.67.
2) 이 말은 들뢰즈 자신이 《더 픽서 *The Fixer*》에서 B. 맬라머드(Malamud)의 용어를 빌려 스피노자의 책을 읽으면서 한 말이다.

III

고정된 담화, 모순된 담화

29

프랑스 영화에서 가장 진부하게
수용된 사상은 무엇인가?

    영화애호가들은 양면성을 갖고 있거나, 〈사냥꾼의 밤〉(1955, 찰스 로턴)란 영화에서 로버트 미첨처럼 한 손에는 '사랑'이란 글씨와 다른 한 손에는 '증오'란 글씨를 갖고 있다. 영화를 좋아하는 쪽에서(사랑) 영화애호가들은 영화를 중시하며(최소한 영화애호가는 이 방향에서 모든 것을 다한다), 영화인들과 작품들의 인지가 영화애호가의 유산에 종속한 것으로 남는다. 영화를 싫어하는 쪽에서는(증오), 그 어느것도 감독의 영화 제작에 대한 권위를 제외하고, 어떤 그룹에서 과시된 신념, 스노비즘[1]을 통해 고발된 반사 작용을 확립하지 못하는 것은 바로 신랄하게 하는 판단들이다. 40년대나 50년대 초반이 영화 애호에 대한 투쟁과 파벌과 당파 사이의 투쟁은 그러한 긍정적인 입장을 끌어냈다. 단호한 단언에는 협박이 따를 수 있다(〈리오 브라보〉, '파스칼보다 더 잘'). 그래서 사람들은 영화에 관해 노골적으로 평하는 습관을 갖게 되

---

1) 1991년 다네는 스노비즘이 사라졌다고 확인했다: "그 어느 누구도 이 사실을 애석하게 생각하지 않지만, 확실히 사라진 일종의 환기해야 할 덕목이 존재한다." 이 것은 스노비즘이 사라졌다는 얘기가 아니라 스노비즘이 인정된 위치를 이용하고 배제를 복원하려는 것 이외에는 더 이상 이용하지 않는 것을 뜻한다. 반면에 예전에 스노비즘은 사상, 작품이나 알려지지 않은 작가들을 승진시키는 목적을 갖고 있었다.

었다(모든 서부 영화에 대해 클레망 로세가 선언한 혐오는 동호인 잡지에서 표명된 독점하지 않은 이러한 열광에 충격을 준 해석이었다). 어떠어떠한 작품에 대해 "이건 영화가 아니다(이것은 연극이다)"라는 말을 공표했을 때, 이러한 발언은 절정에 달한다.

영화에 대한 담화는 인위적으로 만들어진 사고, 거짓 증거나 둘러댄 질문으로 채워졌다. 커플(합법적인)들인 뤼미에르/멜리에스, 픽션/다큐멘터리, 편집/플랜 시퀀스, 플랜(cadre)/인화형(cache), 고전 영화/현대 영화, 연속/불연속 등이 영화에 관한 성찰을 양껏 북돋웠다. 현대의 진부한 사상을 논하는 장에서 "프랑스 영화는 시나리오가 부족하다"란 말에 이어, 영화의 죽음, 다큐멘터리와 실제, 당신의 어린 시절과의 관계 및 "당신의 영화와의 첫번째 만남은 어떤 것이었나?"라는 질문을 구성하는 이야기의 주창 등을 언급해 보자——(초기의 영화 장면에 관련된) 전기에 인정된 이러한 중요성은 마찬가지로 (남여 배우들에 대한 영화인들의 욕망이 읽혀지는 연출에서 책임을 지는) 영화인들의 사랑의 전기적 요소의 탐색에서 방향을 잡는다. 에이젠쉬츠는 '이 양식을 약간은 선정적인 양식' '주관성을 명령의 위치에 놓는 것'이라 불렀다.

실험의 주제는 영속한다. 그렇다면 영화 작품은 개인의 창조적 결과물인가 단체의 창조적 결과물인가? 그 어느 누구도 이 문제에 대해 분명한 답을 할 의무가 있다고 믿지 않는다. 에이젠슈테인 · 웰스 · 드라이어 · 브레송 같은 사람들이 존재했다는 사실을 환기해야하는가? 다빈치나 루벤스 같은 사람들이 아틀리에를 갖고 있었고, 이 아틀리에에서 모 전문가가 자금을 담당했거나 진행중인 작품의 다른 부분을 담당했다는 사실을 환기해야 하는가? 우리가 적절하게 영화감독이 배우나 촬영감독이나 시나리오 작가가 아닌 바로 생산자(예컨대 〈바람과 함께 사라지다〉가 전형적인 예이지만)라는 사실을 알고 있는 영화들이 존재하고 있다는 사실을 환기해야만 하는가? 영화에 대한 성찰은 그러한 수사학적 질문으로 회귀에서 공회전한다. 또 다른 질문은 영화의 국적에 관한 것이다. 이 문제는 어떤 점에서 천사의 성을 구별하는 것 이상으로 규정하기가 마찬가지로 힘들다. 마누엘 드 올리베이라는 다음과 같이 이 문제를 다르게 말하고 있다. "영화는 프랑스에서 탄생했다. 영화 표현에 관련된 모든 기술은 프랑스, 즉 뤼미에르와 멜리에스 사이에서 파생했다. 여기에서 나의 질문은 시작된다. 오늘날 영화는 영국·러시아·북아메리카·남아메리카·아시아·아프리카에서 만들어진다. 영화와 영화의 예술적 기초가 프랑스에서 태어났기 때문에, 이처럼 여러 나라에서 만들어진 영화를 프랑스 영화로 여전히 간주해야만 할까? 분명히 아니다."[2]

또한 사람들은 영국 영화가 결코 존재하지 않았다거나 단지 미국 영화만이 존재한다고 단언하게끔 하는 것에 대해 또한 질문할 수 있다. 기본적인 '영화애호가들의' 담론은 미국 영화를 칭찬한다. 미국의 이론의 여지가 없는 힘(물론 영화 생산의 질 또한 어느 시기까지는 훌륭했지만)에 의해 눈이 먼 많은 사람들이 마침내 영화는 바로 미국이며, 그 이이 나라는 아무것도 아니다라는 결론에 도달했다. 미국 영화는 모든 특성을 충족시킨 것으로 비쳐진다. 말하자면 미국 영화는 다른 영화의 실현을 측정할 수 있는 척도가 되었다. 미국 영화는 특히 '영화사를 이야기'할 수 있는 유일한 나라일 것이다. 반면에 "미국 영화가 영화에서 중요한 위치를 차지한다"는 사실이 확실하지는 않다. "또한 미국 영화는 신화로 된 이야기와 원형으로 주역 배우를 고정시키는(싸구려

---

2) 마누엘 드 올리베이라, 〈영화의 장소 Lieu de cinéma〉, 《트라픽》지 제20호, p.14.

이건 그렇지 않건 이것이 여기에서 중요한 것은 아니다) 상징의 의미를 갖고 있음이 틀림없다."(파스칼 보니체)

미국 영화의 매력에 대해 다네는 다음과 같은 사실을 주목했다: "미국은 지적으로 모든 휴식 공간이다. 미국은 끊임없이 우리들에게 명석함, 아이러니, 균열에 대한 항체를 요구하고 그 자체로 항체를 분비하는 정말로 강력한 세계이다. 프랑스는 배가 터진 난쟁이이다. 반면에 미국은 우리들의 영웅 자체이기도 했던 내부의 반체제파를 잘 양성할 수 있는 거인이다. 웰스에서 레이까지, 순교자가 고갈되지 않았고, 이것이 이 세계에서 가장 '평범한' 일이다." 따라서 다네는 자기 문명의 중심——'공산주의의 꿈'의 함축성과 견줄 만한——에 자리하는 미국의 존재에 관해 자문했다.

장 그레미용과 장 엡스탕은 거의 동시에 함께 염려했다. 장 그레미용은 1945년에 다음과 같이 확언했다: "영화의 '이야기들'이 일반적으로 전통을 계속 이어갈 것이다. 그런데 이 전통의 약점과 실패는 이러한 전통이 여론이나 증언의 가치가 의심을 받는 일이 아주 드문 여론이나 증언에서 경직되었다는 사실에서 온다. 또한 이러한 전통은 영화 발전의 구체적인 현실과 전혀 일치하지 않는다." 2년 후 엡스탕은 다음과 같이 공표했다: "한 영화의 존재란 비눗방울처럼 순간적이다. 또한 영화에 대한 이야기와 영화미학은 "사람들이 말했다"라는 것에서, 독자를 통해 확인되지 않는 증언들을 바탕으로, 객관적으로 판단하기 불가능한 판단에서, 순수한 전통, 즉 전설적인 권위 위에서 만들어진 피할 수 없는 결점을 제시하기 시작했다." 〈리버티 발란스를 쏜 사나이〉의 양식은 모든 가치를 지닌 작품이었다. 전설이 현실보다 더 아름다울 때, 전설을 인쇄하라. 전설과 현실이 종종 가능하지 않은 경우를 제외하고. 전설 또는 성스런 이야기는 끊임없이 되풀이되어 돌아오는 모든 우화들이며, 무기력은 있는 그대로 다시 이용된 결코 토론되거나 문제시된 적이 없지만 잡히지 않는 진실처럼 인식된 개념 속에서 갑자기 나타난다. 한 가지 예: 누벨바그는 무엇인가? 만약 사람들이 여론(doxa)을 참조한다면, 이 용어는 《카이에 뒤 시네마》란 잡지에서 탄생한 연출가들을 다시 규합할 것이다. 만약 사람들이 '젊은' 프랑스 영화를 제안하고 있는 당시의 잡지들이나 사전들을 참조한다면, 사람들은 이러한 표현 뒤에 아주 또 다른 현실이 있다는 사실을 확인할 수 있을 것이다.

　이 장을 마치기 위해, 우리는 영화 연구에 거의 도움이 되지 못하는 '전문가들'의 붓으로 반복되는 2개의 주제를 언급할 것이다. 영화가 대학의 문 앞에서 기다리고 있을 때, 일부 사람들은 영화를 자습감독에게 내맡겨서는 안 된다고 외쳐댔다. 영화가 신성불가침의 장소에 침입한 오늘날, 항의는 본질이 뒤바뀌었지만 여전히 머물러 있다. 베르나르 샤르데르는 대학교에서 나오는 그 어떤 것도 읽지 말라고 요구한다(그가 사용하는 경멸스런 형용사는 '난해한,' 즉 신사전 속의 낱말인 대학인=난해한 사람들이란 의미와 동가인). 그는 소르본대학교의 영화학과 교수들에게 다음과 같은 충고를 던진다: "작가들이 무슨 일을 하든지, 여러분들의 자리가 확보된 작가들 주변에서 무한정으로 윤색하는 대신에, 여러분의 토론에서 벗어나 영화를 보러 영화관에 갈 시간을 가지시오." '대학인'이라는 형용사는 경멸어가 되었다(작품을 설명하기 위해 이 단어를 사용하는 것은 작품을 저주하는 것에 이른다). 아마추어 예술가, 영화애호가, 직업의 프로, 기자나 보통 시민들이 대학인들을 선호한다.

　또 다른 반복되는 주제는 구체성의 지지자, 즉 영화의 순수성의 적대자인 '문학적인 기질을 갖고 있는 사람'을 겨냥한다. 이 비난은 다음과 같이 3개의 비난이 존재할 정도로 준엄하다. 다네의 첫번째 비난은 다음과 같다: "큐브릭 · 베르톨루치 · 폴란스키 · 펠리니이다. 이들의 공통점은 무엇인가? 최상으로 인정받은 영화인들, 즉영화의 '비평'이 오래전부터 '교양 있는' (문학적인 사람) 관객(대중)과 함께 아주 쉽게 공유해 온 문학적 형태의 감동으로 아주 흠모를 받은 사람들이다."(다네)[3] 문학적 기질의 감독은 시나리오나 사상에 관심을 갖는 사람들이다(이러한 것이 바로 '문학 형태의 감동'에 속한다). 다네 자신에 의해 반박된 두번째 비난은 다음과 같다: "오늘날에도 여전히 문학 텍스트를 영화가 아닌 것으로 간주하기 위해, 영화가 있는 그대로 보여지고, 말해지고, 읽혀져야 한다는 영화 비평이 존재한다. 이 퇴보적인 자질은 비평을 감동으로 이끈다."(다네) 다네의 마지막 비난은 다음과 같이 이어진다: "노엘 뷔르슈는 자신이 '문학적' 형식주의에 사로잡혔다(이번에는 문학적인 기질이 대학의 정수가 되었다)." 즉 "학문적 정관을 내세우는 몸짓으로 좀더 가까이에 다가가기를 탐색하는 '영화 텍스트의 기능'과 같은 이러한 작업은 아주 종종 방향의 윤곽을 잡기 위해, 치욕적인 '주제 분석'을 피하기 위해 진정한 회전 경기를 구성한다. 문학의 형식주의를 모방하여, 영화는 '우리들의 기쁨,' 즉 계급이나 성 또는 얼굴을 드러내지 않는 시대를 초월한 대중의 기쁨의 원천이 될 보편적 구조들의 하찮은 탐색에 몰입한다."[4]

---

3) 10년 전(1979)에 망셰트는 베르톨루치 감독을 문학적 기질을 소유한 감독이라고 칭했다.

4) 그렇지만 테마 비평이 문학 연구의 가장 큰 유행 사조 중의 하나였다는 사실을 환기해 보자.(조르주 풀레) 게다가 대학인들과 마찬가지로 문학인들의 만남에 대한 불신이 좀더 중요성을 갖는 논리적 담화에서 자리잡고 있었고, 공공 서비스에 대한 문제 제기가 국가-신뢰도에 대한 공격과 어깨를 나란히 했다. '엘리트주의'에 대한 비난과 일상 생활에서의 낯섦에 대한 고발은(당신은 어디에 쓸모가 있습니까?, 그것은 무슨 소용이 있습니까?) 질 샤틀레가 목표로 하는 테그노-포퓔리즘의 상투어였다.

사람들은 저주스런 세번째 용어에 '지성적인' 이란 단어를 덧붙일 수 있을 것이다. 이 말 또한 엄격하게 말하여 영화 애호적인 환경을 제외하고 오히려 언론에서 사용된 '지성 영화' 란 표현에서 경멸의 가치를 갖는다(사형 선고 앞에서 사형수들의 당혹감을 표현하는 압스콩(abscons)이란 말이 다시 이용될 수 있다). "내가 지성적이라는 말을 들었을 때, 나는 나의 권총을 뺐다"라고 누군가가 말했다. '문학적인 기질' 이란 표현과 '대학인들' 이란 표현에 반대하는 비난은 사람들이 어느 시대에선가 푸자드파라고 지칭했던 동일한 상황으로 기록될 것이며, 아주 실용주의적인 의미에서 테크노-포퓔리스트라고 지칭하게 될 것과 아주 동일한 상황으로 기록될 것이다.

30
영화는 현실의 예술인가?

 일시적인 정의들과 비현실적인 희망과 같은 모든 실망에 대하여, 영화 아마추어에게는 다음과 같은 확신이 남는다. 예컨대 영화의 특수성이 존재하는 것은 바로 현실과 영화와의 관계에서이다. 앙드레 바쟁의 말을 빌려 이야기를 하자면, 영화 이미지를 만드는 것은 바로 사진 이미지의 존재론이다. 현실과의 관계는 텔레비전와 미디어를 통해서만 판단하는 사람들과 영화 예술에 대해 절망하는 사람들을 동시에 화해시켜 준다. 이것은 또한 시작에서 합법적인 원리를 되찾기 위한 기원으로 돌아가는 일이다.

 뤼미에르의 의도로 영화는, 가브리엘 아우디지오가 지적하는 것처럼 '인접한 현실'이 낯설기 때문에(《프랑스의 스크린》(1946)), 현실의 사진 녹화 기술과 손을 댄 주제에 의해 '현실의 예술'로 바로 가까이 나타났다. 현실과의 이러한 관계는 영화 이미지의 운동을 전혀 부정할 수 없는 것처럼 부정할 수 없다. 영화에 대한 통속적인 정의의 위험은 이러한 영화 정의에 대한 이론적 확신에 의해 표현된 위험보다 덜 심각하다.

 사진 기술과 영화 기술은 정확하게 충실하고, 순수하고, 객관적이며, 흔적을 지운 묘사 욕망을 만족시키기 위해 여러 세기에 걸쳐 시도해 온 모든 노력의 성공된 결말로 보일 수 있다. 그런데 항상 모델의 존재보다도 더 예술가 자신의 존재를 느끼게 하는 예술가들의 감수성은 다른 표현 양식에서 표현을 흐리게 하고 멀리한다.

현실과 영화 사이의 관계[1]의 '명증'에서 앙드레 바쟁의 다음과 같은 이론이 생겼다. 유명한 명언은 로베르토 로셀리니에서 기인한다. "문제는 왜 사람들이 사물을 움직이게 하려는지?에 있다." 이 공식화는 편집 거부의 미학(에이젠슈테인의 의미에서)과 현대성의 영화 정의(특히 〈이탈리아 여행〉 이후)에 열린 길이다.

"그러한 개념은 너무나 열광케 하는 것이어서, 틀림없이 그 개념을 재검토하는 것을 인정하며, 앙드레 바쟁 그 자신은 "달리 말하면 영화는 언어, 즉 현실의 효과가 여전히 환상인 매개물이자 도구라는 사실을 인정하면서, 그 개념에 불복했다."(파트리크 드르베) 제라르 르그랑은 '현실의 효과'와 '효과의 현실' 사이의 혼동에 대해 반감을 품게 한다. 발레리는 다음과 같이 말했다: "영화는 진실함을 가지고 위선을 만드는 예술이다." 클레망 루세에게는 영화란 "개인 자격으로 그리고 '생중계'로 현실을 환기시켜 주는 유일한 예술이다. 물론 현실과 결코 혼동하지 않는 것은 당연하다. 만약 혼동하게 된다면, 이것은 영화가 아니지만 다른 예술에 첨가될 수 있는 예술에 속할 것이다. 바로 이 점에서 영화는 제7의 예술이라기보다는 예외적인 예술이며, 이 새로운 형태는 현실과 예술의 경계에 위치한 예술이다. 요컨대 가까움이 매순간 사물과 혼동되는 것처럼 보일 때까지 접근하는 사물의 테두리 밖에 머무는 가까움의 모순이며, 현실의 진정한 묘사가 결코 되지 못할 '현실의 제시'라는 모순을 통해서이다. 왜냐하면 현실에서 영화는 '영

---

1) '명증(évidence)'은 영화나 영화인에 대해 말하기 위한 신비스런 단어이다.

30. 영화는 현실의 예술인가? 169

화-진실'을 꿈꾸는 연출가들의 '정확한 이미지'가 될 수 없지만 '바로 하나의 이미지'일 수 있기 때문이다. 장 뤽 고다르의 유명하고 폐부를 찌르는 말을 인용하자면――어리석기보다 아마도 더 위선적인 맹세를 거역하기 위해 만들어진 말인."

로베르 브레송은 사람들이 진실을 통해 진실에 도달한다는 말을 믿지 않는다. 그는 사물을 녹화한 이미지에 의해서가 아닌 이미지의 관계를 통해서 표현되어야 한다고 생각한다. 이것은 전혀 서로 같지가 않다. 만약 현실이 계속된다면, 재생산은 계속되지 않는다. 영화에서 영화 촬영과 편집의 역할을 확신하는 또 다른 방식이다. 프도프킨과 루이 르네 데 포레는 계속하여 다음과 같이 단언했다: "이렇게 해서 영화 연출가의 재료는 실제 공간과 실제 시간에서 재생된 실제의 현상을 구성하지 않지만, 필름덩어리를 구성한다. 이 필름덩어리에서 이러한 현상이 녹화되었다. 사건 그 자체와 스크린 위에 그 사건이 등장하는 것 사이에는 차이가 있다." "우리가 도달하기 위해 찾고 있는 것은 매개체의 행위를 통해 항상 왜곡되고 변형되어 있어, 거기에 도달하기 위해서 우리에게는 완수하는 것이 필요하다."

앙드레 말로는 표현 수단(예술로서)으로서의 영화의 출현을 예술이 현실의 재생산을 포기한다는 사실에 위치시킨다. 두 가지 방식이 영화의 한가운데에 공존한다. 앙드레 바쟁은 '이미지를 믿는 연출가들'(이것을 통해 바쟁은 스크린 위에 묘사된 사물에 사물의 묘사를 추가할 수 있는 모든 것을 지칭한다)과 '현실을 믿는 연출가들' 사이의 구분을 설정하려고 시도했다.[2] 관객들이나 영화비평가들에게 대해서도 마찬

---

2) 예컨대 프랑수아 트뤼포는 1959년에 《프랑스의 편지 *Lettres françaises*》에서 다음과 같이 공표했다: "나의 상상력은 현실과 기능하지 나의 뇌와 기능하지 않는다."

가지이다. 망셰트는 다음과 같이 말했다: "일상 생활, 우리는 가정에서 일상 생활을 영위한다. (…) 일상 생활에 관한 모든 영화에서 나는 불행 그 자체를 주목하는 것 이외의 다른 것을 보지 못해 결국 수치심이 더욱 수치스럽게 되고 말았다."[3]

무엇이 최근 '현실의 영화'에 대한 쇄신된 열정을 설명할 수 있는가? 물론 거기에는 다른 영화들을 볼 수 있는 가능성이 존재하며, 보통으로 계획된 영화들과는 한층 다른 영화들이 존재한다. 이것은 더욱 다행스런 일이다. 그렇지만 현실의 찬미는 공포와 희망을 잘못 은폐한다. 공포는 부인에서 부인으로 영화가 다른 감정의 탐색이나 좀더 발전된 기술을 통해 사용 금지되어 사라질 수 있다는 것이다. 그런데 영화에게 고상한 말을 하고 구체성을 확인하는 것은 바람직한 일일 것이다. 즉 영화는 현실을 녹화하고 재구성할 수 있는 유일한 것이다.(운동, 소리, 이해된 색깔) 이러한 현실은 가장 보편적인 일상의 일처럼 확대될 수 있다(가족 영화나 예컨대 자연 다큐멘터리와 같은). 과학적 정신에 동의하는 복원이나 경멸하는 사람의 눈초리로 영화의 역할을 명백하게 하는 움직임의 기록 보관인. 복원의 객관성은 격찬되었다. 복원은 예술적 탐색이란 영화의 혁신 앞에서 많은 대중의 몰이해에 대해 진정한 가치가 되었다(이것은 현대 회화나 음악에서두 마찬가지이지만 실제적인 보상에 대한 의지는 이들 장르에서는 거의 불가능하다).

사람들이 이미지의 조작과 **동시에** 객관성에 대해 말했던 시기는 언제인가? '영화에 관련된 기록'은 어떻게 되었는가? 비평 양식은 정치 토론과 더불어 이구동성으로 약해졌다. 우리는 영화에 관한 최근의 담

---

3) 삽화가인 타르디는 로메르의 영화에 대해 다음과 같이 말한다: "저녁에 스크린에서 자신의 미용사를 재회하기 위해 하루 종일 애쓴다. 나는 진정으로 흥미를 발견하지 못한다."

론들이(특히 영화가 개봉될 때) 많은 경우에 더 이상 구체적이거나 객관적인 데이터(해설가의 객관적 참여를 전제로 하는 비평 관계를 희생해서)를 만들지 못한다는 사실에 놀라지 않는다. 영화에 소요된 경비는 얼마인가? 촬영 기간은 얼마였나? 풍토적 또는 사회적 장애는 무엇이었나? 어떻게 트릭과 특수 효과를 연출했는가? 영화의 시나리오는 독창적이었나? 등등.

이러한 정신은 영화를 세상의 영역으로 끌어올리기를 원하고 영화를 시와 현실이 어느 정도 결합된 이 세상을 정화하는 수단을 만드는 위대한 다큐멘터리 작가들의 연구와 반대되는 결과물이다. 정치적 · 도덕적 목적을 가진 사실주의는(웰스가 말하는) 객관성에서 신념이 거의 없는 비평 정신, 형식적 표현성과 창조적 작업을 전제로 한다.

픽션-다큐멘터리의 대립은 허울뿐인 '증거'의 일부에 속하지만, 힘 있게 다시 나타난다. 새로운 누벨바그의 젊은 작가들은 모든 영화가 다큐멘터리라고 단언했다. 영화에서 이 두 기준을 분리하여 생각한다는 것은 거의 불가능하다(만화를 제외하고). 그만큼 영화는 그 사실이 구상하는 어떤 목적을 가진 카메라의 렌즈 앞에 위치시켜 놓은 사실의 각인의 포착을 전제로 한다. 영화의 '다큐적' 특수성을 요구하는 것은 따라서 내용과 주제를 분리하는 것을 전제로 한다. 이것은 그람시가 '추상적'이란 정확한 이름으로 불렀던 것이다. 왜냐하면 이러한 조작은 영화에서 그 내용이나 주제를 통해 취한 구체적인 형태를 거절해야 하기 때문이다. "형태와 내용이 동일하다는 것은 예술에서 내용이 추상적인 주제는 아니지만, 예술 그 자체라는 사실을 의미한다."

어제 오늘날의 중요한 다큐 작가들의 교훈과는 반대로(플라어티 · 로사로부터 레네 · 반 데르 코이켄 · 드파르동에 이르기까지), 다큐라고 불리는 영화에 의해 위대해진 형태는 점점 더 이 다큐 영화를 특징지었던(예컨대 〈밤과 안개〉와 같은 영화처럼) 스타일의 추구를 포기하는 반면에 우리가 이 역할에서 영화나 텔레비전 중에서 어느것이 둘 중의 하나를 더욱 튼튼하게 하는지를 알지도 못한 채, 진실의 효과로 인식되는 텔레비전 시사물이나 르포의 제한된 형태를 진수시켰다.

다큐의 특수성을 정당화하는 또 다른 방식은 보잘것없는 정치인의 일처럼(사회적 대투쟁, 국민적 요구 사항은 과거보다 덜 눈길을 끈다) 일상적인 삶을 가치 있게 하려는 경향이다. 우리는 실제로 어떤 사람들의 주문에 따라 가정의 다큐-영화의 촬영을 제안하는 비디오 생산 사업이 발전해 나가고 있는 것을 보고 있다. 그 결과 틀림없이 역사를 기술하기 위해 진부한 사람의 흔적들에 관심을 집중하는 역사가들의 작업들인 이러한 행위들은 어떤 합법성을 향유할 수 있다('흔적들이' 사정을 잘 알고 고의적으로 만들어진 것과는 달리). 역사의 분야에서 모든 것은 패러디로 반복될 수 있다.

다시 한번 반복해 보자. 즉 "영화의 사실성은 그 어느 누구도 잡을 수 없으며, 절대적으로 존재하거나 부재하지도 않는 상상과 현실의 경계의 유동적인 장소에 위치한다."(클레망 로세)

31
현대라는 형용사의 사용은
어떤 어려움을 은폐하고 있는가?

'현대(적)'란 단어는 확실히 영화에 적용된 단어 중에서 가장 문제가 되어 온 말 중의 하나임에 틀림없다. 보들레르 이후 많은 사람들이 이 단어를 사용해 왔다. 사람들은 일반적으로 발터 벤야민이 분석했던 《악의 꽃》의 시인 보들레르에 의해 현대성의 개념을 암시한다. 즉 충격, 전이, 덧없음, 분담의 미학 등이 이에 속한다. 의미적으로 '현대적'이란 말과 '현대성'의 개념들은 새로움과 동시대의 개념을 커버하지만, 이러한 개념들과 혼동되지는 않는다. 현대와 현대성은 또한 완전하게 서로를 커버하지 않는다. 현대성은 끊임없이 변한다. 따라서 우리들은 무엇이 영화의 다양한 현대성인지를 밝히려고 시도할 수 있다. 에이젠슈테인 · 로셀리니 · 웰스나 미조구치가 현대적이었다고 말하는 것으로 충분하지 않으며, 이들에게서 현대적인 것이 무엇이었는지를 알아야 한다. 이들의 작품들은 그들의 '존재' 너머로 현대성을 포함한다. 바로 이 점에서 이들 개인의 작품에 대한 재평가와 해석은 이들의 작품을 미완성으로 남겼다.

자크 루르셀은 현대와 고전을 대립하는 것이 의미가 없다고 생각한다. "왜냐하면 현대의 대부분이 고전이기 때문이다. 아니다. 대립은

(진정으로 그것을 잘 알지도 못하면서) 영화의 발전이 적다고 할지라도 일을 촉진시키려고 추구하는 사람들과 무시하는 사람들, 즉 자신들 자신, 자신들의 세계, 자신들의 재능만을 생각하는 사람들 사이에 있다"[1] 그리고 그는 이러한 가속 장치에 해당되는 사람들의 명단을 제공한다. 예컨대 1910년대엔 뤼미에르 · 멜리에스 · 드밀, 1920년대엔 델뤽, 1930년대에는 기트리 · 르누아르, 1940년대에는 "모든 감독들이 현대적인 사람들이 되었으며, 모든 감독들의 이름을 열거할 수 있다. 물론 일부 사람들은 다른 사람들의 이름보다 앞선다(자크 투르네르 · 프레민저)." 또한 우리들은 이러한 대립이 '믿고 있는' 사람들과 경영하는 사람들 사이에서 일어난다고 말할 수 있다. 카벨에 의하면, 전통에 적용된 양식의 공적을 배가시키는 경향이 있는 시대에 성공한 영화에 대해서 모더니즘(현대성)이라고 말할 수 없다. 이러한 포장은 현대적이라고 지칭되어질 수 없다. "표현 수단의 틀에서의 **어떤** 가능성, **어떤** 독특한 방향이 현대성이란 용어에 귀착된다. 카메라의 움직임의 신속함에 대한 물리적 한계가 있다(…)(이러한 한계를 극복하기 위한 분명한 해결책 중의 하나는 액션과 인간적 사건들을 제시하는 것을 포기하는 일일 것이다. 이 해결책은 이미 이전에 예술에서 적용된 해결책이었지만, 이러한 노선은 여기에서 내가 염려하는 것이 아니다). 어째서 연출가들은 가능성을 자신들의 한계에까지 밀고 나가게 되었는가(어째서 이들은 가능성을 통해 선동되었는가)? 이 문제에 대해 대답하는 일이 현대성에 관한 연구의 틀에 끼어드는 일일 것이다. 대답 중의 하나는, 알려진 요인들을 단순하게 연장하는 이러한 방식은 영화에 대한 관심을 유지하기 위해 영화인들의 편에서의 노력이었다는 사실이다——영화

---

1) 자크 루르셀, 〈고대와 현대 Anciens et modernes〉, 《트라픽》지, 제16호, p.113.

인들이 영화를 만들려고 자극받은 관심과 영화를 보러 가기 위한 관객들의 관심. 하지만 관심이 예술을 생기 있게 보존하는 데 충분하지 않다. (…) 믿음이 있어야 한다."

사람들이 영화 분야에서 현대라는 말을 사용할 때, 사람들은 우선 전위라는 말을 지칭하며, 특히 1920년대의 전위를 지칭한다. 아울러 특히 할리우드풍의 '고전주의'에 대항하여, 로셀리니·브레송·안토니오니·리베트·고다르·카사베츠 등을 새로운 영화 형태를 제공하는 '현대적인' 감독으로 그룹지을 수 있다.

만약 이것이 고전 형태라면——그런데 전 세계 영화 생산의 많은 부분이 이 형태로 영화를 촬영했을 것이지만——이 고전 형태는 1920년대 중반 미국에서 싹트기 시작하여 유럽에서 흥행한 영화 형식일 것이다. 1950년대 이 고전주의에 문제를 제기하는 것을 보는 것이 관례이다. 고전주의 패권은 미국 영화의 질뿐만 아니라 미국 정치의 패권주의와 맞물려 있다. 무성 영화의 끝에서 대서양 너머에서 자리잡은 것은 우선 대사와 소리에서 발전된 일종의 기능을 의미한다. 대사와 소리의 도래는 들뢰즈가 이미지-액션이라고 불렀던 것의 완성을 허락해 주는 단지 비어 있던 상자를 채워 줬을 뿐이다. 약 30년 동안을 지배했던 고전이라 불린 형태는 이 형식이 우리에게 지금 원근의 대상 또는 이론적 가정, 경험에 근거를 둔 재구성으로 보인다는 사실을 감추어서는 안 되었다. 왜냐하면 독창적인 작품들이 고전적인 형식에 의거하여 표현된 편차를 특징짓고 있기 때문이었다. '고전 형식'이란 단수형은 다수를 포함한다(우리는 '고전' 영화인들의 생의 말년에 연출이 놀라운 방식으로 발전하는 것을 목격한다. 즉 존 포드가 〈사막의 여죄수〉에서 그런 것처럼, 드라이어가 〈게르트루트〉에서 치즈(밀가루 생반죽)를 먹기 시작한다). 이와 동시에 실험 영화들은 서로 다른 가정을 제안한다. 그런데 이 가정에서 고전이나 현대라는 명칭은 더 이상 통용되지 않는다.

파브리스 르보 달론은 다음과 같이 말한다: "현대 영화는 고전 영화와는 달리 관객들을 손으로 잡지 않으며, 더욱이 코, 눈, 귀 끝으로 통해 관객을 안내하지 않으며, 분명한 메시지, 즉 명백한 메시지로 안내하지 않는다. 현대 영화는 관객을 있는 그대로의 면전이나 있는 그대로의 현실 앞에 놓는다. 요령 있게 처리하는 것은 관객의 몫이다. 여기에서 바쟁이 공식화한 아주 훌륭하고 멋진 대립을 다시 언급해야 한다. 고전 영화는 다리와 유사하다. 그런데 다리의 각 요소는 발화자-제조자(건설업자)의 가정에 의해 구상되어지며——사람들은 예상했던 목표에 확신을 가진 채, 확신을 가지고 다리 위로 나아간다. 현대 영화는 현실 그 자체에서 만난 강의 돌을 닮았으며, 사람들은 예상했던 목표에 확신을 하지 못한 채 불확실하게 돌을 하나하나씩 건너뛴다. 달리 말하자면 현대 영화는 수수께끼, 즉 현대 영화란 이름의 가치가 있는 진정한 유일한 수수께끼 같다. 즉 현대 영화는 사물 그 자체로 기능하며(그림이나 사진보다도 더한), 이러한 사물 그 자체의 수수께끼를 제시한다(해독해야 할 상징, 즉 항상 해독해야 할 세상보다도 더한)."[2] 현대 영화는 다음과 같은 두 가지 방식을 제안한다. 즉 하나는 현실의 하찮은 것(무의미)을 주창한다(로메르 · 피알라), 다른 하나는 현실의 명백하지 않은 것을 표현한다(세상과 존재의 의미에 대해 크게 열려 있는 것: 브레송 · 가렐). 이것은 스타일에 대해 다음과 같은 결론을 내린다. 프레임인, 데쿠파주(découpage),[3] 음향 및 빛의 사용, 배우들의 연기.

---

2) 파브리스 르보 달론, 《'현대' 영화를 위하여 *Pour le cinéma 'moderne'*》, Y.N., 1994, p.58.

3) 편집-시나리오의 각 장면. 〔역주〕

이러한 현대 영화는 고전 영화(랑·히치콕)와 대립되며, 파브리스 르보달롱이 고전주의의 연장(웰스·루이즈)에 지나지 않는 '고전적-바로크적 비상식(적인 사람, 것)'이라고 불렀던 것과 대립된다. 콕토·비스콘티·펠리니·큐브릭 등의 영화인들은 '양식 있는' 고전주의와 '몰상식한' 바로크 사이에 위치하는 사람들이다. 즉 이러한 정의를 채택해야 하든지 현대란 단어가 여러 나라에서 서로 다른 양식을 지칭한다는 사실을 증명해야 한다. 프랑스에 대해서만 말하자면, 1920년대의 전위에서 오히려 존경심을 찾아볼 수 있는 레네 감독은 1950년대말에 더 이상 현대적이 아니었다. 레네 감독의 작품의 현대성은 〈히로시마 내 사랑〉 영화 시대까지에서만 찾아볼 수 있다(폴 비릴리오는 1997년 다음과 같이 이 영화를 회상한다: "이 영화는 다른 모든 영화를 뛰어넘는다. 이 영화는 단절이었다"). 영화의 방식에서 웰스·베리만·웬더스·스콜리모프키는 현대적이라고 말할 수 있을 것이다. 드라이어·르누아르·오즈·타티·아스트뤽·린하르트 등은 종종 '현대적' 또는 '전 현대적'인 감독이라고 호칭된다.

다네는 현실의 하찮은 것을 반박하지 않는 자신의 정의를 갖고 있지만, 다음과 같은 새로운 영역을 부여한다: '진영을 따르는' 영화, "내 자신을 위해 또한 내가 그 나이였기 때문에, 내가 '현대적'이라고 부르기 시작했던 영화." "나는 영화인들이 일종의 (도덕적) 참여라는 형태를 포기하지 않고 정치에 형태를 부여하는 것을 거부했던 전후 30년대를 '현대 영화'라고 불렀다. 어떤 의미에서는 보상의 영화. 어제의 선전으로 사후의 가혹함이 주어지는 영화(지버베르크)는 바로 '이러한 작업'에서 가장 효력이 있는 '정중한' 표현에 속한다." 다네는 또한 현대 영화의 '영광스런 30년대'에 대해 말한다. 더욱이 그는 《카이에 뒤 시네마》지가 로셀리니·히치콕·혹스를 옹호했었다고 말한다.

왜냐하면 이들이 현대적인 감독이었기 때문이었다. "현대적이란 말이 다음과 같이 거대한 변화를 알리는 동시대의 사람들을 의미했다. 말하자면 최초로 자기-파괴를 생각했던 부류였던 시대에서 인간의 모습을 한 동물의 수수께끼가 휴머니즘의 인간(포드·윌시)을 계승했었다." 세번째 변화(55-75년대에 관계되는)는 다음과 같다: "타인의 이타성에 바쳐진 감정이 현대적이다(타인의 신체의 불투명(어둠)이나 차가움, 타인의 욕망의 이타성, 오해의 숙명, '아주 비극적인 몇 마디 언사'──〈라 노트〉에서의 편지, 〈경멸〉에서의 위선적인 발자국. 요컨대 의사단절이란 단어가 요약하는 모든 것)."

우리는 다른 실마리를 통해 문제를 처리할 수 있고 관찰된 사실로부터 출발할 수 있다. 1955년과 1965년 사이의 10년 동안, 가장 중요한 위치에 있는 여러 감독들에 의해 실현된 한 무리의 중요한 영화들이[4] 조각에서 중요한 위치를 차지하고 있으며, 여전히 아주 특별히 박물관의 방문에서 중요한 위치를 차지했다. 조각과 영화와의 관계는 계시자의 역할을 했으며, 확실히 영화사에 속하는 사건이었다. '문제의 단위를 통해' 조건지어진 시퀀스를 정의한다는 것은 이 시기에 신빙성을 제공한다. 시대를 고려하는 이러한 특별한 방식에서의 2개의 토대, 즉 하나는 영화(1954년 로셀리니 감독의 〈이탈리아 여행〉)이며 다른 하나는 영화의 성찰에 관계되는 작품(제1권이 1958년에 발간된 바쟁의 《영화란 무엇인가?》라는 책이다)이다. 아주 우연히도 말로의 《침묵의 길》은 1951년에 출간되었고, 《전 세계 조각의 상상 박물관》은

---

4) 문제의 작품은 다음과 같다: 〈그림자 Shadows〉(존 카사베츠, 1957-1959), 〈라 즈테 La Jetée〉(크리스 마커, 1942), 〈결혼한 여자 Une femme mariée〉(고다르, 1964), 〈지중해 Méditérrannée〉(장 다니엘 폴레, 1963), 〈지난해 마리앙바드에서 L'Année dernière à Marienbad〉(레네, 1961), 〈산드라〉(루키노 비스콘티, 1965), 〈경멸〉(고다르, 1963)──마지막 두 영화는 또한 '이탈리아에서의 여행'을 내용으로 한다.

1952-1954년 사이에 출간되었다. 문제의 단위는 마치 레네 감독이 〈밤과 안개〉(1955)란 영화에서 증명해 보였던 것처럼, 죽음의 진영에 대한 경험과 이미지로 '넘어가기'의 어려움이 다시 나타나는 의문 공간에서 투시될 수 있다. 로셀리니 감독의 영화에서 폼페이의 신체는 일종의 유배당한 사람들과 조각들 사이의 관계를 구성한다. 이때부터 공통의 '연산자-조각'은 '현대 영화'의 개념을 새롭게 구상하는 것을 허락한다.

32

예술사의 범주에 호소해야 하는가?

  이러한 질문을 통하여 어떤 영화나 영화사의 어떤 시기에 관해 '바로크'라든지 '기교파'와 같은 단어를 사용하는 것이 적용되었다. '바로크'라는 말은 시작부터 거북함을 준다. 왜냐하면 이 말은 비록 음악·문학·사회·종교사가 바로크에 관련되어 있을지라도, 무엇보다도 이 말을 사용하는 사람들에게 영화의 전부가 아닌 조형적이고 가시적인 영역을 참조하도록 하기 때문이다. 물론 서양 문화의 모든 유산을(동양·아프리카 등등은 내버려두자) 난잡하게 계속하여 이어가고 있는 영화는 바로크에 필연적으로 교차되어 있다. 즉 연출가들, 무대 연출가들, 시나리오 작가들의 성향은 여기저기에 바로크적 요소의 영향을 끌어들일 수 있다. 여기에서 합법적인 의문이 나온다. 하지만 바로크처럼 문화적으로 참조하는 요소들을 알아보고 그러한 칭호를 한 작품이나 유행 사조에 귀속하는 것 사이에는 차이가 존재한다. 특히 추론이 '신속한' 삼단논법으로 전개될 때. 즉 브라질은 바로크와 거의 동의어가 될 것이다. 그런데 글라우버 로샤가 브라질 사람이기 때문에 그의 영화는 따라서 결과적으로 바로크에 속할 것이다……. 하지만 아르헨티나 사람인 토레 닐손의 경우는 어떠한가? 형상의 이동에 관해서 말하자면, 형상은 항상 존재했으며(1930년대의 유르기스 발투

루사이티스의 로마네스크 예술에 관한 작업들), 영화는 고대의 현상을 악화시키고 가속화시키기만 했다.

1960년대초에 《영화 연구》란 잡지는 '바로크와 영화'란 제목으로 제1호를 발간했다. 이들 중에서 웰스·펠리니·오퓔스·베르그만이 참여했다. 합당성이나 진실의 문제보다 더한 문제는 이러한 개념 덕택에 얻어진 이해에 대한 승리의 문제였다. 영화가 바로크 오페라가 공들여 만들었던 통합 예술의 찬란한 개화를 실현할 수 있기 때문에, 영화가 필연적으로 바로크적이라고 말하는데 까지 이를 수 있을까?

이 《영화 연구》란 잡지로부터, '바로크'와 '영화'라는 단어가 정기적으로, 예컨대 특별 주제를 담은 호수나 작품에서 연합되거나(예컨대 '지중해' 영화관에 대해서처럼), 어떤 영화(나 연출가)에 관해서 정확하게 연합되었다. 그런데 이러한 주기적인 회귀는 첫번째 명단의 이름에 다른 이름을 덧붙이기도 했다.[1] 바로크는 가변적인 역사를 관통하는 개념 그 자체로 아주 잘 평가되어진 역사를 관통하는 개념 중의 하나일 것이다. 왜 그렇지 않겠는가. 예술사에서 바로크란 개념은 상대적으로 아주 잘 한정되었다. 문학 영역에서 보자면, 이 분야를 잘 알고 있던 장 루세가 《바로크에 관한 마지막 시선》에서 요약하고 있는 내용은 또 다른 성질의 문제이다. 루세는 16,17세기에 있어 그 후에 도입된 '바로크'와 '고전주의'라기보다는 오히려 '아시아적 표현'과 '아테네적 표현'이란 단어를 사용하도록 한 마르크 푸마놀리의 권유를 따르는 것이 더 낫다고 평가한다. 이러한 대체의 중요성은 무엇인가? 우리가 알지 못하지만 어느 정도는 여기에서 표명된 엄격함에 대

---

1) 철학자의 죽음이 따랐고 부분적으로 오해(양식의 효과였기 때문에)에 근거하는 '들뢰즈 사상의' 폭발로 여겨지는 들뢰즈의 《편지 *Pli*》의 출간은 바로크에 대해 말하는 많은 취미를 불러일으켰다.

한 불안과 염려가 영화비평가(미학자? 역사가?)의 속성이었다고 희망할 것이다.

　얼마 전부터 사용하기 시작한 '매너리즘'과 같은 개념은 '바로크'라는 개념보다 더 지속성과 조작 능력을 갖지 못하고 있다. 이 개념은 장 클로드 비에트에 의해 시작되어 세르주 다네(들뢰즈에 의해 확대된)를 거쳐 이론적 결함을 보충하기 위해 프랑스에서 영화에 관한 이론으로 편입되었다. 곧이어 학설(doxa)로 보충된 이 매너리즘은 어쩔 수가 없던 아주 다른 모든 연출가들에게 적용되어졌다. 매너리즘이란 개념은 '늦게 온 사람'이 된다는 사실에 연결되어 있다. "카드가 그 가치와 사용 규칙이 게임에서 이미 게임을 하고 득점을 한 그러한 게임"을 상속받은 예술가는 세상처럼 노련하다.(다네) 그렇다고 해서 매번 매너리즘에 대해 말해야 하는가? **마찬가지로** 사람들이 매너리즘을 '예술의 예술'로 정의할 때, 영화가 아주 일찍이 매너리즘에 **빠졌다**는 사실을 인정해야 한다.[2] 즉 이 모든 단어들은(바로크ㆍ매너리즘) 하나의 의미를 갖고 있으며, 유동적인 인식 속에 잡혀 있다. 영화에 대하여 이 단어를 이용하는 것은 우선 이 단어가 갖고 있는 엄격함의 일부를 잃게 하는 것이며, 두번째로 개념의 불분명함을 인가하게 하는 것이다. 또한 이 어휘를 사용하는 것은 바로 다름 아닌 프랑스 영화 비평이라는 사실을 주목해야 한다. 아울러 프랑스 영화 비평이 학파를 구성하게 할지라도 **모든** 영화 비평을 대표한다고 주장할 수 없다는 사실을 주목해야 한다.

　바로크란 개념의 이해는 확실히 역사가들 마음대로 또는 나라에 따

---

　2) 사람들은 영화에 관한 텍스트에서 '로코코'나 '키치(kitsch: 저속한 작품)'와 같은 말을 덜 만난다──최소한 사람들은 이 단어에 강한 역사적-미학적 카테고리를 만들려고 시도하지 않았다. '포스트모더니즘'의 경우는 다르다.

라 구상된 예술을 탈바꿈하고, 감히 그 이상의 변신을 하지 않을 그 어떤 이유가 없다. 마찬가지로 변신의 주제는 순수하게 '바로크적'이다. 개념이 안정 장치의 힘을 박탈하는 것이 문제가 되지 않지만(이와 반대라고 말할 수 있겠지만), 방해가 되는 것은 바로 애매한 개념의 이식이다. 일반적으로 예술사에서 또는 영화나 영화사에 있어서는 다른 곳에서 온 개념의 이용은 필연적으로 유사하며 혼동의 여지가 있다. 자크 부베레스는 주의도 하지 않고 거리낌없이 가장 의혹이 가는 유추 현상을 탐사하는 권리——문학적 문화와 동시대 철학의 문화병 중의 하나인 것처럼 보이는 권리——에 대해 말한다(그의 책 《유추의 경이와 현기증》을 볼 것). 하물며 이러한 검증은 다른 영역에 비해 아주 중요한 지각으로 고통받고 있는 영화 분야에서 가치가 있다. 영화와 관계될 때 진정으로 구체화되지 않는 연구의 전통이 존재한다.[3]

현대 예술에 관한 카탈로그의 담론의 모델에서 영감을 받은 이미지에 관한 일반적인 주제들은 **선험적으로** 좀더 매력적인 것 같다. 왜냐하면 이 주제들은 3시절(詩節)처럼 영화 표현이 잊혀지는 훌륭한 설명을 만들 가능성이 있기 때문이다. 게다가 이 주제들은 주제와 소환된 저자들에 관계되는 거칠고 개략적인 단언의 원인이 된다. 이러한 모든 이유로 인해, '바로크'나 '매너리즘'과 같은 단어를 피하는 것이 신중한 일이다. 왜냐하면 질 가스통 그랑제가 다음과 같이 경고했기 때문이다: "만약 객관적 사고의 규칙화된 게임이 단지 준비되어 있지 않는 분야에서 헛되이 행사될 수 있다는 사실을 인정한다면, 모든 것이 상상력에 허락될 수 있을 것이다."

---

3) 이 텍스트의 핵심은 《다큐에서 새로운 것은 무엇인가? *Quoi de neuf Doc?*》라는 제목으로 출간된 2000년 10월 《베르티고》지의 부록에 〈바로크적인 투사 Projections baroques〉로 실려 있다.

33

장르의 개념에 어떤 명성을
인정해야 하는가?

    사람들은 서부 영화, 코미디 뮤지컬 영화, 흑백 영화 등에 대해 말하고, 영화 목록을 작성하고, 사진 앨범 등등을 만든다. 이렇게 해서 필하디는 다음과 같은 제목의 백과사전 형식의 책을 간행했다. 즉 첫번째 간행된 세 권의 책은 《서부 영화》《과학—픽션 영화》《공포 영화》였고, 나머지 책은 《갱 영화》《스릴러 영화》《코미디 영화》《로망스 영화》《서사 영화》《전쟁 영화》《뮤지컬 영화》이다. 모델은 미국 영화이다. 이 용어들은 1940년과 그 후에 할리우드에서 사용했던 장르의 분류에 거의 상응한다. 만약 사람들이 베르트랑 타베르니에와 장 피에르 쿠르소동의 《미국 영화 50년》이란 책을 펼치면, 장르의 진정한 목록을 발견할 수 없지만 이 책의 저자가 다음과 같이 장르와 뒤섞인 하위 장르(어떻게 이 장르를 서로 구분할 수 있는가?)의 명칭을 사용하고 있음을 알 수 있다. 이를테면 서부 영화, 코미디 영화, 괴짜 코미디, 드라마, 멜로드라마, 여성용 멜로, 전기, 고전 소설의 각색 영화, 뮤지컬, 세트 코미디 뮤지컬, 갱 영화 또는 범죄 영화, 탐정드라마, 반다큐 탐정 영화, 탐정 영화, 감옥이나 교도소 영화, 경찰 코미디 영화, 역사 모험 영화, 이국 영화, 정글 영화, 서스펜스 영화, 첩보 영화, 공포 영화,

가족 영화, 액션 영화, 연예 영화, '사롱(sarong)' 영화, 흑백 영화, 권위 영화, 심리 영화, 활극 영화 등 30여 개의 영화의 분류(영화 종류의 리스트가 끝나지 않았다)는 무엇보다도 서술 기준에 따른다. 영화배우인 장 도마르쉬에 따르면, **저속한 코미디**는 그 유명한 크림 파이(아주 상투적으로 시시하게 반복되는 영화)처럼 '육체적·구체적·관능적' 효과에 근거를 둘 것이다. **괴짜 코미디**는 '우스꽝스럽고 부조리한' 특성을 소유할 것이다. 반면에 **정교한 코미디**는 원칙적으로 심리적 원동력에 기초할 것이다. 장 루 부르제는 **괴짜 코미디**와 **정교한 코미디** 사이에 '스타일과 리듬'의 차이가 존재한다고 보았다. 주제의 기준이 아주 종종 제시되기도 했다. 경찰과 대도시의 도둑 집단에 관계된 영화들은 무엇보다도 필연적으로 도시풍이다. 서부 영화는 아주 정확한 역사적 시대에 해당되는 미국 서부 지역에서 전개된다. 반면에 전쟁영화는 제1, 2차 세계대전이나 한국 전쟁, 베트남 전쟁 등과 같은 미국의 외부 영토에 미국에 의해서 조직된 모든 '토벌'을 이야기할 것이다. 과학─픽션(공상) 영화와 공포 영화, **허세풍의 영화**는 다른 장르 중에서 가장 유명하지만, 두 영화 사이의 경계가 무너지기 쉽다. 우리가 모험 영화라고 부르는 것에서 **허세풍의 영화**에 대해 말하자면, 즉 무협 영화에 대해 말하자면, 서부 영화에 해당되는 조로에 헌사한 시리즈 영화뿐만 아니라 많은 액션을 동반하는 역사적 사건을 재구성한 해적 영화를 재결집시킬 수 있다.

　필 하디의 영화 분류는 앵글로─색슨 용어에 유리하게 문제를 해결했다. 많은 검증이 그의 연구로부터 나왔다. 첫번째 분명한 검증은 그의 분류가 일본 영화들(야쿠자·자토이치·니카츠의 포르노 소설), 인도, 이집트 영화('이국적인 영화'의 예만을 취하자면)의 장르에 자리를 내주지 않았다는 것이다. 그렇지만 일부 앵글로─색슨의 명칭은 장르를 재편성하고 있으며, 그 존재는 그 명칭을 자신들의 것처럼 요구할 수 있는 다른 나라들에서 입증되었다: 페플럼(헐렁한 그리스 여인의 옷)과 이탈리아. 더욱이 일부 '서부 영화'들이 '서사극'이나 '스릴러 극'이 아니란 말인가? 마침내 그 용어들이 관습적인 서술 방식에 속하는 것 이외에는, 사용된 여러 용어들 사이에 그 어떤 논리가 존재하지 않는다는 것이 명백하다. 영화 장르에 대해 말한다는 것은 하나의 습관이다. 이러한 개념은 영화의 배급, 소개, 리셉션을 조직했고 조직한다. 그렇지만 필 하디의 영화분류가 할리우드식 체계의 한 상태에 해당된다고 말하는 것은, 이 체계의 다른 상태가 존재하고 장르 그 자체의 목록이 신성하지 않다는 사실을 의미한다.

장 루 부르제는 '희극' 영화와 '일반적으로 강한 멜로드라마 성향'의 드라마를 '무성 영화의 왕과 같은 장르'로 생각한다. 코미디 영역에서 희극과 **저속한 희극**은 무성 영화에 가장 적합한 장르이다. 반면 치장하거나 정교한 코미디는 발성 영화에 걸맞는 장르이다. 1930년에서 1960년까지의 기간에서 멜로드라마를 검토하면서, 장 루 부르제는 다음과 같이 구분한다: "멜로드라마를 '달콤한 영화'에서 '암흑가 영화'에까지 미치는 모든 단계의 폭을 커버하는 것으로 정의하면서, 액션 영화(**멜로드라마 형식의 범죄, 멜로드라마 형식의 전쟁 영화**)와 '낭만적 드라마' 영화를 구별한다. 예컨대 그 폭의 한 끝은 감상적 코미디 영화이며, 다른 한 끝은 극적인 반전(플롯)이 있고 중간에 좀더 구체적인 영화, 즉 스릴러 영화, **재앙을 다룬 영화**, 또는 공포 영화로 경계를 이룬다. 그의 간계와 특히 그의 처리 방식은 멜로드라마를 심리드라마와 현실적이고(사실주의적인) '있음 직한' 풍속 연구를 구분한다." 이러한 부르제의 구분은 흥미롭다. 즉 그의 구분은 통시태(무성 영화와 발성 영화) 또는 공시태(고전 시대의 멜로드라마)에 관계된다.

아울러 이러한 구분은 의혹을 만들어 내며 장르의 개념의 단위를 분열시킨다. 만약에 무성 영화에서 발성 영화로의 이행이 장르의 외형에 변화를 일으킨다면, 다른 원인들이 동일한 효과를 갖게 될 것이다. 장르의 개념은 불안정하게 되며, 장르는 최근의 영화 리스트가 매주 《파리스코프》지(誌)에서 목격될 수 있는 대상이 된다. 이때부터 사람들은 '흑백 영화'에 관해서처럼 그 존재를 인정하지 않는 데까지 이를 수 있다——정확하게 말하자면 이 개념이 1940년대에 결코 사용되지 않았던 미국에 관계되는 것처럼. 이와는 달리 프랑스에서 갱 영화나 탐정 영화의 수용은 '흑백 영화'의 개념 언저리에서 이루어졌고, 이어서 이 영화는 수송되었다.

장르를 지배하는 공통 개념은 장르가 어느 날 구성되어 나타났다는 것이다. 말하자면 변하지 않는 시대를 관통하는 장르의 속성으로. 왜냐하면 장르가 본질을 정의하고 있기 때문이다. 비록 이러한 관점이 수용되기 어렵다고 해도 여론, 비평, 또한 종종 역사가들은 '마치 아무 일도 없었던 듯이' 행동하며, 고집스럽게 인식된 개념들을 반복한다. 이렇게 해서 모든 사람들은 서부 영화가 무엇인지를 알게 된다. 장르의 개념 자체에 대해 말하지 않고도, 이러한 장르에 대한 아주 평범한 개념들이 존재한다. 소위 장르의 발전, 장르의 통시적인 사건의 급변, 장르의 역사와의 관계에 대해서 평범한 개념들이 존재한다. 사람들은 서부 영화가 무성 영화 시절에는 서사극이었을 것이며, 기본적으로 역사적인 장르이고, 인디언들을 관대하게 소개한 최초의 서부극이 1955년에 시작되었을 것이라는 사실을 유창하게 읽는다. 마찬가지로 거짓의 진실만큼 진실의 거짓이 존재한다.

영화 장르에 '전형적으로 아리스토텔레스적인, 그리고 엄격하게 영원한' 정의를 주는 것은 불가능하다. 닫힌 체계인 장르는 장르 고유의 변화를 먹고 살며, 자급자족에 입각한 변화 속에서 가능성을 확인할 것이다. 또 다른 태도는 영화의 장르에서 사회-경제적인 현실의 반영을 본다. 따라서 경제사를 쓰면서 문화적 상황을 기술하는 것이 허락되었다(경제 속에서의 제도로서의 장르). '대중문화' 에 관한 연구에 의해 영감을 받은 앵글로-색슨적인 비평은 무엇이 장르에서 반복, 즉 의식에 의존하는지를 보며, 장르에 신화 전용의 분석 원칙을 적용하려고 추구한다. 츠베탕 토도로프는 장르들이 2개의 서로 다른 관점, 즉 '경험적 관찰의 관점과 추상적 분석의 관점' 으로 기술되어질 수 있다고 생각했다. 즉 첫번째 관점에서 사람들은 역사적 장르를 검토하며, 두번째 관점에서 이론적 장르 또는 형식을 검토한다. 그는 사람들이 장르를 '역사에서 있는 그대로 인식된 텍스트들의 유일한 분류라고 부르기를 제안한다. 이러한 인식의 증거는 무엇보다도 장르에 관한 담화에서 찾아볼 수 있다(초논증적 담화). 아울러 산발적이고 간접적으로 텍스트 그 자체에서 찾아볼 수 있다.'[1] 장르의 연구는 '출발점으로 장르의 존재에 관한 증인을 갖고 있다.' 하나의 장르는 집단적으로 사람들이 장르가 주어진 한 순간이라고 믿는 것이다.

서부극이나 코미디 뮤지컬의 '자연스런 대상' 은 존재하지 않는다. 따라서 이 장르의 변형을 연구하는 것으로 족할 것이다. 따라서 밀접한 관계, 만남, 결합, 힘의 게임, 전략들이 주어진 한 순간에 거의 동시에 종종 증거로 작용할 수 있는 것을 형성한 이 영역을 구성하고 있는 객관화의 이야기를 자연스런 대상의 이야기로 대체해야 할 것이다. 이 작업은 단편적으로만 존재하는 엄청난 작업이며, 모든 장르를

1) 츠베탕 토도로프, 《담화의 장르 Les Genres du discours》. 파리, 쇠이유 출판사, 1978, p.49-50.

위해서 10년 단위로 처리해야 할 엄청난 작업이다. 따라서 영화 장르의 역사에 관계되는 두 가지 문제가 존재한다. 하나는 영화 장르의 출현(어떤 협력의 상황에 따라 언제 어떻게)이 존재에 도달했는가? 다른 하나는 장르의 급변과, 특히 장르 사이 놓여 있는 결합의 문제, 장르 사이에서 설정되어 있는 힘의 관계가 따른다. 예컨대 서부극은 다른 장르의 소멸 덕택에 만들어졌다. 말하자면 다수가 하나의 단위로 축소되었지만 이러한 단위는 일시적 표면이며, 1925년에 서부 영화로 불렸던 영화에 허락한 것이 1940년이나 1970년에 서부 영화로 호칭되는 것과 동일하지 않다.

장르는 관객에 의해 있는 그대로 수용된 협약의 존재를 전제로 한다. 말하자면 장르는 '예상의 수평선'으로서 기능한다. 대부분의 영화 장르에서, 이러한 예상의 수평선은 텍스트에서와 마찬가지로 삽화를 통해서 한정된다. 영화와 더불어 상황은 관객이 이러한 예상의 수평선에 등록하는 것만큼이나 복잡하다. 장르와 대중의 등록은 단순하게 동시대적이 아니다. 즉 대중은 장르가 자기 대중을 주조하듯이 장르의 생산에 참여하고, 장르에서 예상을 부추기고, 차이와 반복이 부과하는 태도에 복종시킨다.

25년의 공간, 즉 할리우드에서의 장르의 체계는 안정되었던 것처럼 보인다. 바로 이러한 안정으로부터 사람들이 소급하여 장르의 역사를 생각하는 것이다. 사람들이 할리우드 영화에 대해 말할 때, 생산의 상태와 마찬가지로 고전주의란 말은 배우의 관리, 극작가(긴장과 긴장 완화 장면의 서열화된 편성), 사건들 사이에서 만들어진 효과가 있는 원인 관계와 선조성에 의해 특징지어지는 서술형 영화 형태를 지칭한다. 사람들은 이러한 명백한 안정성 때문에 구체적인 코드에 대해 말한다. 사람들은 장르의 내부적 후속적 이야기를 망각했다. 장 클로드

비에트는 다음과 같이 말한다: "협약들은 사고(촬영기사들의 사고, 연출가들의 사고, 시나리오 작가들의 사고, 희극배우들의 사고, 비평가들의 사고 등등. 모든 종류의 조언의 코퍼스(자료체))의 희미한 망으로부터 만들어졌다. 그런데 이 사고는 참조라는 유령 같은 명부를 참조하고, 조작 가능한 명부를 구상한다. 그런데 이 명부는 정신의 높은 권위에 이의가 없는 확신을 가지고 메시지를 발산한다." 만약 코드가 존재한다면(예컨대 서술형의) 그 코드는 동시에 여러 장르에 속하며, 한 장르에 구체적인 것처럼 보이는 코드는 한 시기에서만 그러하거나, 코드가 모든 의미 작용을 상실한 어떤 보편성의 단계를 소유한다. 좀더 단순하게 말하자면 모든 장르는 반복과 차이의 게임에 복종한다.

한 장르가 존재하기 위해서는 그 장르를 인정할 수 있어야 한다. 관객은 자신에게 약속된 무엇인가를 기대한다. 하지만 관객은 새로운 무엇인가를 기다린다. 반복(스테레오판)은 변화에 복종되었다. 변화와 변형은 줄거리, 모방, 또는 **리메이크**의 원칙에 속한다. **리메이크**는 장르나 또 다른 장르에 속하는 작품의 새로운 버전일 수 있다. 또한 리메이크는 외국 영화의 각색일 수 있다. 반복과 변화는 한 작가의 작품의 내부에서, 장르의 범주에서, 또는 한 시대 영화 전체에서 방향을 잡는다. 변화가 강한 스테레오판을 가정하는 데 비해, 변형은 알지 못하는 것을 도입한다. 일부 작품들은 장르의 역사적 전개에서 변화를 표현하며, 또 다른 작품들은 줄거리를 갖지 못할 변형을 제안한다(특징적인 예는 1967년 몬테 헬먼의 〈사격〉이다).

변화와 변형의 게임은 외부(예컨대 라디오)와의 결합을 통해서 실현되거나, 할리우드 체계의 내부에서 실현된다. 혼합이 시도되었다. 예컨대 서부 영화와 흑백 영화, 서부 영화와 코미디 뮤지컬. 알랭 마송이 코미디 뮤지컬에 대해 다음과 같이 썼던 것은 실제로 모든 장르에

서 가치가 있다: "서부 영화와 멜로드라마의 탐험은 쉽게 이루어져서 뮤지컬은 뮤지컬이 요구하는 예상, 경멸을 배제한다. 조정은 일반적으로 충실하게 이루어졌고, 장르의 기억은 서부 영화 방식이나 그리스 비극 방식으로 된 전통의 동질성, 흑백 영화나 기독교 회화의 방식으로 된 초상학(성상학), 또는 소네트나 프랑스 비극 방식의 형태의 규칙성의 모습을 나타내기보다는 마침내 변화의 명부로 그 모습이 나타났다."[2] 영화의 어느곳에도 동질성의 전통, 고정된 초상학, 또는 규칙 형태는 존재하지 않는다. 즉 도처에는 예상, '따라서 오해,' 조정, 변화가 있을 뿐이다. 영화 장르의 역사는 만남, 융합, 소멸, 변신과 더불어 가변 속도로 실현되는 계속된 변화의 역사이다.

---

2) 알랭 마송, 《코미디 뮤지컬》, 스톡 출판사, 1981, p.40.

34

이론은 어디에 소용이 있는가?

　영화에 관해 씌어진 것은, 코앵 세아의 용어를 다시 인용하자면 종합의 대담한 에세이, 성급한 일반화 사이에서 연관 없는 산만한 관찰의 먼지, 기회주의적인 결과, 작은 이론들, 취미와 총명의 증거들을 망설이게 한다. 실제로 이론 구조들은 작품들에 대한 접근을 열어 주지 않고, 작품을 가볍게 다루는 부적당한 무엇인가를 갖고 있는 것처럼 보인다.

　"이론은 단조롭다"라고 괴테가 말했으며, 벨라 발라즈는 괴테에게 다음과 같이 답했다: "이론은 단조롭지 않다. 이론은 기술 여행자에게 모든 길들과 모든 가능성을 보여주면서 여행가에게 지도로 이용된다. 이론은 여행가에게 콜럼버스의 여행을 시도하게 하는 용기를 준다." 이것이 바로 이론이고 이론이 존재한다. 영화인들의 이론이 존재하고 또한 다른 사람들의 이론들이 존재한다. 린하르트는 "서정적으로 촬영 효과(포토제니)의 형이상학과 스크린의 절대적 신비를 건설하는 이론가들을 경계했다." 오늘날 이론들은 다른 의도를 갖고 있다. 한 순간에 동력 요소로 사용되고 예술적인 실천(작가들의 정치가 바로 이의 해석이다)에서 좀더 멀리 발길을 내딛기 위해 필요한 충동을 주는 이론들이 있고, 때늦게 빛을 발광한다고 주장하는 이론들이 있다.

첫번째 이론들은 현실적인 것이 부정적인 것으로 될 수 있다(할리우드 감독들을 창조자로 떠오르게 만드는 작가들의 정치는 누벨바그 영화인들의 격상을 확신하는 데 사용되고, 이어서 작가의 이름으로 누구든지를 위한 상술의 가치를 만든다). 엡스탕은 1926년에 다음과 같이 회의적인 의견을 표명했다: "작품을 선행하는 이론들은 위태로우며 경박하다. 내 생각으로는 어느 누구도 이론에 따라 영화를 만들지 않는다. 하지만 가끔은 영화에 따라 이론이 만들어지기도 한다." 이론에 대해 신중하지만 적의를 품지 않은 태도를 채택하는 것이 좋다. 신중한 태도, 왜냐하면 태도가 진실을 말하기를 주장할 때(키를 보유한다)와 자신의 목표가 될 때, 태도가 의심스럽기 때문이다. 말하자면 태도들은 교리로 변화할 지나친 경향만을 갖고 있을 뿐이다. "우리들은 여러 해 동안 방법(다른 이론보다 앞서는 보증에 해당되는 어떤 방법론에 대해)이나 이론(이전의 이론들보다 더 포괄적이고 더 조작적인 성질을 갖고 있는 어떤 이론에 대해!)에 대한 투쟁으로 간주되는 많은 책을 읽었다."[1]

이론이 최고조에 달했던 시기는 1960-70년대였다. 마르크스주의 · 심리 분석 · 구조주의인류학 · 기호학 · 서술학 · 라캉 · 알튀세 · 메츠 · 레비 스트로스 · 바르트. 우리가 이러한 이론들이 무엇인지를 검토할 때, 우리는 무엇을 확인할 수 있는가? 우리는 빛바랜 수많은 연애편지로 가득 찬 서랍 앞에 서 있는 감정을 갖는다.(쥘리앵 그라크) 관념적인 영역이 미국의 **성(性) 연구**에서 살아남았고, 그 새싹이 프랑스에서 살아남았다. 예컨대 '탈결합(déliaison), '탈영화(acinéma)' 등등의 관점이 구상파 화가의 색채를 취했다. 철학에 대한 커다란 호소가 어

---

1) 장 스타로빈스키가 쓴 제니의 《독창적인 파롤 *La Parole singulière*》에 대한 소개서, 벨랭 출판사, 1990, p.8.

제의 대가들의 텍스트와는 다른 참조 텍스트를 찾는 데 이용되었다.

이론들은 도구들을 제안하며, 도구들의 효용성은 상대적이며 어떤 경우에는 아무런 가치도 없다. 보잘것없는 이론들도 존재하고, 풍요로운 다른 이론들도 존재한다. 이론의 도구들의 상대적인 효율성은 대상에 달려 있으며, 이 대상을 위해 사람들은 도구들을 소집하고, 그들이 이용한 방법이 달려 있다. 사람들은 로브 그리예의 영화가 어떤 접근에 동의한다고 말했다. 반대로 루이 스갱은 다음과 같이 썼다: "다니엘 위예와 장 마리 스트로브의 영화는 '이론'에 모순된다. 기호학에서 서술학에까지, '영화 체계'를 조직하기 위한 상이한 기도들, 제조 규칙과 지성의 법칙은 단지 이론에서 실패할 수 있을 뿐이다." 모든 작품들이 어느 정도 견실하다는 것이 사실이다. 그렇지만 사람들은 이러한 사실을 보편화할 수 없을 것이다: "논리적으로 하지만 위험하게, 곧바로 대학으로 들어간 영화는 다른 영역(고전예술사의 범주를 따르는 미학·심리학·역사·경제학으로 이어진 기호학과 사회학)에서 완성된 분석적이고 논증적인 절차를 통해 책임을 지게 되었다. 모든 절차들은 영화를 다른 용도를 위해 해부도의 도움으로 배가 갈린 죽은 개구리처럼 공통으로 취급했다."[2] 외견상으로 정확해 보이는 이러한 확증은 야간 빠르게 자신의 참조 사항을 합병시킨다(고전 예술사의 범주에 따른 미학이란 무엇이며, 우리는 이러한 미학적 문제를 심리분석학과 동일한 평면 위에 놓을 수 있는가?). 그러는 동안 미학은 반(反)대학적인 담론의 곡식을 빻는다. 분석적이고 논증적인 절차들은 어떤 경우에는 대학 이외의 장소에서 완성되었다.

한 영역의 이론과 철학을 혼동해서는 안 된다. 철학적 기습이지 영

---

2) 장 미셸 프로동, 〈영화를 항해하다 Voyager le cinéma〉, 《트라픽》지, 37호, p.240.

화의 이론이 아닌 질 들뢰즈의 작품을 애독하면서 얻을 수 있는 교훈은 하나의 개념이 기계적으로 들뢰즈(작품)에서 빌려질 수 없다는 사실이다. 자신의 것을 작품에 놓아야 하며, 이 개념 위에서 성찰의 작업과 개인적인 각색이 행사되어야 한다. 만약 우리가 그 개념을 정확한 작품에 대조하기를 원한다면.

일종의 신-실증주의가 오늘날 가치가 있다. 앙리 말디네는 다음과 같이 말한다: "점점 더 축약된 시대의 과학의 지배적 경향은 자신의 운명을 따르게 된다. 왜냐하면 점점 더 확고한 시대의 과학의 지배적 경향은 객관성의 형태에서 모든 연기의 실감성의 존재를 한정하기 때문이다."(《예술과 존재》) 역사는 언어학을 길잡이의 학문으로 대체된 것으로 간주한다. 이 영역에서 인식론적 성찰에 대한 걱정은 허사이다. 왜냐하면 모든 것이 몇 개의 단순한 규칙과 양식으로 요약되기 때문이다(제 사실들의 가설에 대해서 말하자면, 돌——돌 위에 이 구조가 건립되었다. 제 사실들이 설정된 것이 아닌, 공들여 다듬어지고 건설되었다는 사실을 환기하자). 자크 랑시에르는 다음과 같이 말한다: "영화와 역사를 결합하는 두 가지 고전적인 방식이 존재한다. 영화를 역사의 대상으로 만들면서, 이렇게 사람들은 역사를 한 세기의 사건들을 설명할 수 있는 능력이 있는 것으로 고찰된 영화의 대상으로 취급했고, 한 시대의 스타일, 어떤 순간에 살아가는 방식으로 취급했다. 또는 사람들은 이와는 반대로 영화를 새로운 오락의 도래를 연구하는 역사의 대상, 산업의 형태들이나 예술적 변전의 형태와 예술을 특징짓는 형태들로 취급했다." 랑시에르는 사람들이 이러한 주제/대상의 관계에서 벗어날 때, 가장 흥미로운 문제들이 정확하게 제기된 것이라고 생각했다.

35

어째서 영화의 전달은
보장하기가 힘든가?

"시대가 지나갔을 때, 영화를 좋아했던 관객들이 영화를 좋아하기 위해 더 이상 존재하지 않을 때, 아주 훌륭한 영화의 형태는 무엇인가?"(망셰트) 이러한 질문은 모든 영역에서 제기된다. 이 문제에 대한 답은 다음과 같은 한 가지이다. 즉 훌륭한 영화는 '안내인들'이 영화를 시대에 승인해 줌에 따라서만 시대를 초월하여 존재할 뿐이다. 사람들은 이것을 영화의 전달(트랜스미션)이라고 부르며, 이를 위해서는 작품이 접근 가능해야 하며, 자격 있는 사람들이 작품을 돋보이게 하는 법을 알아야 한다.

전달은 또한 제도를 통해 이루어지기도 한다. 예컨대 영화 도서관, 영화 클럽과 텔레비전 곁에서, 또한 대학과 교육 기관을 통해 일어난다. 뤼미에르와 같은 전문학교인 영화전문학교(FEMIS)(전 IDHEC)는 아틀리에의 전통에 따라 수완을 가르친다는 사실로 구별된다. 히치콕에 특별히 할당된 전시회와 조르주 퐁피두 현대 예술 국립박물관에서 개최한 전시회는 중요한 예외에 해당된다. 그렇다면 무엇을 전달하는가? '히치콕 감독과 예술. 운명적인 우연의 일치'란 제목하에서 사람들은 일부 영화에서 드라마틱한 역할을 했던 대상물의 소개(의식으로서의)(우유컵, 라이터, 여인의 브라), 밀랍 박물관의 재현(여자 주인공이 샤워커튼 뒤에서 죽은 채로 발견된 〈사이코〉 모텔의 침실의 재구성)과 회화, 조각과 영화의 주요 장면과의 일치 장면의 재현 등을 볼 수 있다. 이것은 작품 **앞**에 머무는 것이 더 낫다고 말할 만하며, 우리가 이미 알고 있는 것을 굳건하게 하지만 사고하는 것을 방해한다.

　작품에 대해서 말하자면, 랑글루아는 존경할 만한 '전수자'이며, 좀 더 수수하게 말하면 땅 위에 분산된 영화-클럽들은 기본 임무를 완수했다. "문학적이거나 예술적인 입문과 마찬가지로 영화에 필요한 입문은 특히 영화 발전의 대표적인 몇몇 영화를 알도록 강요한다."(뮈시나크) 사람들이 영화의 모든 과거에 용감하게 덤벼들 구상을 할 수 있었던 시기가 있었다.(1960년대까지) 그 이후 이러한 구상은 더욱 어려워졌으며, 아울러 최근의 '무시할 수 없는' 일부 영화들은(예컨대 〈전함 포템킨〉 〈아시아의 폭풍〉 〈지구〉 〈아나타방〉 〈디에스 이라에〉), 이 영화들이 망각 속으로 떨어지지 않을 때 마찬가지로 희귀해졌고, 제목이 남아 있는 만큼 더욱 어려워졌다.[1] 영화 도서관은 그 역할을 다했지만(영화의 보존, 영화를 보여주는 것), 선택받은 사람들(지리학적이건 그렇지 않건)에게만 한정되었다. 많은 영화가 케이블 텔레비전에서 방영되었지만 일부 영화들은 아주 적게 방영되었다. 특히 동유럽 국가들의 영화(특히 1970년대말 이후), 남아메리카 영화와 아시아(일부 영화를 제

---

1) 20여 년 전에 모든 '영화 팬'들에게 영화사의 위대한 이름들로 구성된 공통 주제——즉 모든 사람들이 영화를 감상했다는——가 존재했던 반면에, 그후로 1950-1960년대까지 이들이 언급되었을 때, 연출가들이나 작품들이 점점 더 지식의 결과가 되었다는 사실은 명백하며, 이것은 개인적인 지식(이나 개인적인 관계)의 이유에서가 아니었다. 비평 서적에 대한 오늘날의 참조가 몇 년 뒤로 거슬러 올라가는 일은 아주 드물다. 트뤼포는 '우리들의' 영화들이 점점 더 《로로르 *L'Aurore*》지를 보지 않은 사람들에 의해 판단되어진다는 생각에 익숙해져 한다고 말했다.

외하고).

제도 그 자체 또한 문제를 알고 있다. 영화-클럽은 거의 줄어들지 않았다. 계획화되고 취소된 영화의 집은 함정에서 벗어난 것처럼 보였다. 30년 전부터 영화는 중등 교육과 대학에서 강의의 대상이 되었다. 대학의 교육만을 고려한다면 상황은 생각에 잠기게 한다.

대학에 영향을 주고 영향을 미쳤던 심오한 변화 운동이 시작되었을 때, 영화 교육은 1968년 이후 대학에 들어갔다. 다(多)전공 분야와 전문화, 민주화의 징후로 위치하는 이 운동은 대학의 궁극적인 목적을 바꾸었다. 불행하게도 공정 증명은 분명했다. 미셸 앙리는 다음과 같이 말했다: "기술 세계에 의한 대학의 파괴는 두 가지 형태를 꿈꾸게 한다. 첫째는 기능적인 차별화의 지표라는 명목으로 현재까지 대학과 사회를 분리해 온 경계의 폐지이다. 둘째로는 이러한 경계가 일단 무너지자 문화의 장소로서 대학과 대학의 괴사 상태 자체에서의 테크닉의 범람이다."[2] 다니엘 살나브는 다음과 같이 대학에 대해 말한다: "이제는 대학에서 가르쳐야만 하는 것에 관해 동의하는 일이 불가능하거나 이것을 거절하는 것, 일반적인 상대론이 지배한다. 한쪽에서는 일부 사람들의 소심함이 증가하고, 또 다른 사람들의 겁과 비열이나 민중 선동이

---

2) 미셸 앙리, 《야만 *La Barbarie*》, 그라세 출판사, p.211. 사회의 내용물이 미디어에 의해 구성되었기 때문에 "대학 내에서조차도 지식 전달의 전통적인 방식이 경쟁에 들어간 것은 다름 아닌 모든 것을 침범해 버린 미디어적 커뮤니케이션에 의해서이다. 모든 진정한 교육의 에센스를 구성하는 현대성(동시대성)에서의 반복은 구체적인 문제들을 재검토한다는 구실로 미디어적 커뮤니케이션의 일반적인 격상을 확신해 주는 '커뮤니케이션의 과학'에 자리를 양보해야 한다."(p.239) 이때부터 영화를 미디어의 하나로 구상하려는 의지, 다큐 자체에서 다큐의 영역에 대한 강조(이러한 영역의 단지 사회와의 관계)들이 진정한 의미를 갖는다. 장 프랑수아 마테의 《내적인 야만. 현대의 야비함에 관한 시론 *La Barbarie intérieure. Essai sur l'immonde moderne*》, PUF, 1999를 읽을 것.

여전히 증가한다."[3] 또한 질 샤틀레는 대학의 운명을 사회 운동에 다시 위치시킨다: "기적의 밤이 존재하며, 이를 만들기 위해서는 돈, 유행, 거리, 신문, 대학이 동시에 자기를 잊고 이러한 모순을 잠재우면서 이 것들의 재능을 변화시킨다. 말하자면 '3차 서비스 사회'의 사랑스런 규방과 같은 **축제 분위기의 균형**은 아주 빨리 권태, 모방 정신, 비겁 함의 사회가 되며, 특히 상호적 욕망의 작은 게임의 사회가 된다."[4]

영화 교육은 이러한 운동 속에서 이루어졌고, 이 운동을 반영하며, 분명히 이 운동의 모든 결과를 따른다. 영화를 가르치기 위해 대학에 들어간 세대가 기호학의 영향으로 구조주의 시기를 경험한다는 사실 에 무엇을 추가해야 하는가? 자리를 잡은 이론에 우선권이 주어지는 관계가 존재하고, 특히 아주 오랫동안 작품들의 특별한 모든 접근과 '문학적'이거나 미학적 영감이 나타날 수 있는 모든 것에 대한 거부 가 존재한다. 균형이 없는 이러한 태도는 일반적으로 작품의 독창성 이 일어나지 않도록 모험을 무릅쓰면서 영화에 대해 말할 수 있거나, 영화를 통해 이론적이거나 주제적인 질서의 문제를 우선적으로 제기 할 수 있는 생각을 강화시키는 데 공헌한다.

무엇을 가르쳐야 하는가? 이 문제 대해에 주의를 기울인 대답에 관 해 분명하게 표현된 합의(그것도 당연하다!)는 존재하지 않는다. 공식 적인 텍스트는 영화 연구를 '공연 예술'이란 분화되지 않은 이름을 붙 인 총체에 위치시킨다. 사람들은 더욱이 단번에 영화의 담화에 서곡 이란 이름으로 다(多)전공 분야를 내걸었다. 즉 오디오-비주얼, 텔레 비전, 미디어, 신이미지, 부차적인 단면 등등. 영화는 더 이상 영화관

---

3) 다니엘 살나브, 《죽은 문자 *Lettres mortes*》, 미샬롱 출판사, 1995, p.25.
4) 질 샤틀레, 《돼지처럼 살고 생각한다 *Vivre et penser comme des porcs*》, 에그 질 출판사, 1998, p.14.

에 있지 않으며, 도처 아무 곳에나 존재한다. 영화는 사방에서 도구화되었다(살아 있는 언어, 역사, 문학 등의 교육을 통해서). 이러한 문맥으로부터 하나의 교과목(교과목의 장)을 구성하려는 욕망은 계획했던 목표가 아니었다는 사실이 나온다. 기호학과 설화학 시기 이후 '서로 다른 요소의 혼합'이라는 해결책이 우세했다. 그리고 나서 시간과 더불어 세속적인 실용주의(경제 · 생산)에 대한 경향에서 해방되었다. 그런데 이 경향에 오늘날 전문화라는 개념이 분명한 궁극적 목표를 가져다준다. 비평적 명상의 환상은 사회의 규범과 사회의 징발에 대한 추종과 뜻이 잘 맞는다.

에릭 드 쿠퍼는 대학들은 대학에서 가르치는 사람들이 가장 단조로운 정보의 법칙에 맹목적으로 복종하기를 기대한다고 지적한다. 피에르 르장드르는 "오늘날 모든 사고, 영화의 다큐멘터리에 관한 담화를 포함하여, 모든 사고를 죽이고 있는 과학-기술적 설명이라는 질병"[5]을 진단하고 있다. 게다가 드 쿠퍼는 역사가들이 단지 예술 영역을 드물게만 몰두하고 있다고 평가한다. 그것은 1933년의 일이었다. 7년 후, 어떤 사람들은 모든 것에서 차단된 작품에 관심을 갖기 위해서 영화의 연출 조건(문맥!)을 무시할 '미학'의 소위 헤게모니를 통렬히 비난하지 않았다. 정보의 법칙은 따라서 세 가지 시간으로 분절된 이해하기 어려운 원인을 돕게 되었다. 예컨대 영화에서의 현실, 영화 주위에서의 현실, 연구의 종말에서의 현실.

전달되어야 하는 것에 대해 의견의 일치가 이루어지지 않을 때, 전달이 쉬운 일이 아니라는 사실을 이해한다. 어려움이 종종 주장되었

---

5) 피에르 르장드르, 〈아들아, 너는 이미지를 보고 있다 그것은 바로 너다 Fils, tu vois l'image: c'est toi〉, 《트라픽》지 37호, p.91.

다. 이러한 어려움은 인용되어질 수 없는 대상 그 차체에서 기인한다 (이것은 다원화되는 것과 동일한 것이 아니다). 장애가 과장되어져서는 안 된다. 왜냐하면 우리들이 더 이상 하나의 회화나 모든 조형 예술을 '인용'할 수 없기 때문이다. 전달한다는 것은 영화에 협력하고, 영화에 대해서 말하고, 영화에 대해 질문하는 것이다. 이것은 또한 독창적인 것이 아니라 특수한 관계를 내포한다.

36

영화가 좋은 것인가? 나쁜 것인가?
그렇다면 이러한 사실을
하늘에 맡겨야 하는가?

우리가 영화를 보는 조건, 관객의 나이와 성별, 관객의 환경, 시간
의 문화적 맥락 등이 영화 감상에 영향을 미친다. 이것은 어째서 영화
비평이 대립하는지의 이유이다. 또한 이것은 영화사가 작품이 불러일
으키는 열정과 작품의 리메이크에서 기인한 재평가에 복종되어질 수
있는지의 이유이다.

예컨대 존 슈탈의 〈그녀를 천국으로 보내다〉(1945)의 영화(프랑스에
서 〈대죄〉로 개봉됨)가 있다고 하자. 우리는 제라르 르그랑의 다음과
같은 텍스트를 읽을 수 있다(《시네마니》(1979)지에 기고됨): "나는 내 친
구 J. B. 부뤼니우스가 이 영화에서 사용한 '비극'과 색깔(영화 전 편
을 지배하는 질식할 것 같은 붉은색–갈색)이란 뜻하지 않은 출현을 찬
양했던 기사를 읽은 후에 〈그녀를 천국으로 보내다〉란 영화를 보면서
느낀 실망을 기억한다. 실제로 나의 선입관은 진 티어네이의 출현으
로 간신히 살려진 무거운 멜로드라마의 액션을 상승시키는 데 성공하
지 못했다."

1981년 장 파트리크 망셰트는 당시 파리의 스크린에서 유행하던 깜

짝 놀랄 영화인 〈대죄〉를 막 감상한 직후에 다음의 소감을 피력했다: "멜로의 승리, 원초적이고 **기술적인 색상의 승리**(샹로이가 이미지를 만들었고, 그 유명한 나탈리 칼뮈가 이미지의 원기 표준을 조정했다. 이 모든 것──즉 이미지는 참조하는 기술적인 색상이며, 결과는 아연실색했다). 실망한 채 가사를 돌보는 가난한 한 소녀를 위한 '공상적-감상적'인 소재에 바탕을 두고 있는 '드라마틱한' 평범한 작품의 축적인 시나리오를 서술하지 않고 대상을 묘사한다는 것은 어렵다. 이것은 2개의 연애 이야기──하나는 한 남자와 의붓동생과의 사랑 이야기──불구인 남동생, 살인자, 계단의 도움으로 실현된 유명한 낙태(이것은 영화의 도덕성에 관한 헤이스(Hays) 코드에 대한 중대한 위반이었다), 소송(이 소송에서 검사는 자신의 기능뿐만 아니라, 개인적인 열정으로 감동을 받는다), 물과 석양을 함축하고 있는 섬을 포함한다. 이러한 커다란 햄버거는 플래시백[1]으로만 분명하게 구성될 수 있다. 이 플래시백은 케첩의 도움을 얻어 이 작품을 동그란 빵으로 된 완전한 식사를 만드는 데 공헌한다." 1921년 엡스탕은 다음과 같이 말했다: "시나리오의 어리석음은 장엄할 것이다."

영화 감상에서 더욱 큰 차이를 상상하는 것은 힘들다. 두 비평가는 영화를 잘 알고 있고(특히 미국인), 종종 서로가 유사한 생각을 표현하는 사람들이다. 그렇다면? 인격의 차이는 모든 것을 설명하는 것과 거리가 멀다. 망세트가 최근의 영화 감상에 대한 글을 썼지만, 르그랑이 추억으로부터 글을 썼다는 사실은 분명하다. 르그랑이 〈대죄〉를 본 시간과 그가 글을 쓴 시간 사이에는 시간이 흘렀다. 말하자면 그는 변했고, 영화도 변했다. 어느 시대에 르그랑이 이 영화를 보았는가, 이

---

1) 장면이 순간적으로 과거의 회상으로 뒤바뀌는 것. [역주]

말을 하는 것은 어렵다. J. B. 부뤼니우스를 읽은 후(그 텍스트인 〈비극의 색깔〉은 1946년 11월 1일자 《르뷔 드 시네마》란 잡지에 실렸다), 망세트는 자기 비평의 이유를 다음과 같이 설명한다: "'둥그란 빵으로 이루어진 완전한 식사'가 실제로 예전의 식사였던 것을 대체하기를 원했고, 실제로 대체되었다. 충만함의 묘사는 부족함이란 정의이다. 이어서 〈대죄〉에서처럼 어떤 마법이 와서 작품에 달라붙었다. 왜냐하면 현재에서 충만함의 묘사는 더 어려워졌고, 악화되었기 때문이다. 어느 날 〈대죄〉에서처럼 아이 밴 여자가 계단에서, 텔레비전 진공관 위로 넘어졌다. 이것은 할리우드풍의 모든 멜로드라마적 요소를 다시 볼 수 있는 〈달라스〉 연속물에서였지만, 이 멜로드라마가 현재에서 도달해야 하는 것은 바로 노망이란 상태에서였다."

따라서 1981년은 존 슈탈을 재발견한 해로 볼 수 있다. 망세트가 이 재발견에 즐거운 비명을 질러댄 유일한 사람이 아니다. 루이스 스코렉키는 《카이에 뒤 시네마》지(1981년 9월 327호에서), 장 필리프 도메크는 《포지티프》지(1981년 10월 247호)에서, 루이스 스코렉키는 격찬 일변도로, 장 필리프 도메크는 좀더 뉘앙스 있게 이러한 존 슈탈 '재발견'에 열을 올렸다. 2년 전 《포지티프》(1979년 7-8월 220-221호)지는 존 슈탈에 대한 작은 기사를 할당했었다.(〈대죄〉를 분석하는 2페이지의 기사) 이것은 선구자적인 신호였다. "사람들은 종종 영화계에 뒤늦게 데뷔하기도 한다. 그 증거, 영화인 존 슈탈이 오늘 빛을 보는 바로 그날이라는 사실에서 확인할 수 있다."(스코렉키)[2]

슈탈의 맥락은 장 뤽 고다르의 《누벨바그》(1990)에서 찾아볼 수 있다. 아리따운 여자가 팔을 내밀지만, 물에 빠진 사람은 구하지 않은 채 배 안에 있다. 여기에서 저질러진 이중 범죄는 어떤 것인가? 우리는 그것을 알지 못한다. 하지만 장면이 전도되면서 재현된다. 즉 이번에는 물에 빠진 여자가 소형보트에 있는 남자에게 팔을 내민다…….

　존 슈탈은 오랫동안 잊어졌다가(최소한 프랑스에서) 다시 발견된 영화인이다. 이와는 반대로 우리들은 완전히 잊혀진 영화인들도 발견할 수 있다. 또 다른 종류의 영화인들도 존재한다. 이 경우는 프랑스의 인텔리겐치아와 어울리지 못하고 사람들이 더 이상 작품을 찾지 않은(더 이상 참조하지도 않는) 유명하지만 잊혀진 영화인들이다. 2명의 영화인을 그 예로 들 수 있다. 즉 에이젠슈테인과 비스콘티이다. 에이젠슈테인은 스탈린 정권하에서의 공식적인 영화인이었으며, 비스콘티는 '공산주의의 귀족' 으로 전권을 행사하던 이탈리아 공산당(PCI)의 공식적인 영화인이었다. 이와 같은 방식으로 이들을 정의하는 것은 분명히 명예에 누가되는 것이다. 다음과 같은 '항고의 사유' 를 덧붙이자. 즉 '현대적' 이지 않으며, 지나치게 형식주의자, 학구적 · 미학적 · 기교적이며, 너무나 교양적인, 인간의 신체에 대해 자신의 주의를 내세우지 않는 사람들이라고. 세르주 다네의 《시네주르날》지에서, 약 15페이지에 달하는 에이젠슈테인과 비스콘티를 다루는 기사가 4개월 간격을 두고 게재되었다.[3] 다네는 무관심하지 않았고, 재미있게 줄거리를 짰다. 〈이반 대제〉는 그가 선택한 영화 목록에 들어간 작품, 즉 '단 한 번 본 운석처럼 별도로 분류되는 영화' 였다. 〈애증〉은 '완벽한 영화이지만 개인적 접근이 불가능한 영화' 이다. 왜냐하면 비스콘티는 '영화

---

　2) 장 필리프 도메크는 원제에 대해 염려했던 것으로 보인다. 장 필리프 도메크는 《햄릿》의 시구에서(I, 5, 86행) 인용했다고 말한다. 이 제목이 말하고 있지 않지만, 셰익스피어를 알고 있는 모든 사람들이 알아야 하는 것은 고난이 고통받는 여자의 마음을 괴롭힌다는 것이다. "너의 영혼을 더럽히지 마라"라고 아버지의 망령이 햄릿에게 충고한다. "너의 어머니의 마음을 거스르는 어떤 일도 하지 마라. 너의 어머니는 너의 어머니를 괴롭히고 고통을 주기 위해 너의 어머니의 가슴속에 자리잡고 있는 하느님의 소유물이다"라고 계속해서 말했다.(이브 본느푸아의 번역)

사에서 가장 난해한 스타일 중의 하나'를 이 영화에서 제안하고 있기 때문이다. 다네는 재검토에 착수했다. 다네는 비스콘티에 대해서 '명확한 태도를 취하는 탐미주의자 또는 마르크스주의 신봉주의자(적 사고를 하는 왕자)의 모순에 관해 괴로워하는 상투적인 영화인' 이라고 말했다. 이와는 상대적으로 에이젠슈테인에 대해서는 쇼스타코비치에 견줄 만한 사람 또는 권력에 의해 날개가 꺾인 영화인이라고 묘사했다. 또한 에이젠슈테인은 다네 자신이 좋아했던 '작은 공작(公爵)'으로 묘사되었다: 모든 사람들이 그의 이름을 알고 있지만, 그를 읽지 않았다.

샤를 알베르 싱그리아는 다음과 같이 결론짓고 있다: "나는 여러분들에게 현실적이어야 하는 그 어떤 의무감도 존재하지 않는다고 말했습니다. 진실을 말하자면 이 시대가 될 수 없지만, 우리들의 시대에서 일부 여론의 힘을 따를 수 있습니다. 우리는 시대에 전념하지 않습니다. 말하자면 우리는 작품의 질에만 전념할 뿐입니다."

---

3) 망각의 결과로 비스콘티라는 이름은 인용된 영화인들의 목록에 포함되지 않으며, 반면에 이어지는 긴 텍스트는 〈루트비히〉에 할애되어 있다. "다네는 모스크바에 있는 에이젠슈테인의 사무실에 갔다. 보수주의자인 나움 클레이만은 에이젠슈테인의 주방을 다룬 두 작품을 보여줬다. 비평가 겸 여행객이었던 다네는 서재 한쪽에서 독일어로 된 생 시몽의 《회고록》을 발견했다. 〈루트비히〉에서 비스콘티는 우리에게 집에 경의를 표하게 하며, 우리들은 이 영화를 통해 부엌에 있는 것처럼 영화화한 제전에 참여하게 된다.

IV

영화와 관객들

37
감상하기를 욕망하는 영화는
무엇을 제공하는가?

　장 뤽 고다르의 〈경멸〉이란 영화는 전설적인 문장이 되어 버린 다음과 같은 문장으로 시작된다: "영화는 우리들의 눈길을 우리들의 욕망에 일치하는 세상으로 대치한다." 우리들의 욕망에 일치하는 영화가 우리에게 무엇을 제안하는가? 또는 오히려 우리들의 욕망에 일치하는 우리들이 욕망하는 영화가 우리에게 무엇을 제공하는가? 다네는 욕망/향락/기쁨의 차이를 다음과 같이 언급한다: "욕망은 (다형의, 교활한, 아주 타산적인, 위신이 있는) 세상을 다루는 것이다. 향락은 존재(마음)를 장악하는 것이다(향락의 정치 분야, 중요한 '존재,' 소속, 자신의 이해 관계에 반대하는 욕망). 기쁨은 순수하게 '인간적인' 것이다. 왜냐하면 기쁨은 인간의 **한 뼘**의 치수이기 때문이다(오감 이외의 다른 것은 아니기 때문이다). 모든 종교가 투쟁하고, 제한하고, 법전화하는 것은 바로 기쁨이다. 욕망은 정치적이며, 종교적 향락과 기쁨은 인간에 관계된다." 다네의 이야기는 계속하여 다음과 같이 이어진다: "정상적인 관객은 자신이 **욕망하기를 좋아하는 것**을 보기 위해 영화관에 가는 사람이며, 자신이 이미 인생에서 싫어하는 것을 영화관으로 보러 가지 않은 사람이다." 사람들은 이야기의 욕망, 어떠어떠한 배우의 욕망, 어떠어떠한 연출가의 욕망을 가질 수 있다.

도미니크 노게는 '영화가 우리에게 욕망하도록 제공하는 것'이란 제목의 책을 썼다. 이 질문에서 노게는 일본에서 하룻밤의 불면증의 결과로 다음과 같은 10개의 답을 얻었다.

1) 선택. "영화의 기쁨은 사람들이 영화관에 가는 것에서 시작된다. 마찬가지로 강독의 기쁨은 읽은 책이 무엇보다도 호기심, 배우려는 의지, 선각자들을 찾으려는 욕망에 의해 선택되고 고른 책이라는 사실에서 시작된다."

2) 대형 스크린의 욕망. "사물들과 존재들이 최소한 현실에서처럼 대형인 이미지가 존재하는 곳에 있고 싶은 욕망." 이러한 사이즈의 문제는 그에 따르면 영화의 기초 요소이다.

3) 언어의 욕망. "어떻게 내가 이탈리어와 사랑에 빠지지 않을 수 있을까(그는 안토니오니 감독의 〈밤〉이란 영화에 대해 말한다)? 어떻게 내가 이러한 문장──그 문장의 자막이 우리에게 의미를 제공한다──의 리드미컬하고 음성적인 요지부동한 특수성에 매료되지 않을 수 있을까? 각자는 여기에서 자신에게 적합한 예문을 인용할 수 있다. 〈이반 대제〉에서의 체르카소프의 목소리, 영어(〈라 펠린〉에서) 또는 프랑스어로(〈짐승 인간〉) 말하는 시몬 시몽의 목소리, 주베·아를레티·폴린 카르통·미셸 시몽의 목소리와 같은 프랑스어 목소리는 영화가 우리에게 욕망하도록 제공하는 것 중에서 명백히 취할 수 있는 부분이다.

4) 나라들의 욕망. "영화는 마찬가지로 나라들에 대한 욕망을 제공할 뿐만 아니라, 내가 지리적으로 역사적으로 유일한 이 사회에 대해 알고 있는 나라에 해당되는 나라의 소리뿐만 아니라 시각, 후각, 공기, 물, 식물, 산, 도시의 내부로 들어가는 욕망을 제공한다."

5) 욕망의 욕망. 도미니크 노게는 욕망의 가장 상징적인 장면으로

《밤》이란 영화에서 아름다운 혼혈 여인의 스트립쇼 장면을 인용한다.

6) 조형적 향락의 욕망. "넓은 평면으로 된 실내 건축, 편집에서 사선의 연속, 장식이나 풍경으로 사용한 푸른색과 초록색 물감(색조)"; "동일한 존재나 대상들을 두드러지게 하는 미세 한정에서 벗어난 제일 상품의 세계, 순수한 감각의 뒤얽힘, 인식적인 생성 이전의 세계." 노게는 여기에서 추상적이고 준추상적인 실험 영화를 옹호한다.

7) 운동 향락의 욕망. "카메라의 풍부함, 거침 또는 카메라의 움직임 속도, 이러한 낙하, 스키장이나 자동차 원형 경기장을 따라서 벌어지는 아슬아슬한 경주, 계곡과 도시들 너머로 날아가는 글라이더 비행 장면⋯⋯."

환기해야 하는 것은 바로 이러한 모든 영화의 에너지의 개념이다: "우리는 영화에서 여행을 시도한다. 그런데 영화는 우리에게 여행을 섬유질 형태, 서로 배치된 물결이 벌레주름과 같고, 분산에서 힘이 넘치고, 편류에서 가는 줄 모양의 형태로 파악하게 한다. 이러한 끊임없는 활동은 자연 그대로의 요소, 즉 힘과 일부는 반복되는 시리즈, 다른 시리즈는 움직임(운동)과 변이의 범람과 관계를 맺는다. 영화의 운동, 영향, 속도, 복합성, 보급, 지속, 다른 힘에 접속할 수 있는 능력이나 다른 힘과 분리되는 능력, 구체화하지 않은 자연 그대로의 힘은 다른 힘과 일체가 되거나 구별될 뿐만 아니라 공간을 조각한다. 그 공간에서 힘은 발전하며, 공간에 형태들, 운하, 코스, 루트, 둑을 제공한다. 또한 이러한 모든 것에 대항하여 끊임없이 쇄신된 힘들은 자기들의 총체에서 형성되고 그렇게 구성된 일주를 공급하거나 브레이크를 걸고, 변화시키고, 한계를 넘어선다."[1]

---

1) 클로딘 아이직만, 《향락-영화 Jouissance-cinéma》, UGE, 1976, p.137.

8) 주해의 욕망은 영화의 분석, 비평으로 귀착한다. "나는 항상 사람들이 스스로 문자의 테스트에 책임지고 있는 순간으로부터만 실제적인 성찰이 존재하게 된다고 생각했다."(비에트)

9) 문학을 통해서 영화에 표한 경의인 영화를 통한 문학의 추구(양질의 텍스트를 이해하게 하는).

10) 영화를 만들고자 하는 욕망.

노게가 《인생의 기쁨》(2000)을 출간했기 때문에 위의 리스트에 미각의 욕망을 첨가해야만 한다. 왜냐하면 그는 영화를 음식으로 구상하는 상상을 했고, 시각-청각적 명부에서 미식가의 명부로 넘어가는 것을 상상했기 때문이다. 우리는 또한 영화의 욕망을 가질 수 있다. 다네는 다음과 같이 말한다: "바쟁과 마찬가지로, 나는 영화의 욕망이나 필요성은 숲의 화재처럼 절대적으로 대단한 것이라고 생각하며, 이것은 예술사에서 유일한 것이었다고 생각한다." "'영화의 욕망': 나는 이것이 무엇인가를 의미했던 시대를 잘 기억하고 있다. 이를테면 영화만이 **데려다 줄** 수 있는 욕망. 오늘날은 어떻게 말하는가?" "이것은 마치 오늘날 각자가 영화에 대해 말할 힘이 있는 것과 같다. 말하자면 나는 영화에 대해 어떠어떠한 실마리, 어떠어떠한 맥락, 어떠어떠한 욕망에 의해 애착을 갖게 되었다. 또는 영화가 쥐고 있는 수수께끼에 대해 말할 능력을 갖고 있다."

미셸 메닐은 새로운 욕망에 대한 심취를 보여주는 클로딘 아이직만과 기 피만의 영화-홀로그래피(〈에티엔 쥘 머레이의 갈매기의 고정된 비행. 머레이에게 헌정한 5개의 새의 비행중의 한 장면〉, 1980-1982)의 감상을 인용한다: "사람들이 욕망에서 나온 장치로부터 실현된 미래의 영화에서 꿈을 꾸기 시작하는 강도가 있는 시, 즉 그 영화에서 꿈을 꾸는 사람들은 그 어느 곳에서도 지시 대상을 갖지 못하는 공간에서 완전하게 실현될 것이다. 왜냐하면 가장 놀랄 만한 것이 두 번째 시퀀스에서 이미 싹이 되어 머레이의 동일한 새들로부터 만들어진 가장 장관인 것을 나타나게 하기 때문이다. (…) 관객의 황홀은 공포 영화에서 조잡하게 만들어진 황홀보다 아주 더 내면적인 특성(형이상학적이거나 시적이거나, 또는 둘 모두인)을 지닌 위기감으로 배가된다. 이 것이 바로 체셔(Cheshire)의 신기한 고양이와 싸우고 있는 앨리스의 황홀함이다…….”[2]

2) 미셸 메닐, 《어두운 홀에 대한 향수 *Le Parfum de la salle en noir*》, 1985, p.98-99.

38

어느 시간에 영화는
우리들을 대면시키는가?

만약 영화가 기억이라면, 영화는 나쁜 기억일 것이다, 왜냐하면 영
화가 동일한 운동, 동일한 파롤을 반복하기 때문이다. 앙드레 바쟁이
잘 지적했듯이 영화는 바로 '매일 오후의 죽음' 이다. 사람들이 영화
의 필름을 풀어낼 때, 사람들은 신체나 유물을 발견하는 것이 아니라,
상상적 세계나 시간을 발견한다. 말하자면 한 덩어리의 상상적 세계
나 시간. 따라서 영화는 추억이나 현실이 아니다. 영화는 일종의 특별
한 시간을 제안한다. 우리는 시간의 특성이란 것이 불가역적이라는 것
을 안다. 우리는 기계에 호소하여 발명한 역사 속에 기꺼이 잠기는 것
을 제외하고, 똑같은 강에 기꺼이 잠길 수 없으며, 시간의 흐름을 거
슬러 올라갈 수 없다. 그런데 영화는 불가역성(영화는 항거할 수 없게
펼쳐진다)과 실제와 동일한 것처럼 보이는 것의 반복을 제안한다. '매
일 오후의 죽음' 대신에 오히려 다음과 같은 사실, 즉 '매일 오후의
부활' 이라고 정확하게 말할 수 있을 것이다. 영화는 관객들이 살아 있
다는 시간의 논리에 따라 전개되면서 시간을 거슬러 올라갈 수 있다.
바로 이것이 영화가 우리에게 이상할 정도로 친근한 토대에서 다른 시
간의 경험의 장을 마련해 주는 것이다. 부활은 우리에게 최상으로 허

락되었지만 우리들 중의 어느 누구도 그 부활을 경험하지 못했다. 스펙터클이라는 영화의 특성을 통해서, 현실의 가상을 제시하는 운동으로 신체를 보존하는 영화의 능력을 통해서, 더욱이 시나리오의 특성을 통해서. 영화는 사람들이 원하는 만큼 보여질 수 있을 뿐만 아니라, 영화는 이미지의 순서를 뒤집을 수 있는 가역성을 갖고 있다. 음악의 한 소절처럼, 영화는 "처방과 악이 우리들에게 동시에 주어진 신기할 정도로 다루기 쉬운 불가역성이다."(블라디미르 얀켈레비치, 《불가역성과 향수》)

영화에서의 개개의 이미지는 한 순간에만 지속되며, 특히 스크린에서 오랫동안 머무는 것은 여러 개의 이미지들이다. 따라서 이미지들이 잘 사라져 버려야만 하며, 이것은 아마도 영사기의 실패가 완전히 필름을 풀었을 때일 것이다. 꿈이나 환상의 형상화에 적합한 수사학에 따라 연결된 오버랩이나 이중 인화는, 얀켈레비치가 말하게 될 것처럼, 막 출현하려고 하는 것에 무엇인가와 비슷한 것과 무의 완전한 가장자리에 무에 가까운 것을 제안한다. 이러한 것이 환영이란 것이다. 말하자면 환영은 돌아오는 모든 것처럼 창백하고, 생기를 잃어버린 거의 아무것도 아닌 것이지만, 불쑥 나타나기도 하고 약간은 무엇인가이기두 하다. 영화를 부자마자 영화에서 한 이미지는 또 다른 한 이미지가 오도록 하기 위해 가버리는 것처럼 보일 수 있다(소멸-출현). 반면 환영은 후에 사라지기 위해 먼저 올 것이다(출현-소멸). 영화의 이미지는 시간의 불가역성에 속할 것이며, 반면 환영은 반복이나 현재의 스펙트럼의 특성의 예를 제시할 것이다. 실제로 영화에서 이 둘 모두는 서로 변하며, 그 자체에서 출현-소멸, 소멸-출현을 교대한다.

영화는 인생, 말하자면 변화하는 것과 비교해서 미라와 같은 것, 예컨대 얼음 속에서 취한 우리에게 빙하처럼 만들어 주게 될 얼음 속에 보존된 종종 있는 그대로의 육체를 복원해 주는 얼음같이 차가운 무엇인가일 것이다. 게다가 우리는 이것이 완전하게 정확한 것이 아니라는 사실을 알고 있으며, 영화의 신체는 신체가 더 이상 분해되지 않을 때 시간과 더불어 변질된다는 사실을 알고 있다. 영화 필름은 미라를 감싼 생각할 수 있는 조그만 띠일 것이다. 즉 우리가 미라를 감싼 이 작은 띠를 제거할 때(바로 이것이 장 다니엘 폴레가 〈지중해〉란 영화의 전개에서 제안한 방식이다), 미라는 그 자체로 시체를 방부 처리하는 사람들이 미라를 변화시켰던 것처럼 유지되기 위해 특수한 조건을 요구한다. 보존의 문제는 따라서 다음과 같은 두 가지 차원의 문제를 제기한다. 즉 어떻게 필름을 보존해야 하는가(이것은 일종의 시체를 방부 처리하는 사람들의 보존 작업인 것이다)? 우리가 축음기처럼 고문서의 가치를 갖는다고 말할 수 있는 필름은 무엇을 보존하고 있는가?

  개개의 필름은 캡슐을 씌운 시간의 한 부분으로 제시될 것이다. 사진에서 그런 것처럼 사람들은 다음과 같이 말할 수 있을 것이다. 이를테면 카메라 앞에서 녹화된 것은 존재한다. 있었던 것은——그것이 무엇이든지간에(현실의 덩어리든지, 아니면 사람들이 원하게 될 모든 기술을 이용하는 재구성이든지 간에)——다시 거기에 손상되지 않고 있다. 외견상으로 있는 그대로이다. 왜냐하면 있었던 것은 있는 것과 다르기 때문이다. 회상하는 과거의 한 순간은 살아온 과거와 항상 다르며, 사람들이 루이 발레와 함께 말하게 될 것이지만——하지만 이것이 문제가 되는 것은 아니다. 실제로 우리는 우리들만이 아닌 많은 다른 사람들을 위해 정성스럽게 만들어졌거나 추출된 우리의 눈앞에 전개되는 것을 결코 경험하지 않았다. 이러한 이미지들이 '변화의 미라'라면, 어떤 변화가 문제가 되는 것일까? 장 루이 셰페르의 《영화의 보통 사람》은 이러한 사상을 바탕으로 구성되어 있어서 우리는 우리가 경험하지 못한 순간을 영화에서 느낄 수 있다. 우리에게서 이러한 이미지들의 존재는 의심스럽다. 즉 이미지들이 우리들의 세상을 파괴하거나 정지시킨다고 가정할 수 있으며, 세상을 없애면서 세상을 대체한다고 가정할 수 있거나, 우리들의 기억을 통해 공급된 이미지들에 이질적인 것으로 머물면서 우리들에게서 암세포화된다고 가정할 수 있다. 이미지들은 환영들과 같은 것이다.

39

우리는 영화에 대해
어떤 추억을 간직하는가?

관객은 강한 감동, 즉 충격 효과를 추구한다. 관객은 울고 웃는 것을 좋아한다(로세는 영화의 예외적인 '최루 가스의 효과를 갖는 힘'이란 표현을 적절하게 환기한다). 단지 이것만이 아니다. "영화가 세상에 공헌한 것은 사상보다도 더한 감정이다."(엡스탕, 1921) 엘리 포르는 전쟁 7-8년 전에 자신이 프랑스 영화에서 획득한 예기하지 못한 감동에 대해 이야기한다. 감정인가 감동인가? 다네는 '일반적인 대중'은 오히려 감각을 추구하며, 감동은 '덤으로' 온다고 말한다. "감동은 처음부터 주어지지 않는다, 감동은 신비하게도 정확한 순간에 축적, 피곤, 가속화하거나 속도를 줄이려는 욕망으로 나아가면서(영화를 관람하면서) 태동한다. 나에게는 잊지 못할 두 가지 예가 있다. 〈사냥꾼의 밤〉에서의 속도를 줄이기. 예컨대 아이들은 포효하고 배에 오르는 식인귀를 피하며, 플랜에 따라 모든 것은 강의 리듬에 따라 요동친다. 〈아나타한의 무용담〉에서의 가속화는 전쟁 말미의 스톡-샷(stock-shots)과 함께 영화의 한가운데에서 일어난다. 사람들은 다음과 같이 말할 수 있다. 즉 이것은 바로 한 시간에서 다른 시간으로 넘어가는 순간이다(뮤지컬의 순간(시간)——게다가 종종 영화 음악에 연결된). 하지만 이것은 기계적인 방식이 아니라 오히려 다성음의 방식이다. 마치 그때까지 주어진 리듬 뒤에서 갑자기 강요되고 바통을 이어받는 또 다른 리듬이 존재하는 것처럼."[1] 따라서 우리는 감각, 감정과 감동을 경험하며, 우리에게 와서 다른 것들과 뒤섞이는 이것들에 대한 추억을 간직한다.

다네는 영화의 특성에 따라 우리들의 기억에 머무르는 영화의 두 가지 방식을 구별한다: "평범하며 망쳐 버린 영화, 하지만 이러한 영화에도 영화의 장면에 대한 한 2개의 추억이 영속하기도 한다. (발레리오 주를리니의) 《일기》와 같은 참신한 영화에서도 1,2개의 이미지만이 남아 있을 수도 있다. 하지만 이러한 이미지들은 기억에 남아 있지 않다, 왜냐하면 이러한 이미지들이 잊을 수 없는 영화이거나 반쯤 잊혀진 영화의 '가장 훌륭한 순간들'이기 때문이다. 이와는 달리 이미지들이 남아 있기도 한다. 왜냐하면 이 이미지들이 추억을 몰래 좋아하는 영화에 대한 개인 비밀의 주변에 편집하는 추억—스크린과 같기 때문이다."

우리들에게 머무는 영화들에게 있어 더욱 결함을 갖는 또 다른 방식이 존재한다. 마리오 프라시노스의 자서전의 한 구절이 이를 증명해 준다: "영화는 카니발 축제 기간 동안에 저질러진 범죄를 다루고 있다. 마스크를 한 익명의 사람이 범죄를 방조함과 동시에 광대들과 익살꾼의 동일한 미소에서 희생과 살인을 혼동하도록 유도한다. 술주정뱅이를 지지하는 체하는 살인자들에 의해 주사된 가장된 죽음은 계속하여 미소짓게 하고, 어린이는 변장을 하고, 상처에서 피를 뚝뚝 흘리는 우스꽝스런 마스크 아래 두 눈을 감고 있는 얼굴을 상상하게 한다. 이러한 짧은 이 영화의 한 장면을 제외하고, 나는 이 영화의 플롯을 잊었

---

1) 다네는 사람들이 영화에 대해 갖고 있는 경험을 긴장의 차이에 연결시킨다. 다네에게 있어 '대중적인' 영화는 '짜여진 구도가 거북스럽지 않고, 영화의 뛰어난 부분에 돋보이기 위한 주변의 요소가 필요한 영화'이다.

다. 요컨대 이 영화는 우리의 정신 속에 남겨 준 공포의 인상을 증명하지 못하는 평범한 시나리오였다. 시나리오는 꼬불꼬불하고 불안이 감도는 마을에서 일어난다. 나는 이것을 보르헤스를 다시 읽으면서 재발견했다. 부에노스아이레스의 뒷골목과 탱고, 우아한 비정함과 범죄의 형이상학이 신기한 영화에서 중복되어서 나는 이것이 꿈이 아닌지 아주 오래된 카니발이 아닌지 확신할 수 없다.”(《문신이 새겨진 언덕》)

우리가 장면을 창안할 때, 우리가 그러한 제스처를 보았다고 믿을 때, 우리가 작품에서 구상되지 않은 그러한 파롤을 들었다고 믿을 때, 우리가 영화에서 간직하는 추억 이외에는 그 어느것도 불확실한 것은 없다. 우리가 영화를 바라볼 때 종종 우리는 영화 장면이 전개되는 장소를 알아본다. 즉 장소는 우리에게 개인적인 추억을 일깨운다(우리가 바로 그 장소에 있는 것이다). 이 모든 것은 약간은 혼란스럽다. 우리는 망각을 하게 되고, 상상적인 이야기를 꾸며대고, 우리는 기억착오를 먹고 산다.

우리는 전·후를 기억할 수 있다. 홀은 하나의 스펙터클이었다. 다음은 1930년대 클로드 올리에가 가족과 함께 영화관에 갔을 때, 자신의 경험을 토로한 내용이다: “날씨가 아주 더웠다. 영화관의 중앙 홀은 거대했다. 홀은 대중들로 가득 찼다. 우리는 오후 내내 거기에 있었다. 제1부는 뮤직-홀이었다. 요컨대 춤추는 사람들, 음유시인들, 어릿광대들, 그네 곡예사들로 구성되었다. 이 뮤직-홀을 음미하기 위해 끝없이 계속되는 끊임없이 막간의 여흥. 이어서 전자 오르간 연주가 있었다. 오르간 연주가는 마치 꿈을 꾸는 듯이 푸른 하늘빛 연기가 피어오르고, 여러 가지 불로 가득 찬 홀에서 자신의 오르간에 심취하여 천천히 부드러운 음악에 도취되어 심오한 연주를 이어갔다. 오후 5시경에 마침내 영화가 상영되었다. 사람들은 기진맥진하여 저녁을 먹기 위해 영화관에서 나왔다."[2] 우리는 또한 홀의 출구를 기억할 수 있으며, 롤랑 바르트나 장 루이 셰페르처럼 '귀로'에서 일어났던 것을 기억할 수 있다, 대서양 바닷가에서 휴가를 보낸 어린 쥘리앵 그라크는 '완벽한 축제의 밤'(축제 밤의 감동은 졸릴 때까지 파도와 함께 계속하여 부서진다)과 어른으로 성장한 자신이 자신의 숙소로 돌아가기 위해 공연에서 멀어질 때 받았던 돌아가던 길의 쓸쓸함을 구별한다. 안토니오 타부치는 파리의 라틴가에서의 영화 상연 시간을 다음과 같이 회상한다: "지하철이 일찍 끊겼던 것과 마찬가지로, 그 시대에 나는 센 강에서부터 대학 기숙사촌까지 가로질러 걸어서 돌아가곤 했다. 도시가 나에게 속해 있다는 느낌이 들었으며, 내가 본 영화들은 이 도시에서 내가 경험한 자유와 혼동되곤 했다."

감정 수위의 상승, 감정의 충만함. 그런데 이것은 또한 실망, 추락일 수 있다. 영화 그 자체는 흐려진다. 따라서 영화는 연장하는 데 성공하거나 실패한 감동에 대한 지주 역할을 했다. 이러한 것이 영화를 집에서 감상했을 때나, 사람들이 영화 감상을 방해했을 때나, 혹은 영화 감상을 포기할 때도 항상 진실일 수 있는가?

---

2) 클로드 올리에, 《스크린의 추억 *Souvenirs écran*》, 카이에 뒤 시네마-갈리마르, 1981, p.9-10.

40

영화는 우리에게 꿈꾸고 있는
우화를 제안하는가?

영화의 역학을 꿈의 역학에 연결시키려는 것은 앙토냉 아르토가 〈조개껍질과 목사〉란 영화의 시나리오를 구상할 때, 실행하려고 추구했던 것이다: "나는 사람들이 지식과 사실들의 논리적 관계를 고려하지 않아도 되지만, 탄생과 출현의 영역에 사실들의 발전을 유지하면서, 비밀스런 탄생 및 감정과 사고의 유랑 속에서 심오한 이치, 적극적이며 소위 명석하다는 우리들 행위를 은폐하고 있는 열정을 탐색하게 될 시나리오를 쓸 수 있다고 생각했다. 말하자면 어떤 점에서 이러한 시나리오가 서로 닮을 수 있으며, 진정으로 꿈 그 자체가 되지 않는 **꿈의 역학**과 비슷할 수 있는지를 말함이다. 요컨대 어떤 점에서 시나리오가 사고의 순수한 작업을 구성할 수 있는지의 문제이다."

베르나르트 에이젠쉬츠는 자신의 텍스트 중의 한 텍스트의 제목을 "가장 훌륭한 영화는 사람들이 보지 않은 영화이다"로 달고 있으며, 이 제목을 통해 그는 사람들이 다음과 같이 이해하는 것을 거부한다: "사람들이 보지 않은 영화; 사람들이 볼 수 없는 영화; 파괴된 것처럼 보이는 영화; 개봉되지 않은 영화; 재편집되고, 검열로 삭제되고, 변질되어진 영화; 사람들이 영화를 보는 시간에 사람들이 보지 않은 영화;

촬영되어지지 않은 영화; 꿈꾸어진 영화; 사람들의 머릿속에서 만들어진 영화; 사람들이 보지 않고 당신이 보지 않을 영화⋯⋯." 한 컷 이외에는 어떠한 복제품도 남기지 않는 영화가 있으며(에이젠슈테인의 〈베진 초원〉), 함께 침몰해 버린 영화도 있으며(슈테른베르크의 〈갈매기〉), 법적인 문제로 인해 상연이 정지된 영화도 있으며(제리 루이스의 〈어릿광대가 우는 날〉), 끝까지 제작되지 못한 영화도 있다(웰스의 〈돈키호테〉). 1920년대 미국에서 상연된 서양 영화 2천 편 중에서 한 장르에 관계되는 통계적인 예를 들자면, 1백여 편 이하일 뿐이다. 특히 사진이 남아 있을 때 이것은 많은 부재, 많은 유감과 많은 꿈꾸는 기회를 구성한다. 잃어버렸다고 믿었던 영화가 다시 등장하는 일도 일어난다(루키노 비스콘티의 다큐 영화인 〈여러 사건에 관한 단평〉). 에이젠쉬츠는 여전히 무르나우의 〈유령〉이란 영화를 보기 위해 리옹에 여행을 갔던 자기 친구들의 예를 인용한다. '꿈에 대한 가장 보편적인 제목 중의 하나였던.'

   1967년초 클로드 올리에는 자신이 운영하던 신문(〈꿈꾸는 우화〉)에서 자신의 꿈이 '영화 공연에서 만들어졌다고' 확언했다. 실제로 꿈은 몽상적인 영화로 알려진 영화를 변조했고, 그 영화에서 참신한 해석을 제안했다. 자신의 꿈에서 몽상가의 신기한 또는 분개. 이처럼 올리에는 약간 동요되었다. 2월 1일: "작은 홀에서, 우리들 몇 명은 영화 시사를 하고 있었다. 그 영화는 〈발타자르의 요행〉이었다. 하지만 다음의 사실이 문제가 되었다. 즉 전개되는 이미지들은 브레송의 이미지들과는 아무런 관계가 없었다. 나는 다음과 같은 두 장면을 기억한다. 한 장면은 일종의 '움직임에서의 콜라주'로 정원의 격자창을 보여주었다. 그런데 그 격자창의 꼭대기에 측면 이동 효과를 통해 하나의 얼굴과 두 줄의 텍스트가 있는 그림이나 포스터가 붙여진 지 얼마 되지 않았다. 이러한 대조의 방향은 나를 깜짝 놀라게 했고, 나는 놀람을 아주 큰 소리로 외쳤다. 다음 장면은 건물의 정면을 길게 고정하고 있었다. 즉 그 정면 앞으로 그 어떤 것도 절대로 지나가지 않았다. 머릿속에서 이러한 고정이 이해할 수 없는 공포를 싹트게 하는 것을 제외하고. 공포가 억제할 수 없는 것이 되는 바로 그 순간에 이미지는 왼쪽으로 방향 전환하고, 비스듬하게 인접해 있는 지붕들과 하늘을 겨냥했다. 하지만 누군가가 홀에서 푸념을 늘어놨고, 이 이미지에 대한 모든 의미를 부정했으며, 나는 이에 반박했고, 영화의 매혹은 깨져 버렸다. 〈발타자르〉 영화 시사회는 중단되었고, 나는 나머지 부분을 보지 못한 사실에 낙담한 채 홀을 빠져나왔다." 4월 23일: "24일 밤 나는 〈지난해 마리앙바드에서〉란 영화를 보았다. 이 영화는 내가 간직하고 있던 추억과는 아주 달랐다. 말하자면 모든 것은 일종의 긴 서막의 장면 동안에 주인공 자신의 방에서 주인공에 초점을 맞춘 장면에서 일어났다. 그런데 그 장면이 너무나도 좋아서 나는 어느 순간 다음과 같이 생각했다: "곧이어 사람들이 공원에 가고, 성에서 산책을 하는 제2부가 시작되겠지"라는 생각이었다. 하지만 나는 헛되게 시간을 기다리고 있었다. 결국 나는 잘려 버렸을 뿐만 아니라 위조된 복제본을 보았다는 사실을 이해했다. 요컨대 이 영화는 원작과는 아주 다른 것이었으며, 나는 분개하여 윗선의 사람들에게 하소연할 작정이었다. 나는 먼저 이 사실을 이 영화의 시나리오 작가인 제롬 랭동에게 말하리라 생각했다. 그가 이 사실에 어떻게 생각하는지를 알게 될 것이다."

영화에 의해 야기된 또 다른 꿈의 예는 이번에는 영화인들의 전기에 관계되는데, 이 전기에서 작품은 마침내 선매권을 행사한다. 프리츠 랑은 자신의 연출과 시나리오의 엄격함으로 우리가 그에 대해 갖고 있는 이미지에 영향을 주는 냉철한 망상, 즉 논리적인 편류를 자극한다. 망셰트는 "놀랍게도 불완전한 시나리오 덕택에(한 남자가 죄인으로 판명받기 위해 자신에 대해 증거를 축적하고, 이어서 자신이 죄가 없으며, 자신이 죄인이라는 증거가 분명하지 않다고 밝히지만, 이와 동시에 이러한 연극과 같은 제시의 의도적이고 인간적인 '공모'도 모르게 그는 범죄를 저지른다) 정신병자적인 살인과 언론의 힘에 관한 스릴러물인 〈제5의 희생 여인〉보다 더욱 분명하게 표현된 고귀한 관점으로 해석할 수 있는 〈거짓말 같은 진실〉에 대해 말한다. 하지만 이와 같은 아주 짧은 플롯의 요약은 얼마나 두 영화가 그 주제에 관해서 서로 상보적인가를 보여주기에 충분하다." 줄리오 코르타사르의 소설, 《마누엘의 책》에서, 한 주인공은 자신이 2개의 스크린이 딸린 영화 속에 있다고 꿈을 꾸고 있다. 그는 꿈속에서 신원을 확인할 수 없는 친구의 동반자가 된다. 그들은 프리츠 랑의 영화 시사회에 참석해야만 한다. 주어진 몇 가지 지시 사항이 2개의 트랙에 기입된다. 즉 하나는 〈퍼리〉를 향하고, 다른 하나는 〈클래쉬 바이 나이트〉를 향한다. 결과적으로 상보성과 이원성, 또는 2개의 얼굴, 또는 쌍둥이 임신이 이러한 보편적인 이중화(나는 동시에 영화이며 영화의 관객이다)와 홀의 특별한 윤곽을 생기게 한다. "직각으로 된 2개의 스크린이 있다. 따라서 너는 오케스트라의 여러 구역에 앉을 수 있고 스크린 중이 한 스크린을 선택할 수 있다. 왜냐하면 구역들이 서로 교차해 있고, (…) 의자들이 직각으로 번갈아 있기 때문이다." 이러한 꿈의 '시나리오'는 몽상가 자질이 있는 한 쿠바인(줄리오 코르타사르)에 의해 위임된 임무의 시나리오라는 사실을 덧붙이자. 말하자면 이 쿠바인은 자신이 누구를 동반하고 있는 지도 알지 못하면서(나는 그의 얼굴을 결코 보지 못했다), 문제가 되고 있는 임무가 무엇인지를 잊고 있다.

제라르 르그랑은, 랑이 가장 으뜸으로 치고 있는 감독에 속하는――

"그것도 당연하다——나치즘에 관해 랑의 감정의 성실함을 의심할 그 어떤 이유도 존재하지 않는다"라고 확언했다. 하지만 모든 감독들과 마찬가지로 '악'을 구현하는 두렵기조차 한 권력에 대해 그가 느끼는 매혹, 말하자면 역사 발전의 원동력이기조차한 매력은 또한 이론의 여지가 없다. 악이 정신병자 세계에서 애매하다는 것은 명백하다. 왜냐하면 악은 무엇보다도(특히 전형적인 의미로) "추론에 의한 순간이기 때문이다. 랑은 마니교도가 아니다. 게다가 랑은 '악'의 형태를 사람과 세상의 발전적인 개념을 위해 피하지 않는다. 즉 랑은 역사적 발전이 오늘날의 애국주의나 종교적 감정을 '범죄'로 나타나게 하고, 악의 특성이 이상적으로 폭정에 끊임없이 적용되어져서는 안 된다고 이상적으로 말하면서, 반항이나 혁명의 과학적 조직(진정한 의미에서)을 '좋게' 나타나게 할 위험이 존재하고 있음에 따라서, 악을 동시에 이 (…) 역사의 원동력과 신성함이란 힘의 매개물, 요컨대 2개의 얼굴을 가진 야누스라고 동시에 확인한다." 장 폴 토로크가 디트리히 폰 에를라흐의 '상상적인 삶'을 이야기할 때 장 폴 토로크가 빠져든 것은 바로 이러한 논리에서이다. 르그랑이 "의심할 아무런 이유가 없다고" 말했을 때, 그리고 그가 "그것도 당연하다"란 표현을 삽입했을 때, 괴벨스가 랑에게 나치 영화의 지도를 제안하는 랑과 괴벨스와의 대담을 암시한다. 바로 그날 저녁 아니면 그다음 날 랑은 독일을 떠난다. 이것은 랑이 항상 말했던 것이다(아울러 이것은 고다르가 〈경멸〉이란 영화에서 피콜리를 통해 반복하게 했던 것이다).[1] 토로크는 연출가가 적의 국가에서 중요한 임무를 수행하기 위해 괴벨스를 통해 위임받고 확실히 출

---

1) 이것은 '젊은 미국 시나리오 작가'가 〈랑고폴리스 Langopolis〉란 영화에서 다시 취한 해석이기도 하다. 랑은 "출구를 아주 잘 찾아서 몇 분 뒤 파리발 열차에 몸을 싣게 되었다."(다네)

발했을 것이라고 가정한다. 이를 위해 그는 조국을 배반해야만 했고, '자신의 예술의 가치를 떨어뜨렸고 모욕해야만 했다.' 내레이터(토로크)는 다음과 같이 결론짓는다: "나의 영화들이 단순히 차이가 있는 것이 아니다. 나의 영화들은 방법론적으로 무너졌고 모순된다. 독아론(solipsisme)에 호소하는 작품들은 상상 가능한 모든 명상이 딸린 하나의 비전만을 포함한다. 본질적으로 사실적인 영화들은 명제와 대구, 엄격한 찬성과 반대를 변함없이 포함하고 있는 작품들이다. 반대(反對) 작품(contre-oeuvre)을 포함하지 않는 작품은 완전하지 못하고 현실적이지 못하다."[2]

자크 랑시에르는 〈제5의 희생 여인〉이라는 픽션 영화를 표본으로 생각한다. "이 영화에서 시나리오는 카메라를 특수 장식에 위치시킨다. 즉 저널리즘이라 불리는 커다란 타자기의 어두운 모습. 이 장식에서 영화의 플롯은 2개의 가시적 세계라는 체제의 관계 설정을 통해 이루어진다. 한편으론 전형적인 노파의 찌푸린 얼굴이 있다. 그런데 교활한 말을 통해 일들의 낌새를 지도한다고 믿고 있는 음모자는 그 얼굴에 만족하며, 이다 루피노의 명연기가 영화의 힘을 위대하게 만들어 준다. 다른 한편으론 새로운 얼굴, 즉 이미지의 보편적 언어의 환상이 선택한 놀라움에 치고 불안한 표정의 얼굴이 존재한다. 엡스탕의 '정직한 예술가,' 베르토프의 '전기의 절대 확실한 방식들'이 이 영화에서 텔레비전과 같은 기계가 되었다. 이 기계는 정직한 기자인 모블레이(Mobley)를 자신이 모르는 것을 아는 체하고, 자기가 보지 못한 사

---

2) 랑에 관한 최근의 연구는 우리에게 랑이 1920년대 '카이저의 무덤에 꽃을 놓는 순간' 왕당파였다는 사실을 알려 주며, 할리우드에서 독일 망명객에 대한 그의 정성은 미국 안보 요원들의 관심을 끌었다는 사실을 또한 알려 준다. 아울러 랑이 괴벨스와의 인터뷰 즉시 독일을 떠난 것이 아닌 3개월 후에 독일을 떠났다는 사실을 알려 준다.

람을 본 체하면서, 전문가답게 경찰의 작전을 지휘하는 살인범/희생자의 집에 머물게 했다. 아울러 그의 희생은 실제로 이와 같은 상상적 대면에서 발생한다."

41

모든 사람들이 영화에 대해
말할 수 있는가?

원칙적으로 대답은 물론이다. 왜냐하면 영화의 경험은 일반적으로 공유하지만, 모든 것은 어느 텍스트에서 또는 어느 텍스트 안에서 질문이 제기되느냐에 달려 있기 때문이다. 함축되고 전통적으로 (잘못) 양식화된 논쟁을 피하는 것이 훨씬 낫다. 영화가 대중이나 인텔리겐치아에게 할당된 것인가?

1946년 질베르 코앵 세아는 사람들이 영화와 필름의 문제에 접근할 때 겪는 어려움은 바로 "우리들 모두가 더 이상의 노력도 하지 않고 이러한 현상을 알고 있다는 사실이 당연하다는 사실을 인정하는 것"이라는 사실을 주목했다. 그후 베르나르트 에이젠쉬츠는 다음과 같이 말했다: "음악 · 회화나 문학에 관해 자신의 의견을 결코 제시하지 않으려는 사람들이 영화에 대해 절대적으로 확신에 찬 의견을 갖고 있다는 사실을 알았다." 이러한 친교 또는 의젓함은 경멸적인 관점을 동반한다: "영화는 우리에게 무형이면서 간결한 기쁨으로 나타나며, 접근하기가 쉽고 싼 가격에 감상할 수 있고, 결과가 섬세하다."(코앵 세아) 카벨이 영화관에 가는 것과 영화를 보는 것을 구별하는 것과 마찬가지로, 사람들은 영화에 대해 말하는 것과 영화를 공부하는 것을 구별할 것이다. 따라서 결과적으로 영화에 대해 글을 쓰거나 영화에 대해 씌어진 글을 읽는 것을 구별할 것이다.

전문화된 언어의 습득은 필연적인가? 로제 린하르트는 '스튜디오에서의 은어'의 사용을 금지했으며, 영화 어휘를 "10개의 어휘, 즉 시나리오의 데쿠파주, 편집, 리듬, 플랜, 시퀀스, 오버랩, 화면의 명암 등과 같은 어휘로 축약했다." 영화 앞에서 관객의 경험을 설명하는 것을 선택하고 게다가 이론을 포기하는 것을 선택한 후, 카벨은 우리에게 일임하는 영화의 카테고리를 밝혀낼 수 없음과, 우리들이 카테고리에 부여하려는 책무를 진정으로 떠안을 수 있는 소설 · 연극 · 회화 등과의 비교할 수 없음을 인정했다. 이러한 진퇴양난에서 흔히 일어나는 반작용은 기술에서 행해지기 시작하는 것이었다. 하지만 이러한 말들은 모든 의미를 잃어버렸다. 왜냐하면 우리가 환기하고 있는 유일한 기술적인 문제에 직면하고 있고, 그만큼 이러한 문제들은 어떠어떠한 영화의 **경험**에서 타당성을 갖고 있으며, 이것이 우리들의 유일한 염려였기 때문이며, 각자는 이러한 문제를 자신의 눈앞에서 목도한다. 사람들은 언제 플랜(장면)이 시작하여 언제 끝나는지를 알 수 있으며, 일반적인 플랜, 보통 플랜 또는 커다란 플랜으로 나눌 수 있다. 더욱이 사람들은 카메라가 뒤로 물러서는지 앞으로 나아가는지, 또는 측면에서 작업을 하는지를 알 수 있으며, 한 등장 인물이 카메라의 영역에 들어오는지 또는 카메라가 그 등장 인물을 캐치하기 위해 회전하는지를 알 수 있다. 또한 사람들은 어떻게 히치콕이 〈차가운 땀방울〉이란 영화에서 계단의 새장을 그토록 변형시켰는지를 알 수 없지만, 히치콕이 그러한 변형에 도달했음을 볼 수 있다. 항상 사람들이 알지 못하는 기술적인 무엇인가가 존재하고 있으며, 경험의 열쇠를 제공하게 될 생각 뒤에서의 현실은 어떤 것인가?"

엡스탕(1951)은 '영화 어휘의 불충분함과 부적절한 용법'을 지적했다. "무엇보다도 이러한 영화 어휘는 원칙적으로 변하지 않으며, 일상적인 영화 감상에서 얻은 가장 보편적이고, 안정적인 모습을 상징하기 위해 만들어졌다; (…) 또한 어휘의 고유한 의미는 어느 정도 소설화되고, 공생 과정에서 어느 정도 생명력이 강한 파생 의미의 형성에 크게 기여했다. 하지만 사람들은 실제로 사람들이 무엇에 대해 말하는지를 알지 못한다." 결과적으로 영화는 어휘에 대한 의식을 갖는 데 도움을 줄 수 있으며, 어휘의 구체적 의미에 풍요로움을 주고 힘을 실어줄 수 있다(진정한 마음을 보여준다는 것은 이러한 혈거동물을 참조하는 것이며, 현실은 은유적 전통을 이유로 혈거동물에서 멀어졌다). 코앵 세아는 오히려 사람들이 사용하는 용어(단위, 리듬, 느림, 연출, 운동)는 '선입견을 내포하고 있으며 시기상조인 생각들을' 전달한다는 사실을 고발했다. 어휘에 대한 검토가 필요한 것처럼 보였다. 에티엔 수리오와 영화연구소는 다음과 같은 아주 제한된 어휘에 초점을 맞추었다: '비영화적인, 창의적인, 디에게시스적인, 스크린의, 영화 기록의, 영화 팬의, 프로 영화의, 분광의.' 이 용어들 중의 일부는 통용되었지만, 나머지는 통용되지 않았다. 이론들은 새로운 개념들을 무척 좋아한다. 각 이론가는 자기 이름이 붙여지게 될 개념의 창안자, 일종의 면히 소지자가 되기를 원했다(스피노자의 발명은 시대를 가로질러 희망을 가질 수 있다. 그렇다면 영화 이론가의 유사한 창안이 20년 또는 30년 이상 지속될 수 있을까?). 단어들이 사고의 강도나 타당성을 이루는지는 확실하지 않다.

종종 새로운 어휘를 사용하는 것이 필요하기도 하다. 나머지는 평가나 개인적 선택에 관련된 문제이다. 하지만 바쟁의 언어가 르그랑·베나윤·나르보니·아멘구알에서처럼 어휘적 무거움이 없이 완벽하다는 사실을 인정해야 한다. 이러한 '비평들은' 문체이다(이들을 작가로 생각해야 한다). 사람들은 다네가 생 시몽의 독자였었다는 사실을 이유 없이 참작하지 않을 것이다. 사상과 감동의 표현이 너무 자주 애매하여 뜻을 알 수 없고, 빈혈증에 걸린 글 쓰는 방식으로 통과하는 것은 우리 시대의 불행 중의 하나이다. 이러한 방식이 도자기 가게로 코끼리가 지나가는 것과 비슷하지 않을 때, 또 다른 상처는 장 필리프 도메크가 '전위의 목어(허언)' 라고 불렀던 영화에 관한 담론의 분할에서 찾아볼 수 있다.

42
영화 팬들은 존재하는가?

미국 사람들은 뤼미에르가 '영화'라고 말한 것에 대해 '영상 녹화 장치, 영상 연출관'(움직임을 보는 것)이나 '인생의 비전'이라고 말한다. 선험적으로 동일한 현상들이 나라에 따라 그 현상들을 받아들이는 방식에서 감각적인 차이를 포함한다. 워커 퍼시의 《더 무비고어》(1960)는 《르 시네필》지에 의해 번역되었다. 약간은 해리 레온 윌슨의 머턴 길(1923)과 같은, 영화의 비전에 의해 자극받는 것이 중요하다. 《미국에서 만든 영화》는 로버트 스칼라의 알려진 책 제목이다. 《더 무비고어》 영화의 주인공인 머턴과 볼링은 '미국인들이 만든 영화'에 속한다. 영화는 이들에게 인생과 혼동하도록 한다. 이 미국의 등장 인물들과 프랑스 팬들의 차이는 이들이 신념에 찬 열렬한 지지지로 다시 모이지 않으며, 신념의 주변에서 공감되는 것을 다시 생각하지 않았다는 것이다. 이들은 어느 면에서는 레슬리 필더가 미국 서부에 대해 말하는 것처럼 처녀지와 야생지에서 찾아볼 수 있는 훌륭한 친구들이다. 스탠리 카벨은 '동료들의 자서전'이란 표현을 사용하며, 한 작품의 발굴에 연관된 사건들이 작품의 발견만큼이나 중요한 것은 드물지만, 바로 이것이 영화의 경우라는 사실을 주목했다. 분파의 정신(열정, 편협)은 프랑스 영화 팬을 특징짓는 말이다. '가족': 다네의 지적처럼 가정은 평등과 자아의 결합이지만 가정은 고비노(Gobineau) 왕의 아들들과 마찬가지로 마피아에게도 존재한다고 말한다. 아울러 이 2개의 암시적 의미가 영화 팬에게 존재한다. 실제로 지구상의 모든 형제자매를 회원으로 들어오게 하는 '국제 영화 팬'을 만들려는 탐색, 꿈을 연장하려는 이야기 또는 선택한 친구들의 망을 확대하려는 이야기.

　20여 년 전부터 사람들은 영화 팬에 대해 말을 많이 한다. 한 세대가 과거를 회고했다. 제라르 르그랑은 사람들이 영화를 그림자 놀이나 전사 기술이라고 말하는 것처럼 '영화광'란 말을 더 좋아했다. 사람들은 또한 피에르 클로스프스키의 모든 광적인 영역을 내포하는 말인 '나는 광적인 편집자'라는 요구에 대해 생각한다. 1960년대초에 수십 명의 관객들이 자신들의 영화에 대한 광적이고 맹목적인 열정을 갖고 살았다. 울름 가(街)의 영화 박물관에서, 좀더 나중에는 샤이오(Chaillot) 궁의 영화 박물관에서, 전문화된 영화-클럽에서(니켈-오데옹[1]이나 시네 쿠아 농[2]), 더욱이 벨기에의 브뤼셀 영화관의 원정을 통하여(파리에서는 볼 수 없는 Z시리즈 주말 영화로 하루에 7-8편의 영화 감상). 우리에게 유달리 눈에 띄는 몇몇 차이점에도 불구하고, 우리들은 다음과 같은 두세 가지 일을 공유한다. 즉 미국 영화에 대한 광적인 사랑(공식 비평, 좋은 취미), 일부 연출가들에 대한 무조건적인 찬탄(개개인마다 자신이 좋아하는 연출가들의 리스트를 갖고 있다)과 특히 똑같은 공간의 향유. 예컨대 영화관의 3-5열의 좌석은 우리들의 좌석이다. (…) 분위기는 여러 그룹으로 나누어진 조직의 분위기였다――사람들이 채

---

　1) Nickel Odéon: 이블린(Yvelines) 도 소재의 문화센터 내에 위치하고 있는 영화 전문 클럽.〔역주〕
　2) Ciné Qua Non: 1992년에 개관한 로잔 시내에 위치한 영화 전문 클럽으로, 해마다 9월 영화 페스티벌을 개최하기도 한다.〔역주〕

플(예배당)이라고 불렀다——그래서 이 예배당의 학생들은 일에 대한 정열적인 욕망을 갖고 있었다.[3] 영화 팬들은 리스트를 작성하고, 이들은 영화배우들과 감독들의 이름을 알고 있었으며, 시나리오 작가가 누구인지, 어떤 영화감독과 이 시나리오 작가가 작업을 함께했는지를 알고 있었으며, 일화들을 훤히 꿰고 있었다(텔레비전에서 영화에 할당한 방송에서 이러한 일화들이 얘기될 것이다). 마치 이들은 어떤 곡에서 어떤 춤의 형태를 취해야 하고, 어떤 기타리스트가 그날 다른 곳에서의 일로 대신 왔는지를 훤히 꿰뚫고 있는 재즈 아마추어와 비슷했다. 영화 팬과 재즈 팬은 한 가지 이상의 공통점을 갖고 있다. "이것은 실제로 재즈는 영화와 마찬가지로 어느 면에서는 굉장한 것이라는 사실이다. 다른 문화의 사이에 놓일 수 있는 문화적 영역은 아니지만 위대함과 평범함이 함께하는 사람의 운명과 비교 가능한 운명과 같은 것이다."(다네)

다네는 루이스 스코렉키와 마찬가지로 1959년에 영화 팬이 되었다. "'영화 팬'이란 단어는 여전히 원기가 넘치지만, 병약한 암시적 의미를 갖고 있으며, 영화 팬이란 말의 신용을 서서히 떨어뜨리는 기름 썩은 냄새를 갖게 될 것이다. (…) 1960년대초 영화-세계는 매혹적인 세계였다. 한편으로 영화는 문화적 매력을 **비교할** 수 없는 모든 매력을 지니고 있었다. 다른 한편으로는 무거운 이야기로 알려진 가치들, 사둘의 조개껍데기——이러한 불충분한 성경——묵어와 완고한 신비, 사상의 전투와 전쟁에 대한 점검으로 이미 이루어졌다는 이점이

---

3) 루이스 스코렉키, 1978년 10월 《카이에 뒤 시네마》 293호. 루이스 스코렉키는 《영화광 *Les Cinéphiles*》이라는 영화를 연출했다. 지방, 대도시에도 영화 팬들이 있다는 사실을 환기해 보자. 노게의 루앙에서의 경험과 샤르데르의 리옹에서의 경험이 이를 증명한다.

있었다." 영화는 일부러 꾸민 정의들의 만화경을 제안한다(말하고 있는 사람을 원칙적으로 정의하는). "영화 팬은? 헛되이 두 눈을 크게 껌뻑거리는 사람이지만, 이해하지 못한 것을 누구에게도 말하지 않는 사람이며, 프로다운 '영화 팬(영화를 보는 사람)'이라는 삶을 준비하는 사람이다. 이것은 자신의 약점을 감추려는 행위들이다." 축제가 아직도 진행중이라고 믿는 표정을 지으면서 **최대한** 아주 늦게 도착하는 것은 틀림없이 사람들이 영화 팬이라고 부르는 것의 핵심이다. 영화 팬은 자신이 알았거나 몰랐거나 황금 시대에 대한 **향수**를 갖고 있는 사람이 아니며, 그 이후로 아무것도 황금 시대에 버금가는 것이 없다고 생각하지 않는 사람이다. 영화 팬은 막 개봉된 영화 앞에서조차도 "이 영화가 아주 빨리 잊혀질 것이고 유행에 뒤진 영화"라고 느끼는 사람이다. "영화 팬은 사회를 묘사하는 영화관의 현실적 공간과 상상적 공간 사이에 서 있는 경계가 존재한다고 생각하는 것이 잘못되었다는 사실을 알고 있는 사람이다. (…) 실제로 이 두 공간 사이에 테니스 코트처럼 구조화된 제3의 공간이 존재한다." 다네는 공간의 변화를 재즈의 트럼펫 연주가로 변조했다. 말하자면 영화를 본다는 것은 여행을 하는 것과 마찬가지이다. 홀 안에서의 관객의 자리. "영화 팬들인 우리들은 서투른 라틴어가 수다스럽게 지껄여지고 있는 세상에서 라틴어를 배우는 사람들과 동일하다. 우리들은 '라틴어 기초 지식'을 갖고 있으며, 이로부터 우리들은 오늘날 구어에서 때로는 아직도 존재하는 라틴어의 단편을, 때로는 우리가 알지 못하는 사물을 식별한다. 이것이 바로 세상과 오디오 비주얼을 질문하기 위한 도구(지적인 형성, 역사적 기억)로서의 영화이다. 아울러 어린 시절과 영화 팬, 우리들의 어린 시절을 만들어 준 영화들(우리들을 어린이로 취급했던 영화가 우리들의 어린 시절의 영향에 대한 보수주의라는 사실을 의미하지

않는다), 시작의 감동과 같은 예술의 요람기로서의 영화 등등." 결론
적으로 말하면 다음과 같다: "질문은 바로 다음과 같다. 즉 우리는 영
화가 녹화 가능하고 세상과 동일시해 준 중요한 **기계**였던 강렬하고도
더할나위없는 순간, 즉 역사적인 순간에 살지 **않**았던가? 그 시간은 지
나갔지만 그 추억은──점점 더 희미해지고 창백해지는──각 새로
운 중간 세대의 머릿속에서 떠나지 않고 있는가?"

이어서 영화 팬에 대한 비평이 등장한다. 도미니크 파이니는 사람들
이 자신에게 행한 비난을 다음과 같이 요약한다(1992년): "비평은 시
네-클럽과 예술과 에세이(**Art et Essai**) 운동에 평행하여 축적의 병리
학을 표현한다. 편집(비관용)에 기초한 평가 체계, 결코 전체를 보지 못
했다는 불만족에 의해 자극받은 창의력이 부족한 박식함(고증학적 연
구), 문화 자체 이외엔 그 어떤 참고를 갖고 있지 않은 문화를 표현한
다. 특히 영화에 대한 사랑이란 이름으로 모든 지적 분석에 대한 신경
질적이며 공격적인 거부를 표현한다." 기호 붕괴의 전형적인 예. 루이
스 스코렉키와 동일한 시기에, 제라르 르그랑은 다음과 같이 주해했
다(1979): "오늘날 사람들은 다양한 환경에서 '이러한 시각적 폭식'
과 박식함, 환각, 색인표의 혼합 앞에서 미식가들이다. 여전히 존재하
지 않는 단어인 영화 팬이기 위해서, 니는 이 말이 감각적인 호기심에
대한 모험이라고 말할 수 있다. 마치 소수의 '예술 영역'이 모험을 부
추기는 것처럼." 에릭 드 쿠퍼는 1933년 영화 팬에 대해 다음과 같이
설명한다: "일이 분명하지 않았던 시대에 일부의 문화, 즉 학식과 영
화의 기쁨을 획득하기 위한 수단 중의 하나였다. 종종 접근하기가 아
주 어려운 이러한 약간의 보물들을 독차지하기 위해서는 '진정한 의
지'인 호기심이 필요했다." 이러한 '진정한 의지'를 채플(예배당), 즉
신, 성자, 예언가 목회자, 종교 재판관이 되어 버린 영화 애호와 혼동

해서는 안 된다.

2001년에 영화 팬이란 것은 무엇인가? 이 단어는 이제부터 새로운 의미를 갖는가? 다른 목적, 다른 행동 양식을 가진 영화 애호의 또 다른 형태가 존재하는가?

43

프랑스 영화 비평은 어디까지 왔는가?

2001년 클레망 로세는 오늘날 영화 비평에 대해 각성을 주는 다음과 같은 성찰을 언급했다: "내 생각으로는 프랑스에 두 종류의 커다란 비평이 존재한다. 중앙 일간지나 주간지에 글을 쓰고 정말로 이 비평가들이 비평하고 있는 영화를 보았는지를 가끔은 자문하기에 이를 정도의 무능력을 과시하는 비평가들이 존재한다. 또한 영화 잡지에 글을 쓰고, 능력이 있기는 하지만 아주 종종 선입관을 갖고 있는 사람들이 존재한다. 즉 이들에게는 나머지가 순수하고 단순한 무가치한 작품으로 보이기 때문에, 일반적으로 일부 영화와 영화인만이 존재할 뿐이다." 이러한 평가(비관론에서와 마찬가지로 낙관론에서)의 이중적 접근을 넘어서, 이러한 평가를 자극하는 것을 자문해 볼 가치가 있다.

영화 비평은 프랑스에서 중요한 위치를 차지한다. 비평은 잡지, 라디오와 텔레비전 방송을 갖고 있다. 비평의 분쟁은 분쟁이 설전으로 표현될 때 흥겹다(예컨대 '가면과 깃털(Masque et Plume)'의 분쟁처럼). 또한 종종 분쟁의 동기는 통지하지 않은 사람에게는 모호하다. 1950년대부터 현재까지만 말하자면 《카이에 뒤 시네마》와 《포지티프》지의 대립을 내세울 수 있다. 숭배의 대상의 영화인들(즉 브룩스 · 휴스턴 · 안토니오니 · 부뉴엘은 《포지티프》지 계열이며, 히치콕 · 혹스 · 매커리 ·

풀러는 《카이에 뒤 시네마》지 계열의 영화인들이며, 제리 루이스는 두 진영을 모두 커버하는 영화인이다)로 구성된 정치적으로 좌파와 우파가 존재했다. "면전의 동료가 찬란한 스포트라이트로 판단력이 흐려지는 곳에서도, 아주 종종 정작 자신은 아무것도 지각하지 못한다."[1](쥘리앵 그라크) 현실은 더욱 복잡하다. 왜냐하면 더욱 흥미로운 작업을 수행하는 다른 검토가 있기 때문이다. 우리는 영화 비평이 《레 레트르 프랑세즈》《아르》《프랑스-옵세르바퇴르》 등과 같은 주간지에서 마찬가지로 발표되었다는 사실을 알고 있기 때문에, 단지 다음과 같은 몇 가지 예만을 인용하기로 하다. 매년 천의 숫자(제조연도)가 바뀌는 잡지(1954-1985년)인 《시네마》《이마주 에 송》과 이 잡지의 영고성쇠(1946-1992), 《죈 시네마》(1964년부터), 《시네마토래프》(1972-1987), 《베르티고》(1987년부터), 《브레프》(1989년 이후), 《트라픽》(1991년부터)과 다음과 같은 더 전문화된 잡지들: 《라방 센 뒤 시네마》(1961년 창간), 《카이에 드 라 시네마테크》(1971년 창간), 《레크랑 팡타스티크》(1969년 이후). 아울러 《영화 연구》(1960년부터), 《카메라/스틸로》(1981-1989)란 잡지를 잊어서는 안 되며, 기타의 영화 관련 컬렉션 또한 잊어서는 안 된다. 이러한 목록이 지나치게 축소되었다는 사실을 참작할 때, 사람들은 지적인 삶이 나무가 숲을 가리는 것에 불과한 도전으로 축약되지 않는다는 사실을 실현한다.[2]

프랑스에서 영화 비평은 정보의 역할뿐만 아니라 영화에 대한 성찰, 정열적인 논쟁, 연출가들에 고려 등등에 대한 취미를 전달하는 역할을

---

1) 뢱 물레의 영화 《알카자르의 안락의자 Les Fauteuils de l'Alcazar》를 보라.

2) 미셸 라루쉬와 르네 프레달의 지도하에 1996년 봄에 출간된 《시네마 Cinémas》지의 영화 비평을 보라. 특히 미셸 클레망과 자크 지메르의 지도하에 1997년 출간된 《프랑스 영화 비평 La Critique de cinéma en France》을 볼 것.

한다. 비평은 중요한 긍정적인 효과를 갖게 되었다. "로버트 베나윤에 의한 제리 루이스의 '발견'은 이 제목으로 종종 인용되는 예에 속하며, 클로드 샤브롤과 에릭 로메르에 의한 히치콕의 '옹호' 또한 마찬가지이다. 맥마흔이 후견하는 다음 4명의 감독들, 예컨대 랑·월시·프레민저·로지 또한 나쁜 선택이 아니다. 맥마흔은 이 4명의 감독들에게 신용을 부여하는 데 공헌했다. 강조해야 하는 것은 바로 이것이 아니라, 촉매 작용의 역할이다. 에드가르도 코자린스키는 《포지티프》지, 《카이에 뒤 시네마》와 《프레장스 뒤 시네마》지의 편집위원들이 조르게 루이스 보르헤스에 대한 동일한 지식을 공유한다는 사실을 주목했고, 아르헨티나 작가의 이름이 처음으로 제시되었다는 사실을 또한 주목했다. 그런데 이 보르헤스의 이름이 제시된 것은 레네 감독과 로브 그리예, 아돌포 비오이 카사레스의 〈지난해 마리앙바드에서〉(1961)와 〈모렐의 발명〉에서였다. 르네는 이미 보르헤스의 작품 〈세상의 모든 기억〉을 연출한 바 있었다. 라 비블리오테크 드 바벨(La Bibliothèque de Babel)은 자크 리베트의 〈파리는 우리 것이다〉라는 영화로 다시 돌아온다(1958년에 시작된 영화가 1961년에 배급되었다). 이 영화에서 보르헤스의 책 《앙케트》가 제시되었다.[3] 바벨(Babel)과 바빌론(Babylone)의 요해은 리베트의 작품, 특히 〈북쪽 다리〉에서 계속될 것이다('바빌론에서 우리 둘이!'로). 앵글로-색슨 국가에서 보르헤스에 대한 참조는 니콜라스 뢰그의 〈성과〉(1968년에 촬영하여 1970년에 배급된 영화)로 명확해진다. 이어서 '보르헤스적'이란 형용사는 '카프카적'이라는 형용사처럼 흔해졌다. 연출가들은 명백하게 작가들을 참조한다. 예컨대 고다르는 〈기관총 부대〉란 영화에서, 기타의 감독들 카

---

3) 푀야드가 레네 감독의 영화에서와 마찬가지로 리베트의 영화에서 제시되었다.

멜로 베네 · 베르나르도 베르톨루치 · 장 외스타슈 · 장 마리 스트로브 등이 있다. 이러한 압지 효과가 비평(과 영화의 비평) 없이 일어날 수 있을까?

좀더 전통적으로 영화 비평 활동은 최근의 영화를 설명하고 영화를 긍정이나 부정의 방식으로 감상하는 것을 설명하는 데 있다. 아울러 독자에 정보를 제공하고 선택을 할 수 있도록 도와주는 것을 설명하는 데 있다. 마르크 베르나르는 '진정한 비평'을 위해 다음과 같은 6개의 항목을 제시한다: "1) 논리적인 **체계**를 갖는 감독: 바쟁. 2) 한마디로 **전투적** 개성을 갖고 있는 감독: 시망 · 트뤼포 · 리시앵. **폭넓은 교양**의 소유자: 아스트뤽 · 캡드낙 · 쿠르노 · 보리 · 베나윤 · 도마르쉬 · 클로드 모리악. 4) 모든 파벌이나 당파에서 벗어난 모든 사물에 호기심이 많고 독창적인 정신이란 이중의미를 갖고 있는 **호기심 많은 정신**의 소유자: 르그랑 · 콜랭 · 카스트 · 키루. 5) 1950년대에 리베트처럼 재평가되는 사람 또는 리시앵처럼 항상 피곤한 줄 모르는 사람, 그런데 이러한 성격은 이전의 셰레르(로메르)와 같은 명석한 **학파의 대변인**으로 집중된다. 6) 마지막으로 시망과 트뤼포처럼 비평적 표현의 소유자인 아주 드문 재능의 **재담꾼**."[4] 장 클로드 비에트(1998년)는 두 종류의 영화를 구분한다(주간적인 소비 영화와 휴식 영화). 이 각 영화의 범주에 실질적인 비평의 태도가 상응한다. 첫번째 범주의 영화는 "무엇보다도 영화의 끊임없는 미묘한 증거를 관리하는 필요성을 계산하고 있는 것처럼, 정열적이며 종종 위협적인 지도, 열광적이며 정교한 분석"을 요구한다. 두번째 범주는 맹목적이거나 우뢰와 같은 소리를 내는 다른 영화와는 달리 휴식 시간을 필요로 하는 영화를 재

---

4) 2000년 4월 《포지티프》지 470호, p.72.

결집시킨다. 이러한 영화들은 비평가들을 거북스럽게 한다. "왜냐하면 자신들을 충분하게 잠재우고 천천히 잠에서 깨어난다고 느끼기에는 이들에게 시간이 부족하기 때문이다."

사람들은 비평에 좀더 야심에 찬 목적을 할당했다. "비평은 사람들이 습관적으로 단언하는 것과 달리, 작품에 대해 밖으로 드러난 가치에 대한 판단을 내리는 것이 아니라 작품의 내재적인 기준을 인정하는 데 있다. (…) 비평은 작품에 내재해 있는 성찰력을 일깨워야 하고, 자아의식으로 인도해야 하고, 작품에 접대의 구실을 하면서, 작품의 반향에 도달하도록 해주고, 작품의 가능성과 작품의 완성을 이룰 수 있도록 해야 한다."(유세프 이샤그푸르)

일반적으로 비평이 취향과 열정을 표현하기 때문에, 사람들은 주관성의 의심스런 표현과는 대조적으로 비평 수단(도구)의 완고함을 입증하는 일종의 '학자'의 입장을 취하는 사람임을 지칭하는 주어 인칭 대명사 'on'의 사용과 같은 비평가의 비평에서의 인상주의를 비난한다. 그렇다면 예술에 대한 보들레르의 텍스트는 대단히 취약하다. 따라서 1970년대에 급변이 일어났다. '과학적인' 마르크시즘 이후, 인문학이라 불리는 '과학'의 권위에 후광을 입은 여러 학문, 즉 기호학·텍스트하 등이 출현했다. 영화 비평은 따라서 의혹의 시대에 접어들었다.

자크 랑시에르는(2001) 다네와 같은 사람이 구상할 수 있었던 것과 같은 비평 기능을 정의하면서 다음과 같이 썼다: "여전히 젊으며 그 위계가 확실하지 못한 예술은 정치적 논쟁과 감독 및 해설의 새로운 학문과 이론이라는 이중의 낙인이 찍힌 현재와 조우하고 있으며, '영화 비평은' 또 다른 기능을 담당하게 되었다. 말하자면 영화가 우리들에게 보여주는 영화의 상황뿐만 아니라 특히 세계의 상황에 대해서 감추고 있는 것에 관해 영화에게 질문을 하는 것이다. 따라서 비평은 이미지의 베일을 들어올리고 세상의 기능을 마비시키는 활동으로 절대시되었다." 따라서 비평 활동과 비평의 궁극적 목적의 변화가 일어난 것이다. 그렇지만 사람들은 비평 연습과 영화에 대한 대학의 분석(교리에서 벗어난) 사이의 모순이 거의 설정되지 않은 것으로 간주할 수 있다. 또한 우리는 영화 분석을 대학의 교과목과 비평 사이의 통행을 허락해 주는 것으로 간주할 수 있다.

마찬가지로 다네 자신이 다음과 같이 증명한 변화들이 또한 일어났다:

— "영화는 독특성이 인접해 있는 아주 강하면서도 엄격한 형태가 더 이상 아니다. 이 독특성은 따라서 '변하지 않은' 시험대로 남아 있다."(1989)

— 대중은 항상 '하나'이다. "그렇지 않으면 '청취자'나 '시장의 지분,' 즉 분수, 압력 단체, 백분율이다." 영화에 대해 '능동적인 사람'과 '수동적인 사람'이 서로 대립하고 있다. 즉 "사람들은 더 이상 자신의 지식을 대중과 공유할 줄 아는 사람(또는 왜 좋아하는지를 아는 사람)에게 질문하지 않으며, 대중의 무지를 전혀 설명할 줄 모르는 사람에게 질문한다. 이렇게 하면서 무지를 정당화한다."(1991) 아울러 장 콜레(1999)는 다음과 같이 피력한다: "저널리즘이 비평을 죽였다고 확인했을 때, 관점도 갖지 않은 채, 어떤 방향에 소속되지도 않고 무엇에 대해서든 글을 쓴다. 이 안에는 생산하고자 하는 욕망 이외에는 그 어떤 욕망도 존재하지 않는다." 게다가 진부한 의미로 신중하게 '비평한다는 것'은 불가능하다. 말하자면 원인을 거슬러 올라가면서 결점을 강조하는 것은 불가능하다. 언론사의 조직, 텔레비전, 라디오는 이러한 것을 더 이상 허락하지 않는다. 이 미디어들은 아주 종종 영화 개봉을 수반하는 선전 캠페인의 보조 수단이 되었다. 비평에 대한 자

유의 공간은 영화 제작과 마찬가지로 축소되었다. 향수 효과는 마찬가지로 이 수준에 머물러 있다. 잡지들은 결산 목록을 작성하고, 선문집을 발간하며, 가장 훌륭한 작가들을 재검토한다.

'비평' 행위는 작품 전체나 특별한 작품에 할애한 작품집을 통해 연장되기도 한다. 이러한 작품집을 만들 때 기울인 조심, 작품집에 대한 정보의 정확성, 문체의 질, 제작에 기울인 노력은 진정한 책(기사의 표절 또는 서둘러 날림으로 쓴 작품이 아닌)을 필요로 하는 영화에 대한 고려의 보증서이다. "방법이 점유하는 데 쓰이는 곳에서, 비평을 위해서 이러한 방법은 '그 방법'을 구성하는 프레젠테이션의 형식 그 자체이다." 이 말을 한 유세프 이샤그푸르는 《영화인 오슨 웰스》와 더불어 자신이 무엇에 대해 말하는지 알았다. 《가시적 카메라》는 영화인에게 헌정한 희귀본인 책을 탄생시켰다(바르텔레미 아멘구알의 《에이젠슈테인 만세!》, 베르나르트 에이젠쉬츠의 《미국 소설. 니콜라스 레이의 생애》).

44
영화를 요약하거나 말할 수 있는가?

    젊은 관객이 영화로 들어가는 것은 바로 얘기된 이야기를 통해서이다. 이탈로 칼비노는 어째서 영화의 끝 부분을 본 후 시작 부분의 감상에 참여하는 것이 만족을 얻게 하는 방법인지를 다음과 같이 설명한다: "신비와 드라마의 결말뿐만 아니라 이들의 생성을 밝히는 것이다. 이를테면 등장 인물 앞에서 예상이 혼돈되는 감정으로. 혼동, 말하자면 정확하게 예언가의 혼동처럼. 왜냐하면 작은 토막으로 된 플롯의 재구성이 항상 편한 것이 아니기 때문이며, 살인자와 죄의 확인이 더욱 이해하기 어려운 신비의 영역 한가운데로 머물게 하는 탐정 영화가 문제가 될 때도 여전히 쉬운 일이 아니다." 영화를 이야기하거나 요약할 때, 영화를 재구성된 시간 순서대로 그 이야기에 이르게 하지만(종종 정보를 기대하거나 정정하지 않을 수 없다), 이와 동시에 꿈의 소재를 만들기도 한다. "꿈처럼, 시처럼, **시간**을 퍼뜨리는 모든 것처럼, 영화는 요약하기가 실제로 어렵다."(다네)

    각자가 자신의 방식대로 살 수 있는 구두 이야기, 즉 경험이 있다(프랑스에서는 다네의 지적처럼 영화가 구두 전통, 즉 '여전히 생명력이 있는 아주 드문 것 중의 하나'를 공급하고 있다). 타부치는 친구들과 영화를 본 후, 친구들과 영화에 대한 인상을 교환하려고 당구대가 있는 바에 들어갔다. "이것은 중요한 연습에 속했다. 각자는 당구를 치면서 자기 방식대로 영화를 차례로 이야기했다. 우리들 각자는 아주 다른 방식으로 영화를 보았고, 체험했으며, 각자는 자신의 영화에 대한 소감을 아주 다르게 설명했다. 어떠어떠한 장면을 비평하거나 해석하는 것이 중요한 일이 아니었고, 영화의 시작부터 끝까지 영화를 요약하고 이야기하는 것이 중요했다. (…) 나는 내가 영화에 대해 이야기할 차례가 되었을 때 받았던 감동을 잘 기억한다. 나는 이 순간을 아주 초조하게 기다렸던 것이었다. 그리고 내 차례가 되었을 때, 나는 행복했다. 모든 이야기는 서로 부딪히고 뛰어오르는 당구공의 리듬에 따라서 이루어졌다. 이야기 시간이 짧았다. 따라서 요약을 해야 했다. 상아빛 당구공의 속도를 따라가야 했기 때문에, 이야기는 아주 강렬했다."

씌어진 이야기가 있다. 그런데 이야기가 존재하기 때문에 섬세한 연습이다. 망세트의 텍스트는 여러 가지 이유로 제한된 한 가지 경우를 제안한다. 무엇보다도 텍스트가 〈인세미노이드〉(1982년 노먼 J. 워런이 연출한 영국 영화)라는 제목이 붙은 영화를 설명하는 것으로(신중한 논쟁을 통해) 간주되는 기사에서 자리를 차지하고 있기 때문이다: "석탄 갱도를 조심스럽게 파들어 가는 손에 땀을 쥐게 하는 동굴학자의 모험이거나 이와 유사한 이야기이다. 이와 같은 전위적인 소재는 〈에이리언〉에서 차용한 개념이라는 사실을 빨리 알아차리게 한다. 코만과 같은 사람이 예전에 석탄 갱도에서 공상과학 영화를 촬영할 수 있었을 것이다. 다른 사람들도 코만처럼 영화를 촬영할 수 있지만, 많지는 않았다. 촬영기사는 더 이상 플로이드 크로스비가 아니다. 필터와 괴상한 대물렌즈 옷을 입힌 카메라를 들고, 플로이드 크로스비는 연기자의 영사막을 맞춘다. 이 연기자 중의 한 사람은 클린트 이스트우드이며, 외계인에 의해 애를 밴(여기에서 제목이 나왔다) 여주인공은 공포스럽고 짐승 같은 소리를 내지른다. 그때 서로를 구별할 수 없는 동료들이 석탄에 신경을 쓰지도 않은 채 그를 추적한다. 그런데 이들은 푸조 103 자동차의 깜빡이등을 장식하고 있는 조명탄 모양의 등을 머리에 장식하고 있었다(미셸 피콜리는 나타나지 않는다). 캠핑-가스등으로 보이는 물건으로 확실하게 무장한 이들은 추적을 계속하며, 양식으로 가득 찬 대사를 주고받는다.

— 나는 사람들이 자신들의 집으로 돌아갈 수 있을 때 정말로 만족할 것이다.

— 그래 나도 너를 이해할 수 있겠다!

이와 같은 대사는 영화의 메시지를 구성한다."

망셰트는 이 이야기를 1981년(《인세미노이드》에 관계된 레오나르 말탱에 의해 표시된 날짜는 1982년이다)에 썼다. 《포지티프》지도 《카이에 뒤 시네마》지도 이 영화에 대한 비평 기사를 쓰지 않았다. 망셰트는 도전으로 새로 나온 영화를 보기 전에 새로 나온 영화에 관한 기사를 쓰는 데 신경을 썼다고 주장했다. 그가 본질적인 문제에서 실수한 것은 아니었다. 왜냐하면 말탱은 "이 무서운 복제인간 〈에이리언〉에 대해 말하고 있기 때문이다."[1]

만약 망셰뜨가 진실된 영화를 상상적인 작품으로 취급했다면, 레이몽 크노는 〈뢰유에서 멀리 떨어진〉에서 여주인공을 도와주는 남자 주인공인 '오르랄루아'와 함께 서부 영화를 꼭 빼닮은 상상적인 영화를 묘사했다.[2] 이러한 이야기는 드문 얘기가 아니다. 우리는 이것을 해리

---

1) 보르헤스와 비오이 카사레르의 등장 인물인 영화사가는(《돈 이시도로 파로디(Don Isiodor Parodi)를 위한 6개의 문제》) 영화의 과학적인 이야기를 작업한다: "그는 자료를 위해 연극의 직접적인 감상을 통해 자료를 오염시키지 않는 예술가의 뛰어난 기억에 도움을 청하는 것을 더 선호했다." 결과적으로 그는 영화를 보지 않았다.

2) 이 작품의 〈폴리오〉판 pp.36-41 참조 요망.

레온 윌슨의 〈머턴 오프 더 무비즈〉(자신의 행동을 '초원의 힘세고 조용한 사람인' 벅 벤슨(Buck Benson)으로 우상화한 배우의 몸짓으로 각색하고 있는 지방의 야채 가게 점원 이야기)에서 찾아볼 수 있으며, 셔우드 앤더슨은 〈이야기꾼의 이야기〉에서 어떻게 어린이가 빌 하트(Bill Hart)로 동일시될 수 있는지를 이야기한다.

묘사, 이야기는 이미 '강독'이며, 비평적일 수 있는 관점을 표현한다. 망셰뜨는 다음과 같이 말한다(문제가 되는 작품을 인용하는 것은 무용하다. 이것은 진정으로 영화일 수 있다): "영화는 **쇼크**를 주는 것이다. 말하자면 서스펜스와 공포스런 놀라움의 효과를 차지하고라도, 영화는 적출된 두 눈, 피가 흐르는 적출된 내장, 골과 같은 찢어진 고기와 같은 재료를 너무 많이 사용한다. 이것도 모자라 영화의 소재에 피와 **뼈**를 제공할까?" 엘머 라이스는 〈푸릴리아에서의 여행〉에서 '영화 나라'로의 원정을 이야기한다. 탐험가들은 이 세계에 대한 관찰에 몰두하기 위해 출발하며, 이들은 그 나라로 파고들어가며(〈셜록 2세〉에서 버스터 키턴처럼, 셜록 2세는 스크린에서 자신의 삶을 살아가는 있는 등장 인물에 가담한다), 배우들과 이들의 동작과 자신들이 표현할 책임이 있는 것에 대한 분류를 설정한다(1920년대 중반의 미국 무성 영화에 관계되는 말이다): "깨어 있을지라도 두 눈을 감는다는 것은 강도 높은 고통의 흔적이지만, 이러한 표명은 단지 여성 전용이다. 남자들에게 있어 표명은 반쯤 열린 입과 불끈 쥔 두 주먹으로 표현된다."

영화를 이야기하는 것은 내부의 명령에 대답하는 행위이며, 사람들은 의심할 여지가 없는 기쁨을 완수한다고 느낀다(구두나 글씨로): "하지만 방금 본 이미지가 기쁨과 그 이미지를 본다는 욕망을 갖고 문자로 명령에 대답하는 사람들을 일깨우면서 우리들에게 반향시키는 메아리는 무엇인가?"[3] 하지만 이러한 작은 이야기들은 이 작은 이야기들이 가치 있게 하는 것을 가치 있게 한다. 알랭 마송은 고다르의 〈비브르 사 비〉(그녀의 인생을 살다)를 이야기하는 것을 즐거워한다.

— "방값을 지불할 돈이 없는 나나는 매춘을 하고 기둥서방의 지배하에 들어간다: 그녀가 자신의 속박에서 벗어나려는 낌새를 알아차렸기 때문에, 기둥서방은 그녀를 다시 팔아넘긴다: 그녀는 시장 거래의 실현 도중에 살해되었다."

— "단순한 관객인 나나는 영화를 만들고 싶어한다, 마치 〈타원형의 초상화〉의 모델처럼, 그녀는 분장되어진 채 죽는다."

— "우유부단한 인물인 나나는 현대 생활의 공허함을 경험하고, 상황의 단계적 이행을 수용하며, 죽을 때까지 자신의 환상을 결코 잃지 않는다."

우리는 〈시베리아에서 온 편지〉에서 크라이스 마커에 의해 제안된 인물의 경우와 동일한 상황에 다시 위치한다. 이 영화에서 동일한 시퀀스가 3개의 서로 다른 해설을 동반하여 되돌아온다. 아주 분명하게 방향 설정을 한 각자는 외견상으로 가장 '객관적'이기조차하다. 마송은 "하나의 이야기, 즉 한 사회주의자의 작품이 종종 소포클레스나 테렌티우스를 능가한다는 사실을 환시시켜 준다. 논쟁, 주제의 총체적인 해설. 그는 작품의 요약을 구분한다. 이어서 그는 비극이나 희극의 분석을 구성하는 것과 너무 거리가 멀거나 다양한 사실을 강조한다. 그는 액션의 기간과 묘사의 내용을 범람시킨다. (…) 다른 한편으로 논쟁은 변화하는 지속 시간(길이)에 대한 요약이다. 어떤 상세한 설명까지를 포함해야 하는가? 어디까지 재편집해야 하는가? 어느 점까지

---

3) 아녜스 미나졸리, 《첫번째 그림자 *La Première Ombre*》, 미뉘 출판사, 1990, p.13.

결말이 함축하는 예상을 따라야 하는가? 논쟁으로서 이야기는 끝이 없다." 마찬가지로 이야기는 플롯과 대립하며, 따라서 고다르의 영화에 대해 "영화에 대한 나나의 사랑은 자신의 성격의 단순한 특징으로 해석되어질 수 있다. 그는 영화적일 수 있는 현실을 표현한다. (…) 영화의 생각, 이것은 바로 내가 픽션의 세계와 묘사의 세계 사이의 혼동에서 이해할 수 있는 이야기의 연속을 위한 일이다. 나나는 나에게 있어 그녀 자신의 여배우가 되었다. 마치 스크린에서 잔 다르크가 자신의 만남을 받아들이는 것처럼."

45

어째서 영화를 연구하는가?

'양식'에 대한 반작용은 반항하는 것일 것이다. 영화는 바나나처럼 현장에서 소비된다. 추론을 중단하는 것은 무용한 일이다. 더욱이 추론은 어디에 소용이 있는가? 다른 문제는 마찬가지로 위험하다. 작가는 당신이 그의 작품에서 보는 것을 말하고 싶어했을까? 망셰트는 다음과 같이 대답한다. "천진함이란 이름으로 영화학과 음악학에 대해 불평하는 사람들은 오래전부터 자신들이 민중 선동으로 내세웠던 것을 더 이상 소유하지 않는다. 잃어버린 천진함의 반대는 부자연스럽게 꾸민 것이 아닌 바로 되찾은 천진함이다." 궤변을 위함이 아닌 지성을 위해 내기를 합시다.

선행되어야 할 주목. 학자들은 작품의 연구를 '텍스트의 분석'이라고 부르며, 롤랑 바르트의 《S/Z》의 모방은 이러한 연습의 출발점일 것이다. 만약 문학 작품의 분석이 모델로 사용될 수 있다면, 롤랑 바르트 자신도 주목했듯이, 바르트의 작품에만 한정해서는 안 될 것이다. 또 다른 접근 형태, 즉 제네바학파의 연구에 대한 장 피에르 리샤르의 미세 강독이 존재하며, 이들의 연구와 친근해지는 것은 헛된 일이 아니다.

영화관의 좋은 영화는 아마도 대중이나 시대에 따라서 2-3개의 재생 필름을 갖고 있는 영화이다. 나쁜 영화는 하나의 재생본만을 갖는다. 즉 첫번째 재생 필름만이 존재한다.(다네) 영화를 연구한다는 것은 이 영화의 재생을 감각 있게 해주고 문제화하는 것에 달려 있다. 필름(영화)의 분석은 미학과 역사의 교차로에서 작품을 가장 훌륭하게 이해하는 데 길을 열어 주는 필수 불가결한 연습이다. 이것은 음악가나 배우의 예술과 같은 해석의 예술이다. 작품을 밝히는 것이 중요한 것이 아니라 작품을 돋보이게 하고, 작품에 생명력을 제공하는 것이 중요하다. 들뢰즈는 '전체의 틀을 짜는 순수하게 사고된 관계의 게임을 지향하는 이미지를 정신 이미지로 만들고 있는' 작품이라면서 히치콕의 플랜에 대해 글을 썼다. 영화 연구의 목표는 '이와 같이 순수하게 사고한 관계의 놀이'에 접근하는 것이다. 방향을 결핍이나 작품의 외부에 위치하게 될 길로 말려들지 않도록 주의하는 것이 중요하다.

이러한 외부는 역사적 · 사회적 · 정치적, 즉 성의 차별과 같은 외부적인 것일 수 있다. 이러한 관점에서 영화는 영화가 다른 것들 사이에서 사회-역사적 앙케트에서의 자료라는 사실에 따라 이해 관계만을 제시할 수 있다. 작품은 작품을 관통하고 정보를 제공하는 것으로 간주되는 내용이나 메시지 및 관념의 기능에 따라 구상된다――그런데 이 내용은 그 기원이 예컨대 본질적으로 사회를 포함하는 것에서 찾을 수 있다. 영화는 우리에게 사회, 계급이나 성의 관계에 대해 무엇인가를 말한다. 영화 작품은 아무 때나 아무 데서나 아무에 의해서 만들어지는 것이 아니다. 이러한 시작의 구상의 중요성은 분명하다. "영화는 수단 중의 하나인데, 이 수단을 통해 세계가 자신에게 스스로 말한다. 그러므로 영화 비평은 세계에 대해 말해야 한다……."(망셰트) 하지만 이러한 공격의 각도에 특별한 혜택을 부여하는 것은 단지 증거로서 작품을 검토하는 것으로 돌아간다. 이러한 예는 작품의 현실과 다른 현실에서 그 궁극적 목표를 찾는 담론을 제공하러 온다. 이것은 시사영화나 일부 르포 영화의 경우이다.

작품에서 '살아 숨쉬고 한정된' 관계는 필연적이다. 장 스타로빈스키는 비평적 해석과 비평적 관계의 양식에 대해 말한다. 구체적으로 분석한다는 것은 상황을 재단하고, 측량하고, 아주 정확하게 조각하는 것이다. 제라르 그라넬이 말하는 것처럼 "작품에는 찌꺼기가 존재하지 않으며, 중요하고, 보여주고, 하찮은 것이 되는 것들 사이에서 가능한 선택이 존재하지 않는다." "실제로 메를로 퐁티가 '상공 비행의 사고'라고 아주 잘 이름 붙인 것과 유사한 해석(여기에서 문제가 되는 해석)은 아무것도 없다." 즉 해석은 '상세한 설명'이 축약되고, 마침내 사라지려고 하는 고도를 갖고 있는 작품의 위를 비행하지 않는다. 반대로 텍스트의 상세한 설명을 생기게 하고 팽창시킨다. 해설자의 주위가 최대한으로 요구되기 때문에, 연출가가 '순수하게 생각하는 관계의 게임' 주변에서 자신의 작품을 공들여 만들기 위해 시간, 에너지, 엄청난 주의를 투자하는 것이 사실이다. 이러한 '게임'에 도달하기 위한 길 중의 하나는 따라서 작품을 가로지르는 인물, 인물들이 구성하고 있는 망(함축된 연대성의 망), 인물들의 변화와 같은 것을 결코 소홀히 하지 않고 이것들을 연구하는 데 있다. 일단 영역이 설정되고 표지를 세우고 나면, 그 상황의 본질에 따라 때로는 비약이나 때로는 천착이 될 수 있는 자신의 고유한 사고 운동을 그 상황에 실행해야 한다. 장 루세의 작품의 제목은 이런 점에서 표명에 거의 가깝다: '이행, 교환, 전환.'

가능한 한 정확하게 이러한 작업을 일단 실행하고 나면, 작품의 '방향'를 뉘어 놓으려는 욕망이 자유롭게 된다. 사람들은 피에르 마슈레가 문학에서 말하는 것을 영화에 대해서도 말할 수가 있다: "따라서 자기도 모르게 문학을 생산하는 사고가 아닌 문학이 생산하는 사고인 문학적 철학을 추구해야 하는 것은 문학 형태가 말하는 것처럼 보이는 것의 뒤에서가 아닌 문학 형태 속에서이다. (…) 여기에서 내용은 자기 표명의 형상의 밖에 결코 있지 않다. 내용은 형상이 형상을 만드는 운동에서 반영되는 그대로의 형상과 일치를 이룬다…….”(《문학은 무엇에 대해 생각하는가?》)

이것이 바로 존재하는, 따라서 살아남은 작품의 능력을 참작하는 유일한 방법인 것이다. 무엇보다도 주석이나 분석 그 자체에서(분석의 한계를 표시해 주는 저항은 모든 이해 관계를 동시에 말한다).

46

전체를 이야기해야 하는가, 아니면 세부 사항을 이야기해야 하는가?

우리는 영화 전체를 결코 보지 못한다. 이에 대한 원인이 영화의 감상에 대한 물질적 · 기술적 조건은 아니다(영화의 상영은 성공적일 수 있으며 영화는 완벽하게 상연될 수 있다). 영화에서 관계, 즉 각자가 가질 수 있는, 항상 꿈꾸는 부분이든지 부재한 부분을 위한 것이다.

영화를 보았다는 것은 회상하는 것이다. 우리가 본 영화에 대해 간직하고 있는 기억은 항상 단편적이다. 만약 기쁨이 컸다면, 역설적으로 공제가 마찬가지로 지대하다. 반복된 문장(〈카사블랑카여 다시 한번〉), 모방된 동작(고다르가 자신의 첫번째 영화에서 벨몽도를 통해 보가트의 버릇을 연기하도록 하면서 삽입한 절차), 흥얼거리는 노래, 배우의 얼굴에 대한 매혹 등등. 영화 상영 이후의 토론, 영화를 본 친구들 사이의 파티, 막 시작한 영화에 대한 단편을 매력 있게 만드는 영화의 연속체에서 공제된 단순한 상세한 설명. 가장 친밀한 숭배의 대상과 같은 어린이들의 무리나 가문을 구성하는 이러한 사람들의 모임의 몸짓 너머로, 사람들은 이러한 작업 속에서 연속(사슬)의 두 끝에서 언제든지 '문제가 되는 것'이 나타나는 것을 본다. 즉 자의적이고 필연적인 절단——이 절단을 통해 영화가 관리된다. 개념—연출에서부터 일반적인 리셉션과 영화 팬에 이르기까지도 마찬가지이다.

　상세한 설명의 힘은 엄청나다. 그 힘은 맨 처음의 참조에 대항하여 변형시키는 근사치에 위치한다(어떻게 속지 않겠는가?). 이 힘은 작품과 이론화의 기초에 관한 담론의 중요한 동력이다. '노파의 세모꼴 숄'을 가지고, 롤랑 바르트는 〈전함 포템킨〉의 사진 한 컷으로부터 '무딘 감각'을 전개시켰다. 그는 사진에서의 상세한 설명을 구상하는 두 가시 방식을 구별하기 위해 퐁크톰(punctum)/스투디옴(studium)[1]이란 용어의 대립을 제안한다. 크기의 규모에 관한 문제가 영화의 상세한 설명에 결합된다. 에이젠슈테인은 "커다란 플랜으로 찍은 바퀴벌레는 코끼리떼보다 더 위협적이다"라는 사실처럼 렌즈의 확대력을 질문하기 위해 디킨스의 주전자에서 출발한다. 그 순간 개념이 반대로 움직인다. 상세한 설명이 중요한 것이 아닌가? 환영을 다르게 맞추는 방식은 영화 초기부터 감지되었다. 에이젠슈테인의 방식과는 달리, 루이 델뤽은 '촬영 효과(포토제니)'라는 개념에 사진이 '운 좋게'라는 표현으로 이해되는 것처럼 보이는 이러한 상세한 설명의 독특성에 연결된 사진의 장점 중의 일부를 집어넣는다. "바로 이것이 필름이나 극판에 대해 내가 매혹된 것이다, 그는 계속 말하기를, 렌즈를 통해 건성으로 모아진 이러한 이해은 희귀한 표현이다" 이미지의 모든 마법의 실체를 보증하는 이러한 우연에다, 우리는 현실을 밝혀 주는 경향이 있는 지표의 작업을 추가할 것이다(흔적, 지표, 징후라는 용어로 카를로 긴즈버그에 의해 분석된 19세기의 많은 문학 작품에서 그런 것처럼). 사람들은 (정

---

　1) 롤랑 바르트가 〈밝은 방, 사진에 관한 주해 La Chambre claire, note sur la photo-graphie〉《카이에 뒤 시네마》(1980년)에서 전개한 주제이다, 바르트에 따르면, 퐁크톰은 라틴어 '점'에서 파생한 말로 '화살처럼 무대에서 나와 나를 찌르는 점'으로 사진의 이미지를 설명하고 있으며, 스투디옴은 사진 이미지에 대한 일종의 일반적인 이해, 즉 추론되고 문화적이며 협약에 따르는 해석이라고 말한다.〔역주〕

상적으로) 보여지는 운명이 아닌 상세한 설명을 실행하는 데 이르는 과거 예술가들의 시도를 대립시킬 것이다. 많은 연구가 이것의 상이한 잠재성을 밝혀 줬다. 다니엘 아라스는 미술에서 작품을 분해하게 하는 이러한 상세한 설명에까지 이르는 아주 훌륭한 예들을 연구했다. 조지 디디 휴버만은 눈에 보이는 상세한 설명(색깔의 점의 형식으로)에 대해 성찰했지만, 무엇보다도 '주요 부분'의 용어에서 불분명했다. 이러한 접근들은 실제의 효과가 상세한 설명을 흡수하지 않는다는 사실을 설정하도록 한다. 상세한 설명에 관계된 이해 관계는 재인식과 이러한 차이의 평가에 있다. 이러한 태도는 아주 종종 신비감을 가질 수 있는 예술적 전통의 일환을 이룬다. 휴버트 대미쉬를 통해 《파리의 심판》에서 전개된 예는 취급한 주제와는 별도로 시간(과 작품)을 가로지르는 동일한 모티프의 해석을 보여준다. 만약 상세한 설명이 현실에서 알려지거나 체험한 일들에(사물에) 대한 기억을 함축할 수 있다면, 이러한 상세한 설명은 의식화된 기억뿐만 아니라(예컨대 신비 또는 종교적 의식), 예술의 경험에서(일종의 텍스트간의 대화)만 존재하는 기억을 환기시킬 수 있다. 이와는 반대로 상세한 설명은 만약 상세한 설명이 완전히 이해할 수 없고, 심하게 비이성적이거나 완전히 중립적인 것으로 머무는 힘을 갖는다면, 리셉션(레퍼토리에 넣기)의 절대적인 봉쇄를 실행할 수 있다. 단순히 상징적이고, 이와 동시에 실제로 존재하고 있고, 이해할 수 없는 요소의 상태로 돌려진 상세한 설명은 가장 의미심장한 지표와 마찬가지로 또한 더욱더 의미심장하게 작품 전체를 끌고 간다. 유사한 효과들이 작품이 무엇이든지간에 작품들에서, 비평적 관계에서 상세한 설명이 차지하고 있는 위치를 정당화시킨다.

각각은 실 뭉치를 감거나 풀기 위해 실을 잡아당기기에 이른다. 동시에 세심한 주의를 요하고 단편적인 이러한 작업은 짜증날 수 있다

(이 작업에는 작품에 대해 말하거나 글을 쓰는 사실 자체와 어깨를 나란히 할 수 있는 자의성이 있다). 아주 정확하게 미셸 시옹은 영화 비평에 고유한 접근에 관계되는 것에 대한 경계를 보여주는 것을 포기하지 않았다. 내기는 사람들이 모든 영화나 영화 전체(이것은 동일한 일이 아니다)에 대해 말할 수 있는지를 알아보는 것이다. 달리 말하면 영화의 내용을 한정하는 것이다. 등장 인물과 상황이 딸린 플롯 전체를 해설하는 것은 쉬운 일이다. 플롯과 연관된 사회(현대 사회나 과거 사회, 만약 영화가 다른 시대의 작품이라면)에 대한 가치 전체나 도덕적 규모에 관계되는 사실들을 보고하는 것 또한 쉬운 일이다. 또 다른 일은 가능하다면 정확하게 문체적 혁신과 선택을 동일시하는 일이다. 영화, 만약 영화가 훌륭하다면, 작품의 상세한 설명에 주의를 요구하는 또 다른 감상에 호소하고 실 짜는 여인네의 섬세하고도 주의력 깊은 장인 정신의 동작을 전제로 하는 일이 남게 된다. 이것이 바로 심오한 연구의 지속에서 자리잡은 영화 분석에 대한 장인 정신의 동작이다(마치 이 연구가 문학·음악·회화에서 이루어지는 것처럼). 이러한 동작은 완전하고 온전한 판단——그런데 이러한 판단이 상세한 설명에 대한 막다른 골목이 되는 것은 아니다——의 영화 개봉이라고 설명하고 있다고 확신히는 기자의 즉각적이고 효과적인 반응을 요구하는 분석과 구별된다.

47

영화 표현에서 차용한 영화는 어떻게 되는가?

베르나르트 에이젠쉬츠는 다음과 같이 확언한다: "프랑스 영화의 가장 큰 힘 중의 하나는 바로 자신이 영화를 만드는 시간과 동일한 시간에 영화에 대한 글을 썼거나 혹은 아마도 자신이 영화를 만드는 것보다 더 많이 영화에 대한 글을 썼다는 것이다." 우리가 꿈꾸는 영화들, 왜냐하면 우리가 그 영화를 보지 못했기 때문이다(영화를 보지 못한 이유가 무엇이든지간에): "영화는 작품이었고, 영화의 문체, 영화에 관한 문체였다. (…) 우리들은 아도 키루 · 장 불레 · 조르주 사둘과 같은 위대한 영화 광신자들에 의해 영화를 알게 되었다. 이들에게 영화는 신비한 영역으로 취급되어 자신들 스스로가 영화 팬의 세대에 영화를 전달하기에 이르렀다."

영화는 흡수하고 흡수되는 아주 위대한 능력을 갖고 있다. 들뢰즈는 영화를 자신의 실험적 영역에 합병시킨다. 모든 영화, 그런데 들뢰즈가 다른 예술에서도 이와 동일하게 하는 것이 아니다(예컨대 회화에서 들뢰즈는 원칙적으로 베이컨에 근거하고 있다). 마치 이러한 영화의 표현 수단이 한 블럭으로 수용되는 것이 필요한 것처럼. 만약 일부 사람들이 영화와 생을 혼동할 수 있다면, 삶이 영화에 동질시될 수 있다.

최근의 다네에서 발견할 수 있는 것처럼 고다르 또한 마찬가지였다. 고다르는 다네를 영화(와 영화 고유의)의 불가사의로 취급하며 이러한 공모를 알고 있는 자신의 《영화사》에서 환대했다. 이들은 자신들의 존재를 영화와 닮게 했다.

영화는 따라서 아주 쉽게 일부 문학 장르와 가까워졌다(에세이 · 일기). 이탈로 칼비노는 '관객의 자서전'을 썼다. 《영화의 보통 사람》이란 작품으로 장 루이 셰페르는 한 발짝 더 멀리 전진했다. 영화에 대해 쓴다는 것은 독창적인 경험을 설명하는 것에 이른다: "나는 종종 시간 자체 속으로 걸어간다. 영화는 유일한 경험이며, 이 경험 안에서 시간은 나에게 인식으로 주어졌다. 만약 내가 영화에서 다시 취하는 것이 내 상상력의 끊임없는 변덕에 복종하는 사실이 아니라면, 나는 아마도 내가 향유할 수 있는 새로운 시간 때문에 영화관에 가는 것에 확신할 것이다. 그래서 나는 종종 영화관에 간다." 영화에 대해 쓴다는 것은 문학 행위로의 변신이며, 영화는 소설과 같은 소재가 된다.[1]

영화는 오늘날 어느 정도 우리들의 브르타뉴의 소재와 같다. 브르타뉴의 역사성은 우화의 시대에 속한다. 즉 "브르타뉴 우화의 꿈의 공간은 전설적인 브르타뉴의 이름을 취하고 있지만" 이것 또한 "역사에서 알려지지 않은 신체의 유사성에서 자아의 기원을 딤색하게 한다." 이것은 따라서 픽션이다. 영화는 픽션을 제공하지 않으며, 그 자체가 픽션이다. 또한 로마네스크는 우리들 닮게 하고 '영화 소설'이란 제목을 붙일 수 있는 흔적으로 구성된 이와 같은 많은 작품들에서 싹이 튼다. "기원 소설, 가족 소설, 권력 소설, 연애 소설, 부재나 추방의 소설,

---

1) 프랑스 시에 영화가 현존하는 것은 아주 제한되어 있다. 아리안 드레퓌스의 최근의 시집, 그 제목이 소설을 참조하고 있는 《한 이야기가 여기에서 일어날 것이다 *Une histoire passera ici*》(1999, 플라마리옹 출판사)를 인용해 보자.

교훈 소설, 묘사 그 자체의 소설, 원초적인 많은 장면들에 대한 분명하고 변형된 추억들——그런데 이러한 원초적인 장면들을 통해 픽션이 시작되고, 특별히 영화로 만들어진다, 주시의 공간, 매력과 배제 사이에서 관객의 위치——마치 본성적으로 이미지가 분명하게 또는 은밀하게 포착되고 희미하게 떠올라 살며시 파악되어질 수만 있는 것처럼. 만약 이러한 소설들이 문학적으로 이미지로 형상화되지 않는다면, 이 소설들이 이미지에서 정지하는 것은 바로 감정이다. 이미지가 동요와 쇼크, 폭발, 급격한 감동을 응축하는 것 또한 감정이며, 바로 이러한 감정을 통하여 이미지들이 머물고, 두 눈을 통하여 남아 있는 것이다."(제롬 프리외르)

장 뤽 고다르는 영화와 문학의 관계를 다음과 같은 양식으로 요약하고 있다: "영화에서 사람들이 시작하는 것은 바로 회귀를 통해서이다. 영화는 되찾은 시간을 통해 시작되고 잃어버린 시간을 통해 끝난다. 그런데 문학은 잃어버린 시간을 통해 시작하여 되찾은 시간을 통해 끝난다. 이런 관점에서 보면 동일한 것 같지만, 만약 네가 원한다면, 사람들은 끊임없이 서로 교차하는 두 대의 열차 속에 있는 것이다." 실제로 영화는 한번 있었던 순간들을 되돌아오게 하는 독창성을 갖고 있지만, 이러한 귀환 그 자체와 반복을 통해, 영화는 잃어버림의 감정을 만들어 낸다. 한 세기가 지났고, 재생과 반복의 원칙이 '자연스런' 경사의 종착이 되었기 때문에 영화 그 자체가 영화가 잃어버린 감정을 생산한다. 문학은 잃어버린 시간을 찾아 떠나는 습관이 있으며, 이러한 탐색에서 성공하는 습관이 있다. 잃어버린 영화가 문학에 의해 아주 잘 구원될 수 있을지라도.

여러 가지 많은 예들이 문학에 의해 이해된 영화의 힘을 보여준다. 매번, 개인의 운명이 문제가 되는 것이다. 첫번째 것은 프랑크 카프라의 〈잃어버린 수평선〉을 도취 상태로 만든 스타니스라스 로단스키의 (개인의) 운명이다. 그의 '소설' 《날개의 보호하에 얻은 승리》(1975)는 영화로 각색된 이국적 모험 이야기를 패러디하고 있으며, "원자 이후 우리 시대의 맥박에 해당되는 겨우 속도를 늦춘 **속도**(시간)에서 전개된다."(쥘리앵 그라크)──영화가 만드는 데 공헌한 맥박인. "이러한 꿈은 나에게 추억이 실제로 존재하지 않는다는 사실을 가르쳐 주었다. 나에게는 잃어버린 수평선 이외에는 더 이상 없다. 무가치한 기억의 선별적 인상. 메트로 골드윈 메이어의 사자를 인터뷰하는 것과 마찬가지이다. 나는 모든 것이 시퀀스, 즉 직설법에 있다고 말하고 싶다." 맬컴 라우리의 〈화산 밑에서〉(1947)는 《오를라크의 두 손》(1935)에 의해 영감을 받은 작품이다. 주앙 마르세의 《상하이의 밤》(1993)에 대해 말하자면, 1941년 슈테른베르크의 〈상하이의 제스처〉란 영화의 추억을 더듬고 있는 소설이다. 모든 것은 "아주 젖은 녹색 드레스를 입고 카지노의 카운터에 앉아 있는 남의 환심을 살 줄 알고 머리를 헝클어뜨린 자신의 얼굴 앞에 도사린 담배 연기가 피어오르는 곳에 있는" 진 티어네이를 묘사하고 있는 데생에서 출발한다. 추억들은 이러한 담배 연기처럼 펼쳐지고 녹색의 색깔이 여행을 하기 시작한다.(드레스 또한) 이 책은 빅도르 에리스가 20년 전에 공화딩원의 일굴이 프랑켄슈타인의 창조물에서 유치한 상상력으로 고정되어 있는 〈별집의 정령〉이란 스페인 영화를 추억하게 한다. 반면에 마르스의 소설에서는 이것은 오히려 투명 인간에 관한 추억일 것이다.

델모어 슈와르츠의 '누벨(Nouvelle),' 즉 〈책임이 시작되는 것은 바로 꿈속에서이다〉(1935)라는 것은 놀랄 만한 영화의 영화 상연 시간에 관한 이야기이다: "나는 영화 홀에 있다는 인상을 받았다. 빛의 긴 줄기가 어둠 속에서 돌아가고 있었다. 나는 나의 두 눈을 스크린에 고정시켰다." 내레이터는 이 영화의 주제처럼 보이는 약혼자들인 자신의 부모님들의 산책에 동참하고 있었다. 관객은 참을 수 없게 되었고, 젊은이는(우리는 그가 나이를 많이 먹었어야 21세쯤 되었을 것이라는 사실을 알고 있다) 아직 자신의 부모가 되지 않은 사람들에게 불쑥 말을 건다: "어리석은 짓 하지마! 의견을 바꾸기에 너무 늦은 것은 아냐, 당신들 둘 모두! 의견을 바꾸지 않으면 좋을 것이라고는 아무것도 없을 테지만 단지 후회, 증오, 스캔들과 증오심에 찬 2명의 어린이들이 있을 뿐이야." 이 모든 것은 익살에 가깝지만 아주 냉담한 익살극이다. 스크린은 무대이며, 그 무대 위에 등장 인물의 무의식이나 원시적인 무대를 객관화시키지 않지만, 우산과 분리 가능한 테이블 위에 놓인 재봉틀의 만남보다 더 문제가 되는 만남을 객관화한다.

48

이미지들은 어디로 가는가?

물론 이미지들은 순환하며, 가장 상업적인 의미와 동시에 우연적인 의미인 이미지의 왕래가 존재한다. 이미지들은 여행을 하고, 한 화면에서 다른 화면으로 넘어가며, 길을 가는 도중에 변형된다. 하지만 무엇이 변형되는가? 다양하고 반복되지만 본질적으로 평범한 왕래의 예를 들어 보자. 15세기의 유명한 한 이탈리아인의 그림 작품을 고찰해 보기로 하자. 그런데 이 작품 자체는 다른 많은 전통의 응축에서 기인한다. 영향이란 개념은 왕래 덕택에 다시 활발하게 만들어지게 된다 ──이것은 어째서 영향의 왕래가 존재하는지의 이유이다. 작품을 통해 독창적이며, 작가의 이름이 서명된 완벽한 작품으로서의 상태를 획득한 작품은 작가 자신에 의해 복사되거나, 자신의 학생들에 의해 작품은 순환되고, 분명하게 변형되어 재해석되어지기 시작하는 판화가 되기 시작한다. 작품은 왕래되어지고, 혼란에 빠질 수 있다. 어느 날 우리는 그 작품을 영화에서 장식의 요소로서(복사품을 통해, 즉 타르코프스키의 다빈치의 그림을 발견하거나) 개략적인 닮음을 추구하는 살아 움직이는 그림의 형태로(파솔리니의 〈라 리코타〉를 비롯하여 고다르의 〈열정〉 이미지를 복원시켜 주는 영화 이미지(〈미녀와 야수〉에서 앙리 알레캉의 작업)를 통해 복사되어진 채 발견한다. 이러한 왕래의 일부는 분명한 왕래이어서 사람들은 쉽게 찾아내거나 그 흔적을 따라 갈 수 있다. 다른 많은 것들은 좀더 비밀스럽다. 이러한 왕래를 발견하고 빛을 보게 하는 것은 즐거움이다. 이것은 사람들이 알고 있듯이 동일한 연출가의 작품의 내부에서 순환한다. 예컨대 존 포드의 〈닥터 불〉(1933)에서 〈리버티 발란스를 쏜 사나이〉(1961)의 서막과 결론을 예고하는 서막과 결론을 발견하는 것이 얼마나 놀라운 일인가. 놀라움은 〈닥터 불〉이 보기가 쉬운 영화가 아니라는 데서 온다. 아울러 이 놀라움은 또한 이 두 작품 사이에서의 시간적인 거리에서 온다. 이어서 성찰을 통해 이러한 회귀는 그것보다 그토록 더 놀랍지가 않다. 이번에는 그 결말이 마리오 바바 영화의 결말을 예고하고 있는 루이스 부뉴엘의 〈위를르방의 꼭대기〉를 보고 난 후의 또 다른 놀라움. 이를테면 상황에서 뿐만 아니라 전체적인 틀에서도 마찬가지의 놀라움이다. 이러한 형태의 놀라움, 영화는 진정으로 이러한 형태의 놀라움을 제공할 수 있다.

영화의 이미지들이 포즈를 취하는 경우도 발생한다. 우리는 이것을 플로어의 사진을 찍는 데 있는 동작과 구별해야 하는 동작인(이것은 아마도 영화 홀에서 다시 찾게 될 것이지만) 필름의 한 컷을 추출한다고 부른다. 《카이에 뒤 시네마》는 '영화 사진들' 이란 제목을 단 3호에 달하는 호외를 발행했으며, 《포지티프》지는 스타들의 사진에 관한 연구를 2회에 걸쳐 발간했다.(1983년 266호, 274호) 영화 사진들은 우리들의 시선을 사로잡았다. 현실적인 영화 사진: 앙투안 두아넬과 그의 동료는 〈400번의 구타〉에서 모니카(Monika)의 유명한 사진을 속여 넘겼다. 알랭 베르갈라는 이러한 사진들이 마침내 '탁하고, 불안하며, 그들의 오리지널 영화에서 벗어난 것' 처럼 보인다고 생각한다. 베르나르트 에이젠쉬츠의 눈에는 영화에서 가장 아름다운 책 중의 하나는 니콜 베드레스의 《프랑스 영화의 이미지》이다: "특별히 나는 사라졌다고 간주된 영화의 사진 한 장을 결코 잊지 않고 있다――물론 이것은 아주 실망스러울 수 있다――바로 모니카의 〈희생 Proie〉이란 사진인데, 이 사진 속에서 19세기의 아파트의 창 앞에 길게 늘어뜨린 드레스를 입은 한 여인 앞으로 나아가고, 장식의 크랭크 속에 그녀가 보지 못한 마스크를 쓴 한 남자가 손에 클로르포름이 분명 적셔 있는 손수건을 들고 버티고 있다. 이 사진은, 이 사진만으로, 일부 페이드(feuillade)만큼이나 힘을 갖고 있으며, 아마도 영화 그 자체보다 훨씬 더 힘을 갖고 있다."[1]

〈눈금 찍기〉(1974)는 만들어지지 않았지만 추후에 개봉하게 될 영화를 위해서 러브크래프트나 장 레이의 스타일을 따르고 있는 알랭 레네 감독이 찍은 사진을 재결집하고 있는 앨범이다. 이러한 사진의 원근법에서 아르캄(Arkham)이란 도시의 윤곽이 드러나며, 오목한 곳에 해리 딕슨이란 한 등장 인물과 그 모험이 자리잡고, 감금당한 작가인 사드와 베케트의 영화에서 벽에 등을 기대고 경련을 일으키고 있는 버스터 키턴이 묘사되어 있다. 사람들은 아제와 범죄 장소를 생각한다. 그 후속은 《포지티프》지(1997년 12월) 200-202호에 실렸다. 이 잡지에서는 실제로 촬영된 〈구세주〉란 영화(러브크래프트의 투사가 실제보다 더욱 현존하는 것이 로드 아일랜드(Rhode Island)란 수도의 지도를 통해서만일까?)를 위한 눈금 찍기에 해당되는 13개의 사진이 실려 있다.[2]

피에르 쥐카는 망셰트가 다음 같이 말했던 자신의 스튜디오 플로어

---

1) 가장 이상한 것은 남자의 마스크가 아무것도 가리지 않고 있다는 것이다. 왜냐하면 마스크가 투명한 베일이기 때문이며, 이 베일을 통해 얼굴의 모든 윤곽이 드러나기 때문이다. 이것이 면 속에 엎어 버린 액체의 향기를 보존하려는 등장 인물을 위한 하나의 방식인가(두 발가락으로 쥐고 있는 컵에 있는)?

사진 활동의 요약인 《영화의 이미지들》이란 책을 발간했다: "원칙적으로 홀의 외부에 걸게 될 운명인 플로어 사진은 꿈꾸게 하기를 원하는 것에 관해 꿈꾸게 하기를 원하는 특별히 변태적인 장르이다. 가장 변태적인 변태성욕자들이 따라서 실패작에 관계되는 몇 점의 사진들을 제일 먼저 향유할 것이다. 왜냐하면 이 사진들은 우리에게 그럼에도 불구하고 이 실패작들이 존재하지 못하는 것에 대해 숙고하게 하고, 이 실패작들이 존재하고자 노력조차 하지 않는 것에 대해 숙고하게 하기 때문이다. 만약 내가 흥분했다면 유감이다. 또한 노동의 사진들도 존재한다. 이 사진들은 그것들의 친숙함(친근감)이 가치 있는 것이 아니라 오히려 이 사진들의 신비가 가치 있다. 마찬가지로 이러한 앨범은 아무런 가치도 없는 것처럼 보인다. 아울러 흥미롭기까지 하다."

---

2) 《포지티프》지의 동일한 호에는 《오 예루살렘 O Jérusalem》이란 영화 프로젝트에 대한 제리 셔츠버그의 눈금 찍기 사진들이 포함되어 있다. 이 사진들 중의 2-3개는 틀림없이 레네 감독에 의해 채택되었을 것이다.

49
작은 스크린에서 영화를
보는 것이 합당한가?

오늘날 사람들은 비행기 안에서나 박물관, 대학에서 뿐만 아니라 많은 텔레비전 채널(일부 채널은 영화 전용 채널이기도 하다)과 같은 많은 장소에서 영화를 본다. 더욱이 비디오와 카세트는 디브이디(DVD)로 대체되고 있는 중이다. "인도에는 세상에서 가장 큰 영화 공원이 있으며, 마치 사람들의 대사원을 방불하게 하는 영화관의 출입이 줄어들고 있으며, 가난한 마을에서는 카세트 비디오 가게방으로 영화를 보러간다는 사실을 알아야 한다."(다네, 1992)

텔레비전의 스크린에서 상연된 영화를 안다는 것은 반역인가? 사람들은 이것에 대해 고다르의 지적을 되풀이하면서 많은 말을 했다, 실제로 우리는 복제 영화만을 보고, 그 차이는 그림과 그림엽서의 복사품의 차이가 동일한 것처럼 오리지널 영화 자체와 복제품이 동일하다는 사실이다. 조나단 로젠바움(1998)은 다른 고려를 제시했다: "오늘날 세계 도처에서 비평가들, 교수님들, 학생들 모두는 비디오로 영화를 본 다음 그것에 대해 말하거나 글을 쓴다. 마치 자신들 모두가 영화관에서 영화를 보기라도 한 것처럼. 이것이 바로 우리가 직면해 있는 전이기의 결과 중의 하나이며, 이것은 종종 일종의 부정확, 게다가 일종의 이 영화들에 대한 우리들의 개인적 관계에 연관되는 속임수를 내포하기도 한다. 실제로 우리가 영화가 무엇인지를 말할 때, 또는 영화를 기술하려고 노력할 때, 우리는 영화를 조건과는 무관한 대상으로 고찰하는 경향이 있다. 그런데 이 조건에서 우리들은 영화를 보고 그런 방식으로 영화를 받아들인다. 반면에 이러한 상황들은 종종 대상으로서 우리들의 영화의 인식에서 결정적이다." 고다르는 한술 더 뜨고 있다. 영화관에서 사람들은 두 눈을 스크린으로 올려뜬다. 반면 텔레비전에서 사람들은 아래쪽으로 눈을 뜬다. 영화관에서는 우리들보다 이미지가 훨씬 더 크지만, 텔레비전에서는 훨씬 더 작다…….

그 어느것도 선택한 장소에서 스크린으로 보는 영화의 감상을 대체할 수 없다. 자크 루르셀은 인식, 즉 일종의 사람의 마음을 끄는 영역을 만들면서 수용을 크게 증대시키는 '장소 효과'에 대해 말한다(쥘로맹과 브르통에게서 차용한 생각인). "40명의 사람들(영화광)이 함께 영화 시연을 했다……. 그 어느 것도 미셸 메닐의 표현을 다시 인용하자면, '어두운 영화 홀의 향기'를 대체할 수 없었다. 이들은 어두운 홀에서 열광하고, 일종의 입단식의 밤을 경험한다. '영화는 무엇보다도 어둠이다.' 스크린에서의 사건들이 동일한 직접성, 즉 너의 꿈의 유령(꼭두각시)들에게 꾸준히 너의 닫혀진 두 눈꺼풀 뒤로 당겨진 내부의 스크린 위로 차례차례로 나타나도록 해주는 똑같은 본성을 지닌 채, 부릅뜬 두 눈을 통해 너의 망보는 주의력에까지 파고들 수 있는, 가능한 한 아주 어둡고 캄캄한 밤. 여기에서 영화란 바로 이러한 밤에 침잠되어 있는 홀이라는 사실이 일어난다. 만약 네가 네 자신의 행복을 원한다면, 너는 네가 편하게 뛰놀 수 있어야 하는 아주 크고 천장이 높은, 지하 예배당이나 지하 성당과 같은 일종의 큰 규모의 행복을 결코 선택하지 않을 것이다. 왜냐하면 이것이 너의 방이기 때문이다."(미셸 메닐) 다네는 다음과 같이 말했다: "어두운 홀은 오히려 사람들이 천진난만하게 꿈꾸는 장소이며, 모든 사람들이 마찬가지이다. 모든 꿈들은 마찬가지로 쉽게 동일한 대상, 즉 스타들로 집중된다. 사람들이 거기에서 발견하는 것은 다른 것이 아니고, 사람들이 자기 자신을 보려고 영화관에 오는 것도 또한 아니다." "영화관은 우리가 미리 우리들의 생에 관한 선매권처럼 갖게 되는 이미지를 알게 될 제2의 자궁일지도 모른다."

이 모든 것은 틀림없이 맞는 말이지만, 우리는 영화관에서 커다란 스크린에서 영화 상영의 최상 조건의 혜택을 입었고, 혜택을 입고 있다는 사실에 확신한다. 사람들은 모든 일반적인 관객이 극복해야 하는 결함을 알고 있다(게다가 도처에 영화 도서관이 있는 것도 아니다). 클레망 로세는 다른 관객들의 귀찮은 존재를 두려워한다: "이것이 어째서 내가 매번 영화관에 들어갈 때마다 영화 상연 시작 10분 후에 영화관에서 뛰쳐나와야 하는지의 두려움으로 인해 몸을 떨어야 하는 이유이다. (⋯) 어째서 내가 이미지의 질이 감소했음에도 불구하고 영화관에서 상영된 영화보다 텔레비전을 통해 상영된 영화를 좀더 자의적으로 바라보는 것을 감수하는지의 이유이다. 하지만 최소한으로 사람들은 각자 자신의 집에서 당신의 사람과 영화의 사람들 사이에 개입하는 타인의 출현으로 방해받지는 않는다."

우리는 텔레비전에서 많은 영화를 본다. 이 영화들 중의 일부 영화는 이미 영화관의 큰 스크린에서 본 영화도 포함되었고, 또 다른 영화들은 처음 보는 영화도 있으며, 사람들은 이 영화들을 결코 다르게 보지 않는다. 왜냐하면 이 영화들이 그 어느 곳에서도 프로그램 속에 들어가지 않을 것이기 때문이다(영화관이나 영화 도서관이 텔레비전 프로그램의 기능을 설정하지 않는 한!). 이것은 이루어진 상황이다. 다네는 텔레비전에서 상연될 때 영화가 어떻게 되는지에 대해 자문했다. 이것은 아주 좋은 질문이었다. 왜냐하면 현재에는 그 어느 누구도 더 이상 이러한 비교를 하지 않을 것이기 때문이다. 1988년 11월 23일자 《리베라시옹》지의 연대기에서, 다네는 다음과 같은 사실을 자문했다: "더 정확하게 무슨 말을 해야 하는가? 어째서 영화가 텔레비전에서 **상연되거나** 텔레비전을 통해 **프로그램화**되는가? 영화가 상연된다는 것은 영화로 능동적인 일을 만드는 것이다. 즉 텔레비전의 벙커에서 빛을 보게 될 통행자는(텔레비전 시청자는) 벙커에서 올라오게 될 사람이다. 프로그램화한다는 사실은 영화로 수동적인 일을 만드는 사람이다. 요컨대 프로그램의 창살 뒤에서 대중을 바라보게 될 죄수들이다."

이것은 하나의 서곡에 불과하다. 영화와 우리들은 (영화관, 페스티벌, 텔레비전, 영화 도서관의) 프로그램을 만드는 사람들에게 좌우되지만, 우리들이 우리 자신들의 프로그램 '카드'을 만들게 될 날이 언젠가는 올 것이다──물론 '제한해서.' 자크 루르셀은 ('고대와 현대') 입가에 미소를 지으면서 비디오의 혜택을 열거한다. 하지만 영화가 텔레비전에서 상연될 때, 영화는 어떻게 '되는가?' 일부 영화는 살아남으며, 일부는 손해를 본다. 생각이 부족했던 사람이 아닌 다네는 가치 있는 구별을 설정하고 있다: "모든 영화, 그 '겉모습'이 최후의 진실인 모든 영화는(1차원으로 된 영화이면서 동시에 번쩍거리고, 번득이고, 무언의 몸짓과 위협적인 영화) 텔레비전이──이것이 중요한 기능이지만──가장 거슬리는 사람들을 위한 영화들이다. 전기쇼크(앞가리개와 같은 전기 쇼크) 효과와 유혹 효과에서 만들어진 영화인 히치콕의 〈연장통에서의 죽음〉과 같은 영화는 나에게 리폴린(Ripolin)의 잠자리처럼 텔레비전에서 무엇인가를 잃어버린 것처럼 보인다. 이와는 반대로 확신감에 기대어 만들어진 영화들, 즉 인간적인 가치가 이용된 영화는 텔레비전에서 보증을 받은 영화들이다(채플린 · 카프라)."

　대중과 대중의 열기, 대중의 위나니미슴(일체주의)은 사라졌다. 이것들은 틀림없이 다른 분야, 즉 음악의 연주회에서 다시 찾아볼 수 있다. 영화를 본다는 것은 현실적으로 고독한 즐거움이 되었다. 항상 그런 것은 아니겠지만. 텔레비전 채널을 이리저리 돌리는 것은 하나의 일거리이다(단절의 의미, 홀의 개봉에서 **선험적으로** 거의 차이가 없는). 이것이 초현실주의자들이 다른 것을 보려고 다른 곳으로 들어가기 위해 영화를 떠났을 때, 이들이 했던 바로 그것이다. 비디오에 의해 제공된 편리함은 바로 다른 영화를 보게끔 부추겼다. 아울러 텔레비전와 마찬가지로 비디오는 영화 대상과의 관계를 바꾸었으며, **DVD**의 출현은 이것을 여전히 강조하고 있다.

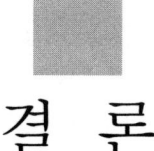

결 론

50

엠파이어스테이트 빌딩은 만남의
장소로 좋은 곳인가?

이것은 마치 잘못된 문제로 등장할 수 있을 것이다. 실제로 이 문제는 다음의 두 영화에 관계된다[1]: 〈어페어 투 리멤버〉(1957)는 18년 전에 만들어진 〈러브 어페어〉란 영화를 리메이크한 것이다. 레오 매커리는 프랑스 영화 제목 모두가 〈그 여자와 그 남자〉인 이 두 작품의 감독이다. 어째서 이 두 영화인가? 왜냐하면 이 두 영화는 우리에게 이 책을 훑어보는 주제의 일부분을 요약하고 있는 것처럼 보이기 때문이다. 연출과 섬세함. 이야기와 그 날짜의 완충 장치: 1939, 즉 〈시민 케인〉보다 2년 빨리 개봉되었다는 시간적 빠름과 작품의 현대성: 1957, 즉 '신업 영화'의 종말.(밍세드) 다시 인용하고 이 영화에 디시 이야기하는 일만이 남아 있다. 여전히 이 일에 전념해야 하는 것을 알아야 한다……. 아주 일찍이 영화는 거울처럼 생각되었다. 거울의 방식으로, 우리가 구상하는 리메이크와 같은 경우에서 리메이크는 메타 영화

---

1) 〈킹콩 King Kong〉 영화 2개의 버전은 여기에 속하지 않는다! 첫번째 버전은 유명한 마천루의 꼭대기에서의 만남으로 끝난다. 두번째 버전은 야만적이면서 동시에 아연실색하게 하는 탑의 소실로 유명해진 두 탑이 엠파이어스테이트 빌딩으로 대체되었다는 사실을 안다(물론 우리들의 문제는 2001년 9월 11일 사건 이전에 양식화되었다).

이다. 이 말을 통해 사람들이 영화에 할애된 픽션을 이해하는 의미에서. 영화 장르사의 중요한 시기에 자신에 의해 연출된 영화의 주제를 다시 취하는 연출가에게 차이란 것은 무엇인가? 최소한 이 장르가 되어 버린 것, 시대의 변화가 함축하고 있는 것에 관해 몇 가지 질문을 제기하지 않을 수 없다. 캐리 그랜트(1937년의 매커리의 영화 〈놀라운 진실〉에서 아이린 던과 공연한 남자 배우인 반면에 아이린 던은 〈러브 어 페어〉에서 여자 주연 배우였다)와 같은 코미디언의 매커리에 의한 리메이크는 그 자체가 의미심장하다. 다른 영화에 대한 한 영화의 이중 인화는 그 자체로 감상되어져야 하는 것을 요구하는 '아라베스크의 섬세한 게임'에 이른다.

한 영화에서 다른 영화로의 계속성이 거의 동일할 뿐만 아니라, 연출은 아주 면밀하게 검토되어야 한다. 왜냐하면 모든 것이 마치 매커리가 얼굴을 맞댄 채 자신이 1939년에 만들었고 1957년 다시 공들여 다듬었던 플랜을 사용하는 것처럼 일어나고 있기 때문이다. 한 연출가가 자기 자신의 작품의 이와 같은 표절에 동일한 에너지를 할애하고 있다는 사실은 예외이다. 시나리오의 요약이 강요된다.[2] 바다를 유람선으로 항해하는 동안 2명의 한가한 한 남자와 한 여자가 서로 만나 서로 사랑에 빠진다. 각자는 부자인 사람과 약혼한 상태이다. 이들은 1월초에 뉴욕 항에 입항한다. 날씨는 추었고, 겨울이었다. 이들은 6개월 후 엠파이어스테이트 빌딩 꼭대기에서 만나기로 약속한다. 즉 7월 1일. 그러는 사이, 물질적인 모든 근심을 덜어 주게 될 활동을 포기했던 각자는 자신의 옛 직업 활동을 시작할 수 있었고 재개할 수 있었

---

2) 여자 등장 인물의 이름인 테리 매케이는 변화가 없다. 반면에 남자 등장 인물인 미셸 마니는 니키 페란트가 되었다.

다(여자는 가수로서, 남자는 화가로서의 활동). 약속한 바로 그날, 여자는 경솔한 짓을 했고 그 유명한 마천루의 발치에서 교통사로로 전복되었다. 따라서 그녀는 자신을 기다리는 남자를 재회할 수없었고, 남자는 여자가 생각을 바꿨다고 믿는다. 중증 장애인이 된 그녀는 자신의 수단을 통해 자신의 상황에서 벗어나려고 시도하는 것을 선호했기 때문에, 남자에게 알리기를 거부한다. 영화의 마지막 시퀀스는 크리스마스이브이다. 6개월의 접지는 계절의 회귀만큼이나 시간의 가역성을 확신시켜 준다. 이것은 이 이야기에서 아주 잘 설정된 협약을 따르는 '죽음'과 등장 인물의 부활이 실현되기 위해 필요한 리듬이다.

　　시나리오의 원칙은 무엇보다도 남자와 여자 사이의 평행선에 근거하며, 이 둘 사이를 지배하고 있는 심오한 하모니를 강조하고 있다. 전체적인 구조의 관점에서, 각각의 상황으로, 이어서 제곱의 힘에 달하는 2부작으로의 영화의 회귀는 하나의 구조의 예시이다. 제1부, 즉 유람선 부분만을 고찰해 보기로 하자. 유람선에서의 만남은 거울에서의 대칭과 투사로 표시된다. 이 작업(나란히, 얼굴을 맞대고, 등을 맞대고, 위아래로)은 연출가가 도입하고 있는 두 영화와 변화 사이의 평행선을 배가시킨다. 이 형식은 분명히 대칭의 또 다른 형식이다. 우리는 이렇게 이 두 영화가 레스토랑의 징면에 즈음하여 조화되는지 확인힐 수 있다. '기억해야 할 사건'에서 두 등장 인물들은 각자가 식탁에 앉은 채, 얇은 칸막이로 나눈 채 서로 등을 맞대고 앉아 있다. 그 다음 플랜에서, 축이 변형되었기 때문에, 케리 그랜트가 자신 앞에 노골적으로 놓인 메뉴의 줄무늬는 데보라 커가 입고 있는 모피로 된 스톨라형의 모피 어깨걸이의 소재를 반복하고 있다. 이들은 따라서 자신들의 의지에도 불구하고 서로 마주하는 것처럼 보인다. 이들은 홀의 눈을 통해, 측면으로 보여지고 일어나는 웃음소리와 뒤따르는 정반대의 위치에서 촬영은, 대중이 서로가 조심성을 보여주려는 이들의 기도에 대해 공개적으로 즐거워하고 있다는 사실을 강조한다. 첫번째 영화는 홀에서 정반대의 위치의 촬영에서 경제적이며, 특히 웃음에서 경제적이다. 요컨대 리메이크 영화보다도 더 조심스럽다. 다른 순간에 매커리는 두 이야기를 빛나게 하기 위해 더욱 세련된 변화를 단순히 선택한다. 따라서 유람선이 고정된 이미지에서 컷의 플랜으로 위치할 때 유람선의 방향을 선택한다. 즉 유람선의 방향은 그 어떤 의미가 방향에 결부되지 않고 반대편을 향한다. 그렇지 않으면 등장 인물들은 동일한 장면에서 자신들의 위치나 자신들의 담화를 전도시킨다. 1939년 영화에서 처음 식사를 함께한다는 생각으로 "왜 안 되겠어요?"라고 응수한 것은 바로 여자였다. 반면에 두번째 영화에서 이 말을 하는 사람은 바로 남자이다. 전도는 더욱이 복잡해질 수 있고, 사람들은 얼마나 〈러브 어페어〉가 퇴보 속에서 작업하고 있는지를 가늠할 수 있다. 마치 두번째 영화에서 실현하게 될 배치를 포함하고 있는 것처럼.

　2개의 핵심 장면이 이 시나리오의 사이를 떼어 놓는다. 한 장면은 이야기에 행복한 결론을 가져다주며, 다른 장면은 남자 주인공이 배가 정박하고 있는 항구에서 할머니를 방문하는 장면이다. 그는 새로운 동반자를 대동하고 있다. 이 장면은 예상치 못한 중대한 논조의 플롯을 가득 채우는 중요한 접지를 구성하며, 첫번째 작품과 대칭을 이루는 비평가들이 멜로드라마 또는 **소프 오페라**[3]란 단어로 지칭한 코미디에서 이 접지를 또 다른 장르로 이동하게 한다. 아주 잘 계산된 방식으로, 평행선이 지속 시간에 영향을 미치기 때문에, 이 장면은 두번째 장면

---

3) soap opéra: 주로 비누 회사가 스폰서였다는 사실에서 생긴 용어로 '낮에 가정주부를 상대로 방송되는 연속 멜로드라마'를 가리킨다. [역주]

보다 더 길다. 이와는 달리 결론은 첫번째가 두번째보다 더 길다. 이 결정적인 두 순간은 주역을 연결하는 중요한 유사성을 확인해 준다. 이 순간들은 한 얼굴, 즉 할머니 자누(Janou)의 얼굴 주변에서 선회하며, 두 대상, 즉 남자 주인공의 감춰진 자질의 표시인 1개의 그림과 멋진 흰색 숄 주변에서 선회한다. 그런데 이 멋진 흰색 숄은 할머니 자누가 죽을 때 젊은 여자에게 제공하게 될 멋진 흰색 숄로 그녀에게 어떤 상징적인 힘, 즉 종교적인 울림을 전달한다.

〈러브 어페어〉는 미셸 마네(찰스 보이어 분)가 테리(아이린 던 분)의 방에서 자신의 그림을 그리고 있는 것을 보여줌으로써 끝난다. 말하자면 그녀는 가난하고 불구인 여자 손님이다. 남자는 이 여자에게 자신의 그림을 양도한다(우리는 또한 그가 이 손님을 만나지 않았으며, 이 그림의 교환이 자신이 부재한 사이에 갤러리에서 일어났다는 사실을 이해해야 한다). 이때부터 모든 것이 자신에게 명확해진다. 만약 테리가 엠파이어스테이트 빌딩 꼭대기에서 약속하지 않았더라면, 그녀가 그로 인해 육체적으로 손상을 받지 않았을 것이기 때문이다. 미셸은 오랫동안 테리를 알아보지도 못한 채 진실에 접근한다. 그가 떠나려고 할 때, 그는 그림과 자신의 여자 손님에 대해 이야기한다. 그가 마주치는 '불구'라는 단어나 생각이 그에게 눈을 뜨게 한다. 문을 떠나 두 등장 인물이 자리잡고 있는 거실로 서서히 건너가면서, 미셸은 테리 뒤에서 문이 열리고 있는 방을 향해 걸어간다. 카메라의 어떤 순간도 거울 너머로 조준을 통해 만들어진 위치의 반전 현상을 교정하러 오지 않지만, 관객은 아주 짧게 원래의 구성에 따라 이 동일한 그림을 이미 보았다는 사실을 기억할 수 있다. 논리적으로 그림이 위치하고 있어야 하는 벽이 큰 방과의 칸막이로 사용되고 있다는 사실을 발견할 수 있으며, 이러한 사실로부터 이 그림이 거실의 소파 위에 꼼짝하지 않고 있는 테리의 등 뒤에 위치하고 있다는 사실을 또한 발견할 수 있다. 반사에 관한 이러한 놀이는 동시에 매커리의 리메이크 작업의 격자형 구조란 사실이다. 종종 관객은 실제로 〈어페어 투 리멤버〉의 플랜이 거울 속에서 본 〈러브 어페어〉의 플랜이란 인상을 갖게 된다.

  예술가를 신성시하고 있는 이 그림은 무엇을 제시하는가? 우리가 알고 있다고 믿는 장면, 왜냐하면 이 장면이 할머니의 작은 교회당에서 전개될 수 있기 때문이다. 이 장소의 소유자가 말했던 것처럼, 이곳은 추억을 회상하기 위한 장소이지만, 여전히 이 장소를 만들어야만 한다. 아이린 던이 제단으로 접근할 때, 빛의 줄무늬를 가로질러온 어슴푸레한 빛 속에서 그녀의 뒷모습이 보여진다. 그녀는 무릎을 꿇고, 미셸이 그녀와 다시 만나고 그녀 곁에서 무릎을 꿇는다. 이어서 이 커플은 미셸을 왼쪽 아래 구석으로, 테리를 오른쪽 위쪽으로 배치하는 공간의 대각선을 따라서 정면으로 보여진다. 1957년 영화에서 우리들은 단 1개의 관점만을 가질 뿐이다. 테리는 정면 오른쪽에 무릎을 꿇고 있다. 니키가 들어가 그녀 왼쪽에 가서 무릎을 꿇는다. 미셸이 그린 그림에서 사람들은 테리의 등의 4분의 3을 알아볼 수 있으며, 할머니가 준 숄을 걸친 어깨를 알아볼 수 있다. 마치 그녀가 오른쪽 위 구석에서 정면으로 자리잡은 채 밝은(흰) 숄을 다시 걸친 여인 형태 그 자체 앞에서 무릎을 꿇고 있었던 것처럼. 거울에서 바라본 니키의 그림은 이러한 구성을 그대로 반복하고 있다. 따라서 첫번째 그림과 비교해서 이 그림의 실제에서 등장 인물들의 반전 현상이 존재한다. 사람들은 이 그림에서 주저하지 않고 두번째 여인을 알아본다. 왜냐하면 할머니도 마찬가지로 숄을 걸치고 있었기 때문이다. 서로 마주 보고 있는 두 여인의 실루엣 덕택에 반사 원칙이 또한 각 그림에 새겨졌다.

  주인공이 된 예술가인 화가는 자신의 그림들의 주제가 자신의 기억

을 실현한 것이라고 밝힌다. 〈러브 어페어〉에서 〈어페어 투 리멤버〉에
이르기까지 제목 자체의 단어들은 반복과 마찬가지로 이러한 반복에
서 필요한 기억화를 말할 책임을 부여받았다. 두 영화는 한 영화가 다
른 한 영화에서 알고 있는 기억을 다시 작업한 것처럼 결합되어 있다.
각각의 상세한 설명이 반복되었고, 모티프의 정교함 이외의 다른 목
적을 갖지 않는 장식처럼 만들어졌다. 자누의 숄의 역할은 따라서 충
실해 보인다. 노파에서 젊은 여자로의 전달(트랜스미션)은 막 40세에
도달한 매커리와 60대에 접근하는 또 다른 매커리의 트랜스미션
과 겹친다. 마찬가지로 최고의 섬세함으로 만든 레이스의 품질처럼,
영화에서 품질을 아주 잘 식별하기를 원하게 될 사람에게 30년대 정
신의 트랜스미션이 일어난다.

　매커리의 두 영화에서 이 작업을 마친다는 것은 바로 어떤 방식에
서는 〈행복을 찾아서〉라는 작가에게 경의를 표하는 일이다. 사람들은
스탠리 카벨이 영화에 바친 텍스트 중의 하나에 손을 댈 때──단순
한 어조, 꾸밈없는 표현, 유머 감각으로, 물론 혐오스러움은 제외하고
──산책에 억지로 끌려가는 느낌을 갖는다. 그런데 이 산책을 하는
도중에 깜짝 놀랄 만한 만남들, 예컨대 키턴과 하이데거와의 만남이
실현될 것이다 이러한 만남을 사람들은 들뢰즈가 조직한 앨프레드 자
리와 하이데거와의 만남과 짝지을 수 있을 것이다. "스크린에서 상황
들이 어떻게 되는가?"라는 질문에서 사람들은 키턴에서 출발하여 채
플린으로 넘어간다. 이와 동시에 사람들은 하이데거에서 비트겐슈타
인으로 넘어가고, 이어서 스피노자로 넘어가는 이행을 실천할 것이다.
우리는 《'제네럴'의 기관사》에서처럼 평행선 위에서 서로 교차하고,
서로 멀어지는 (…) 두 기차 안에 있다. 따라서 첫번째 기차 안에서 사
람들은 부뉴엘에서 로브 그리예로 뛰어오르고(로브 그리예는 대피 측

선임을 보여준다), 두번째 열차에서는 데카르트에서 비트겐슈타인으로 뛰어오른다. 이것이 방향 전환, 후진, 이따금 씩의 탈선과 함께하는 제안된 열차 여행이다. 여행은 영화인들에 관계될 때 계속되며, 베리만·히치콕·카프라·포드·미조구치에서 시작하여 고다르에서 끝나는 여행이다. 이 여행은 아주 흥미롭다. 따라서 키턴의 영화를 내세우는 아주 훌륭한 이유가 있는 것이다. 요컨대 키턴은 영화가 우리에게 보여주는 것이 무엇인지를 표현하고 있는 텍스트의 방법론을 설명한다. 카벨은 '영화로부터 또는 우리에게 중요한 영화의 한 구절로부터'[4] 구상되고 연결된 영화 비평과 영화 이론이 무엇인지에 대한 정의를 통해 침착하게 결론짓고 있다.

---

4) 이 텍스트에 대해 더 자세한 해석은 《포지티프》지(1998년 6월) 448호에서 《뻔뻔스러움 Cheek and Cheek》이란 제목으로 실렸다. 스탠리 카벨(1971)은 장 루이 셰페르(1980)처럼 영화에 대해 '일상'의 개념에 호소하고 있지만, 이 개념에 또 다른 채색을 덧붙이고 있다. 이 주제에 대해서는 카벨의 총서 《영화와 철학 Cinéma et Philosophie》에 실린 산드라 랑기예의 논문 〈영화의 관례 L'ordinaire du cinéma〉를 볼 것.(파리3대학 출판사, 2001, p.267 이하) 《세상의 투사 Projection du monde》는 《바라본 세상 The World Viewed》로 번역되며, 'projection'이란 단어는 'viewed'란 단어에 관련된 모든 것을 빼거나 추가한다는 사실을 환기하자. 이것은 투사의 개념(하이데거와 프로이트)의 '두 가지 명부를 기쁘게 수용한' 카벨을 인정하는 것이다.

어떤 영화를
오아시스로 가져가야 할까?

> "무슨 생각을 하세요?
> ― 대모험을 생각하지요"
> G. W. 파프스트의 《살로니카, 간첩들의 소굴》 중

영화 목록이란 무엇인가? 그렇지 않으면 목록이란 무엇인가(알려진 광적인 영화 팬의)? 장 클로드 비에트는 "사람들이 '걸작'과 '중요한 영화들'을 지칭하는 무기력한 객관성에 만족할 수 있을까?"라고 질문한다. 대답은 물론 아니다. 다네는 '자신의 어린 시절에 본 영화에 관계되는' 영화를 포함하고 있는 영화의 '중요한 핵'에 대해 말한다, 그는 (〈아저씨, 연습은 유익했어요〉에서) 약 70여 편의 영화 목록을 제안한다. 이어서 그는 작품의 유사성에 따라 8개의 항목으로 또 다른 분류를 설정한다. 즉 자신의 영화 감상에 따라 느낀 감정의 형태――다소간 공유 가능한――외부의 관점에 따른 동의에 따라서 만든 분류. 그는 이들 영화를 연출가들에 따라 이 연출가들 자체 또한 알파벳 순서로 분류하고 있지만 알파벳 F에서 중단하고 있다. 모든 리스트는 미완성으로 남아 있고, 중단되어 있다. 다른 예를 제시하기 위해 도미

니크 노게는 자신의 책 중의 한 권에서 영화 명단의 목록에 대해 언급하고 있다. 즉 〈라 노트 La Notte〉 〈라 돌체 비타 La Dolce Vita〉 〈에디포 레 Edipo Re〉 〈피크닉 Une partie de campagne〉 〈게임의 규칙 La Règle du jeu〉 〈카메라를 쥔 남자 L'Homme à la caméra〉 〈엄마와 창녀 La Maman et la Putain〉 등은 도미니크 노게가 좋아하는 영화 목록이다. 영화 목록의 소개에 초대받은 마리 클레르 로파르 위유미어는 한층 더 세심한 주의를 기울여 15편의 영화 목록을 제시한다(그런데 다시 기억하는 단편들은 좀 '까다로운' 영화를 구성할 것이다): 〈안토니오 Antonio das Mortes〉 〈폭발 Blow up〉 〈붉은 사막 Le Désert rouge〉 〈상하이 이야기 Le Drame de Shanghaï〉 〈강주의 여인 La Femme du Gange〉 〈대서양 인간 L'Homme-Atlantique〉 〈도둑맞은 그림에 대한 가정 L' Hypothèse du tableau volé〉 〈인디언 송 India Song〉 〈앙베르송 가문의 광채 La Splendeur des Ambersons〉 〈뮈리엘 Muriel〉 〈10월 Octobre〉 〈열정 Passion〉 〈소매치기 Pickpocket〉 〈카르멘이라는 이름 Prénom Carmen〉 〈해적들의 도시 La Ville des Pirates〉. 장 외스타슈 · 지가 베르토프 · 피에르 파울로 파솔리니 · 글라우버 로샤 · 마르그리트 뒤라스 · 게오르크 빌헬름 파프스트 · 폴 루이즈 · 페데리코 펠리니 등은 우리들의 영화감독 목록에 포함되지 않으며, 이것은 우리가 이 감독들을 평가하지 않는다는 사실을 의미하지 않지만(오히려 그 반대이다), 선택을 해야 한다. 왜냐하면 우리들은 한계를 인정해야 하고(전기가 들어오는 오아시스로 어떤 영화를 가져가야 하는가?), 이들의 다른 영화를 선호했기 때문이다. 우리들은 노게의 의견에 찬성하지만 다네나 마리 클레르 로파르의 의견에는 찬성하지 않는다.[1]

여기에 알파벳 순서에 따라 20명의 감독 명단을 제시한다: 미켈란젤로 안토니오니 · 잉마르 베리만 · 로베르 브레송 · 루이스 부뉴엘 ·

칼 드라이어 · 세르게이 에이젠슈테인 · 존 포드 · 장 뤽 고다르 · D. W. 그리피스 · 하워드 혹스 · 앨프레드 히치콕 · 버스터 키턴 · 프리츠 랑 · 미조구치 · 프리드리히 W. 무르나우 · 장 르누아르 · 알랭 레네 · 자크 타티 · 루키노 비스콘티 · 오슨 웰스.

**
**

우리는 더욱이 **우리에게 중요하다고 여겨진** 영화를 여기에서 제안하려고 한다. 개인의 취향의 기준을 제시한다는 것은 무엇보다도 영화가 중요하다는 사실을 확인하는 것이며, 영화를 바라보고 소리를 듣고 있는 누군가와의 관계에서 생활한다는 것이다. 우리는 우리가 이러한 영화에서 미적 영역을 인정한다는 사실을 덧붙이고자 한다. 작품의 감상, 작품과의 접촉, 갑작스럽고 즉각적이고 점진적인 관계, 이어서 작품을 더 잘 이해하기 위한 작품의 연구가 보증 가능한 유일한 대상이다. 여기에 우리가 특별히 감상하는 30개의 영화 선택 리스트가 있다. 선행하는 목록의 제한된 면을 수정하기 위해 우리는 우리가 특별히 좋아하고 찬미하는 영화들 중에서 일부 영화들을 분명하게 포함하고 있는 20명의 연출가들이 작품을 **별도로** 하고 선택한 영화들이다: 에이젠슈테인의 〈이반 대제〉, 비스콘티의 〈산드라〉, 레네의 〈지난해 마리앙바드에서〉, 키턴의 〈셜록 2세〉――하지만 비스콘티의 〈하

---

1) 존 카펜터는 오아시스로 가져갈 다음과 같은 5개의 영화를 나열한다: 《현기증》 《욕망이라는 이 애매한 대상 *Cet obscur objet du désir*》 《브라보 리오 *Rio Bravo*》 《붉은 강 *La Rivière rouge*》 《그의 금요일 소녀 *His Girl Friday*》. 구로사와 감독은 1999년 7/8월 《포지티프》지에 1백 개의 영화 목록을 제안한다. 알랭 레네 감독은 《보그 *Vogue*》지 특별호에 영화 목록을 제시한다. 고다르의 《영화사》 또한 자신이 좋아하는 감독들의 명단을 언급하고 있다.

얕게 지새운 밤 Les Nuits blanches〉이나 키턴의 〈미친 약혼녀 Les Fiancées en folie〉는 우리들의 정신에 전해지고, 당연히 수용이 요청되는 작품들이다:

〈뮈르 여사의 모험 L'aventure de Mme Muir〉(The Ghost and Mrs Muir, 조셉 레오 맹커비츠, 1947), 〈혼혈 여인 데나 Dainah la métisse〉(장 그레미용, 1931), 〈신은 무엇인지 안다 Dieu sait quoi〉(장 다니엘 폴레, 1995), 〈그 여자와 그 남자〉(Love Affair to Remember, 레오 매커리, 1938, 1957), 〈달나라의 총아 Les Favoris de la lune〉(오타르 이오셀리아니, 1984), 〈더블린 사람들 Gens de Dublin〉(The Dead, 존 휴스턴, 1987), 〈사케 술맛 Le Goût du saké〉(Sama no aji, 야스지로 오즈, 1962), 〈서부 사람들 L'Homme de l'Ouest〉(Man of the West, 앤서니 만, 1958), 〈위를르방 Hurlevent〉(자크 리베트, 1985), 〈붉은 여황제 L'Impératrice rouge〉(The Scarlet Empress, 조셉 폰 슈테른베르크, 1934), 〈천진한 사람들 Les Innocents〉(The Innocents, 잭 클라이턴, 1961), 〈마카담의 2차선 도로 Macadam à deux voies〉(Two-Lane Blacktop, 몬테 헬먼, 1971), 〈천사들의 엄마 잔 Mère Jeanne des Anges〉(Makta Joanna od Aniotow, 제리 카왈레로비츠, 1961), 〈검정 수선화 Le Narcisse noir〉(Black Narcicuss, 마이클 파웰, 1947), 〈부정 또는 지휘의 덧없는 영광 Non ou la vaine gloire de commander〉(Non ou a vá gloria de mandar, 마누엘 드 올리베이라, 1990), 〈신바빌론 La Nouvelle Babylone〉(Novij Vavylon, 그리고리 코진체프 · 일리아 트로우버그, 1929), 〈사냥꾼의 밤 La Nuit du Chassseur〉(Night of the Hunter, 찰스 로턴, 1955), 〈공포 작전 Opértion Peur〉(Operazione Paura, 마리오 바바, 1966), 〈파롬벨라 로사 Palombella Rossa〉(난니 모레티, 1989),

〈루이 14세의 권력 쟁취 La Prise du pouvoir par Louis XIV〉(La presa del potere di Luigi XIV, 로베르토 로셀리니, 1966), 〈필립에게 바지를 입히다 Puttings Pants on `Philp〉(클라이드 브루크만, 1927), 〈협잡꾼의 소설 Le roman d'un tricheur〉(샤샤 기트리, 1936), 〈이상한 밤 Une soirée étrange〉(The Old Dark House, 제임스 훼일, 1932), 〈노란 집의 추억 Souvenirs de la maison jaune〉(Recordaçoes de casa amarela, 조아오 케사르 몬테이로, 1989), 〈색마 Le Tombeur de ces dames〉(The Ladies Man, 제리 루이스, 1961), 〈아주 부드러운 얼굴 Un si doux visage〉(Angel Face, 오토 프레민저, 1952), 〈바람 Le Vent〉(The Wind, 빅토르 데이비트 시외스트룀, 1928), 〈바람이 우리를 데려갈 것이다 Le vent nous emportera〉(압바스 키아로스타미, 1999), 〈여자 방문객 La Visiteuse〉(장 클로드 기게, 1980), 〈얼굴 없는 눈 Les Yeux sans visage〉(조르주 프란주, 1960), 발 루턴의 영화들(〈라 펠린 La Féline〉 등등).

이러한 명단은 분명히 트릭을 사용한 것이다(사람들은 명단을 제거하는 데 마음이 내키지 않는다. 따라서 은밀하게 하는 것이 필요하다). 말하자면 레오 매커리의 두 영화는 프랑스어 제목이 〈그 여자와 그 남자〉이며, '발 레턴 영화들'의 표현은 최소한 4명의 감독(자크 투르네르·로버트 아이즈·마크 로브슨·후고 프레고네스)과 약 12개의 영화에서 숨쉬고 있다. 만약 사람들이 〈필립에게 바지를 입히다〉의 감독으로 클라이드 부르크만의 이름을 공표한다고 해도, 사람들은 이 영화가 매커리의 감독의 영향을 받은 영화라는 사실을 알고 있다……. 만약 사람들이 첫번째 명단의 20명의 감독들이 평균 잡아 약 15개의 영화를 만든 작가라고 생각한다면(평가가 그리피스나 포드의 작품의 영역에 주어졌기 때문에), 우리는 따라서 영화 목록의 1세기를 요약하기 위해 약 3백30개의 영화와 50명의 감독들을 제안할 수 있을 것이다.

첫번째 명단은 문제를 거의 제기하지 않는다. 연출가들의 중요한 부분은 영화에 대한 훌륭한 지식을 갖고 있는 누군가에 의해 만들어진 모든 목록에서 다시 찾아볼 수 있을 것이다(다네가 지적하는 것처럼, "영화 팬적인 가치의 규모는 크게 변하지 않을 것이다. 영화의 공식적인 이야기의 규모나 영화인 자신의 개인 이야기의 규모 또한 마찬가지로 변함이 없을 것이다"). 하지만 두번째 명단은 사람들이 말하는 것처럼 좀 더 '주관적'이다. 이것은 이들이 '영화'가 말하고자 하는 것에 대하여 생각을 제공하고 동시에 자신을 소개하는(네가 좋아하는 영화를 말해주렴, 나는 너에게 네가 누구인지 말하마) 작가들을 위한 방식이다.

어떤 책을 읽어야 하는가?

　이 책은 필연적으로 사람들이 영화에 대해 제기하는 문제에 가장 좋은 답을 제시하게 될 가장 적당한 제목으로 된 책이 아니다. 이러한 대답이 탐색되어져야 하는 것 또한 '영화' 책에서 필연적으로 이루어지는 것이 아니지만, 아마도 철학 서적·회화·음악·문학에 대한 에세이에서이다.

　이 책의 참고 문헌에는 프랑스어 작품이나 프랑스어 번역본만이 포함되어 있다. 이 책들의 저자들을 소개하기 위해 우리들이 설정한 구별은 경계를 요한다. 일부 이름들은 아주 개략적으로 분류한 여러 개의 항목 아래에서 제시되어 있다. 또한 여러 개의 항목 아래에 나타나야 할 다른 이름들은 하나의 항목에 제시되어 있기도 하다. 예컨대 부뉴엘이 여러 개의 비평서를 썼고, 따라서 '영화인-비평가'와 같은 이러한 제목으로 나타날 수 있을 것이다. 그렇지만 이 분야에서 그의 활동이 다른 연출가들의 활동과는 달리 아주 축소되었다.

　순수하게 말해 비평가들을 위해, 우리들은 작가의 스타일로 사상이 표현되어 있고, 장 뒤셰(Jean Douchet)가 자신의 작품 중의 한 작품에서 제목으로 사용하고 있는 이러한 '좋아하는 기술'에 대한 길을 제시하고 있는 작품들의 강독을 제안하고 있다. 이러한 참고 문헌은 엄격하게 영화의 한계를 넘어서고 있는 지시 사항을 포함한다—— '엄격하게' 라는 말이 하나의 의미를 갖는다는 사실을 가정하자……. 우리에게는 사람들이 제작하거나 글을 쓰고 있는 영화가 이러한 영화의 한계를 넘어서고 있는 지시 사항——영화는 바로 이러한 지시 사항에서 드러난다——을 통해서만 부각되는 것처럼 보인다.

이 참고 문헌은 결코 완벽한 것이 아니다. 독자들 각자는 자신의 학식이나 개성에 따라 참고 문헌을 보충할 수 있을 것이다. 이 참고 문헌은 방향을 제시할 뿐이다. 각자는 이 참고 문헌의 행간에 포함되어 있는 흔적들을 발견할 수 있을 것이며, 자신에게 적합한 여정을 선택할 수 있을 것이다.

우리는 편의를 위해 다음과 같은 약어를 사용했다: A(Albatros), AH(L'Âge d'Homme), CdC(Cahiers du cinéma), CF(Cinémathèque française), CP(Éditions du Centre Pompidou), D(La Différence), EU(Éditions Univer-sitaire), F(Flammarion), G(Gallimard), JC(José Corti), N(Nathan), K(Klin-cksieck), M(Mazzotta), MK(Méridiens Klincksieck), P(Payot), PB(Pierre Belfond), PBCdC(Petite Bibliothèque des Cahiers du cinéma), PSN(Presses de la Sorbonne nouvelle), PUL(Presses Universitaires de Lyon), PUV(Presses Universitaires de Vincennes), RL(Robert Laffont), RPC(Ramsay Poche Cinéma), S(Seghers), YN(Yellow Now). 우리는 Seuil(쇠이유) 출판사를 Éditions du Seuil(에디시옹 뒤 쇠이유)로 Cerf(세르프) 출판사는 Éditions du Cerf(에디시옹 뒤 세르프)로 표기하기로 한다.

또한 여기에서 언급하기가 정말로 불가능한 저자나 주제에 할당된 책들이나 잡지의 특별호가 존재한다. 예컨대 《포지티프》지의 각 호는 영화에 대한 많은 자료를 포함하고 있다. 아울러 《베르티고》지나 《시

밀라크르)지 또한 영화에 대한 테마를 다룬 기사를 포함한다. 또한
《카이에 뒤 시네마》지, 《포지티프》지, 《트라픽》지, 《시네마토그래프》
지, 《영화 연구》지, 《카메라/스틸로》지의 컬렉션은 '총서 형태의 참고
자료'와 아주 풍부한 텍스트를 싣고 있다. 이 잡지들 중의 《카이에 뒤
시네마》지, 《포지티프》지는 《라 르뷔 뒤 시네마》와 동일한 제목으로
영화에 대한 역사적 고문서를 부분적으로 구성하고 있다. 영화를 알기
위해서 아주 중요한 공헌을 하는 영화들이 존재한다. 특히 '시네마 시
네마'(미셸 부쥐)나 '우리 시대의 영화인들'(앙드레 S. 라바르트와 자닌
바쟁) 시리즈의 영화들이 이에 속한다.

일반적인 선집

Lherbier Marcel, *Intelligence du cinématographe*, Aujourd'hui, 1977(초판
1946).

Lapierre Marcel, *Anthologie du cinéma, rétrospective par les textes de l'art
muet qui devint parlant*, La Nouvelle Édition, 1946.

Regards neufs sur le cinéma(Jacques Chevalier에 의해 연출된 작품), Seuil,
1953.

Lherminier Pierre, *L'Art du cinéma*, S, 1960.

영화인들

Bresson Robert, *Procès de Jeanne d'Arc*, Julliard, 1962. *Notes sur le ciné-
mathographe*, G, 1975(Bresson은 영화를 시작하기 전에 그림을 그렸다).

Buñuel Luis, *Mon dernier soupir*, RL, 1982. *Entretien avec Max Aub*, PB,
1991. *Conversations avec Luis Buñuel. Il est dangereux de se pencher au-dedans*
(Thomas Pérez Turrent et José de la Colina가 진행한 대담, CdC, 1993). *Le Christ à
cran d'arrêt, oeuvres littéraires*, Plon, 1995. *Goya 1928*(Jacques Damase éditeur,

1987)(영화화되지 않은 시나리오).

Chaplin Charles, *Histoire de ma vie*, Laffont, 1964.

(Chaplin의 작품에 대해서는 Francis Bordat의 *Chaplin cinéaste*(Cerf, 1998)를 볼 것).

Clair René, *Réflexion faite. Notes pour servir à l'histoire de l'art cinémato-graphique de 1920 à 1950*, G, 1951. *Comédies et Commentaires*, G, 1959. *Tout l'or du monde*, G, 1962. *Cinéma d'hier, cinéma d'aujourd'hui*, G, 1970.

연극연출가 · 배우 · 소설가이자 아카데미회원으로서의 Clair에 대해서는 1895년 제25호를 볼 것.

Comecini Luigi, *Enfance, vocation, expérience d'un cinéaste*, Jacqueline Cambon, 2000.

Dreyer Carl, *Réflexions sur mon métier*, PBCdC, 1997(초판 1959). *Jésus de Nazareth et Médée*, Cerf, 1986(영화화하지 않은 시나리오).

Fellini Federico, *Fellini par Fellini*, F, 1987. *Faire un film*, Seuil, 1996.

Garnett Tay, *Portraits de cinéaste. Un siècle de cinéma*, Hatier, 1981.

Godard Jean-Luc, *Journal d'une femme mariée*(Macha Meril과 공동 집필), Denoël, 1965. *Introduction à une véritable histoire du cinéma*, A, 1981. *JLG/LG. Phrases*, POL, 1996. *For Ever Mozart. Phrases*, POL, 1996. *Jean-Luc Godard par Jean-Luc Godard*, CdC, 2vol, 1998. *2×50 ans de cinéma français. Phrases*, POL, 1998. *Allemagne neuf zéro. Phrases. Phrases*, POL, 1998. *Les enfants jouent à la Russie*. POL, 1998. *Histoire(s) du cinéma*, G, 4vol, 1998. *Éloge de l'amour. Phrases*. POL, 2001.

Hitchcock Alfred, *Hitchcock-Truffaut*, RPC, 1987(초판 1966).

Koulechov Lev., *L'art du cinéma et autres écrits*, AH, 1994.

Kurosawa Akira, *Comme une autobiographie*, PBCdC, 1995.

Lang Fritz, *Fritz Lang*(Alfred Eibel의 텍스트), 1964. *Fritz Lang en Amérique* (Peter Bogdanovich와의 대담), CdC, 1990(Lang은 건축학을 공부했다).

Lewis Jerry, *Quand je fais du cinéma*, Buchet-Chastel, 1972. *Dr. Jerry et Mr Lewis*, Stock, 1983.

Oliveira Manoel de, *Conversations avec Manoel de Oliveira par* Antoine de Baecque et Jacques Parsi, CdC, 1996.

Ophuls Max, *Max Ophuls par Max Ophuls*, Laffont, 1963.

Oshima Nagisa, *Écrits, 1956-1978, Dissolution et jaillissement*, CdC-G, 1980.

Pollet Jean-Daniel, *L'Entre Vues*(avec Gérard Leblanc), Éditions d'Oeil, 1998.

Powell Michael, *Une vie dans le cinéma*, Institut Lumière-Actes Sud, 1997. *Millions Dollar Movie, une vie dans le cinéma 2*, Institut Lumière-Actes Sud, 2000.

Powell과 Pressburger에 관해서는 *La lettre de la Maison française d'Oxford* (11호, 1999)를 참조할 것.

Rossellini Roberto, *Le cinéma révélé*, CdC, 1984. *Fragments d'une autobio- graphie*, Ramsay, 1987. *La télévision comme utopie*, Auditorium du Louvre/CdC, 2001.

Ruiz Raul, *Poétique du cinéma*, Dis voir, 1995.

Sternberg Josef von, *De Vienne à Shanghaï. Les tribulations d'une cinéaste*, F, 1989(또 다른 번역본: *Souvenirs d'un montreur d'ombres*, Laffont, 1996).

Tarkovski Andreï, *Le Temps scellé*, CdC, 1989. *Journal*, CdC, 1993.

Vertov Dziga, *Articles, journaux, projets*, UGE/CdC, 1972.

Walsh Raoul, *Un demi siècle à Hollywood*, Calmann-Lévy, 1976. Walsh는 84세에 *La colère des justes*(1972)란 소설을 출간하기도 했다.

영화 연출 및 연극 연출가

Bergman Ingmar, *Le cinéma selon Bergman*(S. Björkman, T. Manns, J. Sima와 의 대담), S, 1974. *Laterna magica*, G, 1991.

Eisenstein Serguei Mikhaïlovitch, *Réflexions d'un cinéaste*, Éditions en langues étrangères, Moscou, 1958. *Ma conception du cinéma*, Buchet-Chastel, 1971. *Mettre en scène*(V. Nijny와 공동 집필), UGE et CdC, 1973. *Au-delà des étoiles*, UGE, 1974. *La non-indifférente nature*, UGE, 2 vol, 1975 et 1978. *Le film: sa forme/son sens*, Bourgois, 1976. *Mémoires*, UGE, 3vol, 1977. *Cinématisme. Peinture et cinéma*, Complexe, 1980. *Le Mouvement de l'art*, Cerf, 1986. Stuttgart, in François Albéra, *Eisenstein et le constructivisme russe*, AH, 1990.

Walt Disney, Circé, 1991. *Charlie Chaplin*, Circé, 1997. *MLB. Plongée dans le sein maternel*, Hoëbeke, 1999.

Kazan Elia, *Kazan par Kazan*(Michel Ciment과의 대담), Stock, 1973.

(소설: *America, America*(1962), *L'Arrangement*(1967), *Les Assasins*(1972), *Le Monstre sacré*(1974), *Actes d'amour*(1979), *L'Anatolien*(1983)).

Losey Joseph, *Le Livre de Losey*(Michel Ciment과의 대담), Stock, 1976.

Ray Nicolas, *Action. Sur la direction d'acteurs*, YN/Femis, 1992.

Syberberg Hans-Jürgen, *Le film musique de l'avenir*, CF. *Hitler un film d'Allegmagne*, S/Laffont, 1978. *La société sans joie*, Bourgois, 1981. *Parsifal. Notes sur un film*, CdC-G, 1982.

Visconti Luchino, *Le Roman d'Angelo*, G, 1993.

Welles Orson, *Moi, Orson Welles*(Peter Bogdanovich와 공동 집필), PB, 1993.

Welles의 활동은 다양하다. 라디오 · 텔레비전에서 일했고, *Une grosse légume* (1953), *Monsieur Arkadin*(1954)이란 소설을 썼으며, Harry Lime에 대한 3개의 이야기를 쓰기도 했다: *La Toison d'Or*, Futuropolis, 1984.

영화인 겸 작가

Antonioni Michelangelo, *Écrits 1936-1985*, Cinecittà International, 1991. *Rien que des mensonges*(RPC, 1991). *Techniquement douce*(A, 1978).

Astruc Alexandre, *Du stylo à la caméma······ et de la caméma au stylo. Écrits(1942-1984)*, L'Archipel, 1992. Astruc은 문학 · 연극 · 영화 비평을 썼고, 여러 권의 소설도 출간했다: *Les Vacances*(1945), *Ciel de cendres*(1975), *Le Serpent jaune*(1977), *Quand la chouette s'envole*(1979), *Le Permissionnaire*(1984), *L'autre versant de la colline*(1993). 아울러 다음과 같은 에세이집과 회고록이 있다: *Le Roman de Descartes*(1989), *Evariste Galois*(1994), *La Tête la première* (1975), *Le Montreur d'ombres*(1996).

Brooks Richard, *Le Producteur*, Gérard et Cie, 1960.

Chenal Pierre, *Drames sur celluloïd*, Les Perspectives, 1928.

Epstein Jean, *Écrits sur le cinéma*, S, 2 vol, 1974 et 1975.

Fuller Samuel, *Il était une fois Sammuel Fuller*, CdC, 1986. Fuller는 소설가
이기도 했다: *L'inexorable enquête*(1944), *La Couronne des Indes*(1966), *La grande Mêlée*(1984), *The Big Red One*(1994), *Shock Corridor*(1996).

Gréville Edmond T., *Trente-cinq ans dans la jungle du cinéma*, Institut Lumière-Actes Sud, 1995.

Ray Satyajit, *Écrits sur le cinéma*, RPC, 1998.

Renoir Jean, *Renoir*, Hachette, 1962. *Ma vie et mes films*, F, 1974. *Oeuvres de cinéma inédites*, CdC-G, 1981.

Stroheim Erich von, *Paprika*(1950), *Les Feux de la Saint-Jean*(2vol, Veronica, 1951; Constanzia, 1954), *Poto Poto*(Pygmalion, 1991).

작가 겸 영화인

Cayrol Jean, *Le Droit de regard*(Claude Durand과 공동 집필), Seuil, 1963. Cayrol과 Durand은 여러 개의 단편 영화와 장편 영화를 공동 제작했다: 단편 영화 *On vous parle*(1960), *Madame se meurt*(1961), *La Frontière*(1961), *De tout pour faire un monde*(1963), 장편 영화 *Le Coup de grâce*(1964).

Cocteau Jean, *Romans, poésies, oeuvres diverses*, La Pochothèque, 1995(이 작품 속에 *Le Sang d'un poète*, *Le Testament d'Orphée*가 포함되어 있다). *Du ciné-matographe*, PB, 1973. *Entretiens sur le cinématographe*, PB, 1973. *La Belle et la Bête. Journal d'un film*, Rocher, 1989, *Orphée. Film*, J'ai lu, 1994. Cocteau 는 8개의 영화를 만들었고, 시나리오 및 다른 영화의 각본을 쓰기도 했으며, 그림도 그렸다. 특히 *Les Dames du Bois de Bouglogne*, *L'Eternel retour*.

Duras Marguerite, *Les Yeux verts*, CdC, 1987.

Guido Beartiz et Torre-Nilsson Leopoldo. Guido Beartiz는 여류 소설가이며, Torre-Nilsson Leopold는 연극을 쓰며, 시인 겸 소설가였고 영화비평가였다.

Guitry Sacha, *Le cinéma et moi*, Ramsay, 1984.

Le May Alan, *La Prisonnière du désert*, Rocher, 1996. Alan Le May는 *High Lonesome*(1950)을 연출했다.

Malraux André, 〈Esquisse d'une psychologie du cinéma〉, in *Verve*, 1941.

Pasolini Pier Paolo, *L'expérience hérétique. Langue et cinéma*, P, 1976. *Écrits sur le cinéma*, PUL, 1987.

Soldati Mario, *Le Festin du commandeur*, UGE(1982). Aux Éd. Le Promeneur: *La confession*(1993), *La fenêtre*(1995), *La veste verte*(1997), *L'enveloppe orange* (1997). 기타 출판사 *Les Lettres de Capri*(1996)(영화인 · 연출가 · 소설가 · 영화비평가로 활동했다).

영화인 겸 비평가

Biette Jean-Claude, *Poétique des auteurs*, CdC, 1988, *Qu'est-ce qu'un cinéaste*, POL, 2000.

Bonitzer Pascal, *Le Regard et la Voix*, UGE, 1976, *Le Champs aveugle. Essai sur le cinéma*, CdC-G, 1982. *Peinture et cinéma. Décadrages*, CdC, 1985. *Exercice du scénario*(Jean-Claude Carrière와 공동 집필), Femis, 1990. *Éric Rhomer*, CdC, 1999.

(*Cahier du cinéma*지에 게재한 많은 영화 비평이 있으며, Bonitzer는 André Téchiné와 J. Rivette의 각본을 쓰기도 했다.)

Chabrol Claude, *Et pourtant je tourne*, Laffont, 1976. Chabrol은 Éric Rhomer 와 함께 Hitchcock에 관한 에세이도 썼다.

Colpi Henri, *Le cinéma et ses hommes*, 1947. *Défense et illustration de la musique dans le film*, Serdoc, 1963. *Lettres à un jeune monteur*(Nathalie Hureau 와 공동 집필), Les Belles Lettres/Archimbaud, 1996. 특히 Colpi는 Varda · Resnais · Chaplin 감독의 편집을 담당했다.

Eizykman Claudine, *Lueur secrète. Carnets de notes d'un cinéaste*, Aléas, 1992.

Leenhardt Roger, *Les Yeux ouverts*, Seuil, 1979. *Chroniques de cinéma*, CdC, 1992.

Moullet Luc, *Fritz Lang*, S, 1963. *Politique des acteurs*, CdC, 1993.

Rhomer Éric, *Six contes moraux*, L'Herne, 1974. *L'organisation de l'espace dans le 'Faust' de Murnau*, UGE, 1977. *Le goût de la beauté*, CdC, 1984. *De Mozart en Beethoven. Essai sur la notion de profondeur en musique*, Actes

Sud, 1996.

Trauffaut François, *Les Aventures d'Antoine Doinel*, Mercure de France, 1970. *Les Films de ma vie*, F, 1987. *Le Plaisir des yeux*, CdC, 1987.

Wenders Wim, *La Vérité des images*, L'Arche, 1992.

영화 · 사진 · 문학을 포용하는 영화인

Bergman Ingmar, *Images*, G, 1992.

Carasco Raymonde, *Hors-cadre Eisenstein*, Macula, 1979. *Le Portrait ovale*, Comp d'Act, 1996.

Kiarostami Abbas, *Photographies, Photograhes, Fotografie*, Hazan, 1999.

Marker Chris, *Coréennes*, Seuil, 1959. *Giraudoux par lui-même*, Seuil, 1960. *Commentaires*, Seuil, 1961. *Commentaires 2*, Seuil, 1967. *Le Dépays*, Herscher, 1982. *La Jetée ciné-roman*, Zone Books, 1992. 소설 *Le Coeur net*(1949), CD-ROM *Immemory*(1997).

Resnais Alain, *Repérages*, Chêne, 1974. Photographies(Resnais가 찍은 사진: Jorge Semprun의 서문이 실려 있다). 다음과 같은 문학인과 함께 만든 영화 작품이 있다: Éluard · Quenau · Jean Cayrol(*Nuit et Brouillard*, Fayard, 1997; *Muriel*, Seuil, 1963), Maguerite Duras(*Hiroschima mon amour*, G, 1963), Alain Robe-Grillet (*L'Année dernière à Marienabd*, Minuit, 1961), Jacques Sternberg(*Je t'aime, je t'aime*, Eris Losfeld, 1969), David Mercer(*Providence*, G, 1977), Jorge Semprun(*La guerre est finie*, G, 1966, *Le 'Stavisky' d'Alain Resnais*, G, 1974). 또한 영화감독 Lovecraft 와 Jean Ray와 오랫동안 협력 관계를 유지했으며, 만화가 Enki Bilal과 함께 *Images pour le film*(Dragaud, 1983)을 만들었고, 음악가 Hans Werner Henze와 도 협력했다.

Vérdrès Nicole, *Images du cinéma français*, Le Chêne, 1945. *La Sculpture en France depuis Rodin*(L. Gischia와 합작), Seuil, 1945.

Zucca Pierre, *La Monnaie vivante*(Pierre Klossowski와 합작), Éric Losefeld, 1970. *Roberte au cinéma*(Pierre Klossowski와 합작), Obliques, 1978. *Images du cinéma*, Alain Moreau, 1980.

문학과 영화를 포용하는 작가

〈Roman et cinéma〉, *Roman 20-50*, Journées d'études-Lille III, 1996.

Janicot Christian, *Anthologie du cinéma invisible. 100 scénarios pour 100 ans de cinéma*, Jean-Michel Place/Arte Éditions, 1995.

Le cinéma des écrivains, textes par Antoine de Baecque, CdC, 1995.

Prieur Jérôme, *Le spectateur nocturne. Les écrivains au cinéma, une anthologie*, CdC, 1993.

Bioy Casares Adolfo, *L'Invention de Morel*, RL, 1952.

Bon François, *Calvaire des chiens*, Minuit, 1990.

Bram Christopher, *Le père de Frankenstein*, Passage du Marais, 1999.

Canudo Ricciotto, *La Roue*(Gance 원작), 3 vol, Ferenczi et fils, 1923. *L'Autre aile, Roman visuel suivi du Roman original*, Eugène Fasquelle, 1924. '제7의 예술'이란 말을 창안한 Canudo는 1927년 *L'Usine aux images*란 책을 출간했다 (Séguier-Arte, 1995).

Cortazar Julio, *Livre de Manuel*, G, 1993.

Daeninckx Didier, *Les Figurants*, Didier, 1995.

Des Forêts Louis-René, 〈Le malheur au Lido〉, in *Cahier pour un temps*, Pierre Klossowski, CP, 1985.

Damecq Jean-Philippe, *Robespierre, derniers temps*, Seuil, 1984. 소설가·예술비평가인 Damecq는 Scorsese 영화에 관한 글을 썼다.

Gomez de la Serna Ramon, *Ciné-ville*, Simon Kra, 1928.

Hillel-Erlanger Irène, *Voyages en kaléidoscope*, Allia, 1996(초판 1919).

Lowry Malcolm, *Sous le volcan*(1947), in *Romans, nouvelles et poèmes*, La Pochothèque, 1995.

Marsé Juan, *Les Nuits de Shanghaï*, Bourgois, 1995.

Rice Elmer, Voyage à Purilia, G, 1934.

Rodanski Stanislas, *La victoire à l'ombre des ailes*, Le Soleil Noir, 1975.

Schuhl Jean-Jacques, *Ingrid Caven*, G, 2000.

Schwartz Delmore, *Le Monde est un mariage*, Rocher, 1991(《C'est dans les rêves que les responsabilités commencent》).

작가 겸 비평가

Agee James, *Sur le cinéma*, CDC, 1991(초판 1958). 작가 겸 에세이스트(*Louons maintenant les grands hommes*)로 시나리오 작가로 John Huston의 *African Queen* 과 Charles Laughton의 *La Nuit du chasseur*의 대본을 썼다.

Audiberti Jacques, *Le Mur du fond. Écrits sur le cinéma*, CdC, 1996.

Borges Jorge Luis, *Sur le cinéma*, éd. Edgardo Cozarinsly, A, 1979.

Bory Jean-Louis, *Questions au cinéma*, Stock, 1993. *Des yeux pour voir*, UGE, 1971. *La nuit complice*, UGE, 1972. *Ombre vive*, UGE, 1973. *L'écran fertile*, UGE, 1974. *La lumière écrit*, UGE, 1975. *L'obstacle et la gerbe*, UGE, 1976. *Rectangle multiple* HGE, 1977. *Dernières chroniques cinématographiques*, Mémoire du Livre, 2000. *Rectangle multiple*, Mémoire du Livre, 2001.

Desnos Robert, *Les Rayons et les ombres, Cinéma*, G, 1992.

Manchette Jean-Patrick, *Les Yeux de la momie. Chroniques de cinéma*, Rivages, 1997.

Ollier Claude, *Navettes*, G, 1967. *Souvenirs écran*, CdC-G, 1981. *Fables sous rêve*(1960-1970), F, 1985. *Cité de mémoire*(Alexis Pelletier와의 대담), Pol, 1996.

옵서버 작가

Les formalistes russes et le cinéma. Poétique du film, éd. François Albéra, N, 1996.

Albert-Birot Pierre, *Cinémas*, Jean-Michel Palce, 1995.

Artaud Antonin, *Oeuvres complètes*, t. III, G, 1978. Artaud는 여러 개의 시나리오 대본을 썼으며, 특히 Germaine Dulac의 *La Coquille et le Cleryman*의 각본을 썼고, Abel Gance의 *Napoléon*과 Carl Dreyer의 *Jeanne d'Arc*의 배우로도 활동했다.

Balzas Béla, *L'Esprit du cinéma*, P, 1977(초판 1930). *Le cinéma. Nature et évolution d'un art nouveau*, P, 1979. Balzas Béla는 시인 · 드라마 작가 · 연극비평가 · 영화인 · 시나리오 작가(*Narcose, Mademoiselle Else, Quelque part en Europe*), 바르토크(Bartok)를 위한 책(*Le Prince en bois, Le Château de Barbe-Bleue*)을 썼다. 자서전을 바탕으로 한 영화 *Jeunesse rêveuse*(Janos Rozsa 감독, 1974)가 만들어지기도 했다.

Babel Issac, *Le Moulin chinois et autres scénarios*, G, 1985.

Barjavel René, *Cinéma Total*, Denoël, 1944.

Brecht Bertolt, *Sur le cinéma*(1922-1933), L'Arche, 1976.

Brunius Jacques-B, *En Marge du cinéma français*, AH, 1987(초판 1954).

Calvino Italo, 〈Autobiographie d'un spectateur〉(Fellini 감독에 의해 *Faire un film*에 소개됨).

Charyn Jerome, *Movie Land*, Stock, 1990.

Drevet Patrick, *Huit petites études sur le désir de voir*, G, 1991(〈L'art de la nuit〉). *Le voeu d'écriture. Petites études*, G, 1998(〈Le papillon et la fleur〉).

Ehrenbourg Ilya, *Usine de rêves*, G, 1939(초판 1932).

Fitzgerald Francis Scott, *Le dernier Nabab*, G, 1952(초판 1941).

Fondane Benjamin, *Écrits pour le cinéma*, Plasma, 1984.

Giono Jean, *Oeuvres cinématographiques 1*, 1938-1959, CdC-G, 1980. 시나리오 작가 · 제작자 · 영화감독으로 *Crésus*(1960)을 제작했다.

Gracq Julien, *En lisant en écrivant*, JC, 1980(〈Littérature et cinéma〉).

Hecht Ben, *Je hais les acteurs*, UGE, 1982.

Isou Isidore, *Esthétique du cinéma*, 1952.

Kessel Joseph, *Hollywood, ville mirage*, G, 1936.

Lemaître Maurice, *Le film est déjâ commencé? Séance de cinéma*, André Bonne, 1952.

Lindsay Vachel, *De la caverne à la pyramide*(*Écrits sur le cinéma 1914-1925*), MK, 2000.

Macé Gérard, *L'art sans paroles*, Le Promeneur, 1999. *Colportage III. Images*, Le Promeneur, 2001.

Moravia Alberto(Alain Elkann과 공동 집필), *Vita di Moravia*, UGE, 1992.

Pingaud Bernard, *Inventaire*, G, 1965.

Prévert Jacques, *Les Visiteurs du soir, scénario et dialogues*, La Nouvelle Édition, 1947. 시인인 Prévert는 라디오와 연극 분야에서 많은 작업을 했고 영화 제작에도 참여했다.

Saint-Pol Roux, *Cinéma vivant*, Rougerie, 1972.

Vailland Roger, *Le cinéma et l'envers du cinéma dans les années 1930*, Le Temps des ceries, 1999.

Virmaux Alain et Odette, *Les Surréalistes et le cinéma*, S, 1976.

West Nathanaël, *L'Incendie de Los Angeles*, Points-Seuil, 1984(초판 1939).

Zischler Hanns, *Kafka va au cinéma*, CdC, 1996. 배우 겸 에세이 작가로 *Visas d'un jour*(Bourgois, 1994)를 썼다.

영화 비평적 이야기

Barthes Roland, *Oeuvres complètes*, t.I(1942-1965), Seuil, 1993; t. II(1966-1973), Seuil, 1994; t. III(1974-1980), Seuil, 1995.

Blanchot Maurice, *L'Espace littéraire*, G, 1955.

Collot Michel, *L'Horizon fabuleux*, JC, 1988, 2vol.

Dragonetti Roger, *Aux frontières du langage poétique*, Romanica Gandensia X, 1961. *Dante Pélerin de la Sainte Face*, Romanica Gandensia XI, 1968.

Hamon Philippe, *Expositions. Littérature et architecture au XIXᵉ siècle*, JC, 1989.

Jenny Laurent, *La Parole singulière*, Belin, 1990.

Poulet Georges, *Les Métamorphoses du cercle*, F, 1979(초판 1961).

Rousset Jean, *Forme et signification*, JC, 1962. *Leurs yeux se rencontrèrent. La scène de première vue dans le roman*, JC, 1981. *Passages, échanges et transi-positions*, JC, 1990.

Starobinski Jean, *La relation critique*, G, 1972. *Trois fureurs*, G, 1974. *Lar-gesse*, Réunion des Musées nationaux, 1994. Starobinski에 관해서는 *Starobinski en mouvement*(Champ Vallon, 2001)을 참조할 것.

영화 비평서

La critique de cinéma en France, sous la direction de Michel Ciment et Jacques Zimmer, Ramsay, 1997.

Plot Bernadette, *Un manifeste pour le cinéma: les normes culturelles en question dans la première 'Revue du cinéma,'* L'Harmattan, 1996.

Amengual Barthélemy, *Georg Willelhm Pabst,* S, 1966. *René Clair,* S, 1969 (초판 1963). *Dovjenko,* S, 1970. *Clefs pour le cinéma,* S, 1971. *Que viva Eisenstein!,* AH, 1980. *Le Cuirassé Potemkine,* N, 1992. *Bande à part de Jean-Luc Godard,* YN, 1993. *Du réalisme au cinéma, Anthologie établie* par Suzanne Liandart-Guigues, N, 1997. *Le maître au tournesol: Alexandre Dovjenko,* CF, 1999. B. Amengual은 또한 많은 영화감독에 대한 여러 권의 책을 썼다: *Hitchcok* (1960), *Eisenstein*(1962), *Chaplin*(1963), *Lattuada*(1965), *Vertov*(1965), *Poudovkine*(1968), *La FEKS*(1970).

Arnaud Philippe, *Robert Bresson,* CdC, 1986. *Sacha Guitry, cinéaste,* YN, 1993.

Arnoux Alexandre, *Cinéma,* G. Grès et Cie, 1929. *Du Muet au parlant. Souvenirs d'un témoin,* La Nouvelle Édition, 1946.

Bazin André, *Qu'est-ce que le cinéma?,* 4 vol, Cerf 1: Onthologie et langage, 1958; 2. Le cinéma et les autres arts, 1959; 3. cinéma et sociologie, 1960; 4. Une esthétique de la réalité: le néo-réalisme, 1962. *Jean Renoir,* Champ Libre, 1971. *Le cinéma de l'occupation et de la résistance,* UGE, 1975. *Orson Welles,* RPC, 1985(초판 1950). *Le cinéma de la cruauté,* F, 1987. *Charlie Chaplin,* PBCdC, 2000(초판 1972). *Le cinéma français de la Libération à la Nouvelle Vague,* CdC, 1983. 《카이에 뒤 시네마》지 편집국장을 역임했다.

Benayoun Robert, *Le Dessin animé après Walt Disney,* Pauvert, 1961. *John Huston,* S, 1966. *Bonjour Monsieur Lewis,* Losfeld, 1972. *Le Mystère Tex Avery,* Seuil, 1973. *Les Marx Brothers,* S, 1980. *Le regard de Buster Keaton,*

RPC, 1987. *Alain Resnais arpenteur de l'imaginaire*, RPC, 1986. Robert Bena-youn은 또한 *Paris n'existe pas*(1972)와 *Sérieux comme le plaisir*(1975)란 영화를 감독했고, *Anthologie du nonsense*(1959), *Érotique du surréalisme*(1965), *Vroom, Tchac, Zowie*(1968)이란 책을 섰으며, Edward Lear · Charles Fort · Washington Irving의 책을 번역하기도 했다. Ado Kyrou와 함께 비평지 *L'Âge du cinéma*를 창간했다.

Bergala Alain, *Voyage en Italie*, UN, 1990. *Nul mieux que Godard*, CdC, 1999.

Collet Jean, *Jean-Luc Godard*, S, 1963. *La création selon Fellini*, JC, 1990. *Après le film*, Aléas, 1999.

Daney Serge, *La Rampe. Cahier ciritique 1970-1982*, CdC-G, 1983. *Ciné-journal 1981-1986*, Cd, 1986. *Devant le recrudescence des vols de sacs à main, cinéma, télévision, information*, Aléas, 1991. *Le Salaire du zappeur*, POL, 1993. *L'Exercice a été profitable, Monsieur*, POL, 1993. *Persévérance*(Serge Toubianan 와의 대담), Pol, 1994. *Itinéraire d'un ciné-fils*, Jean-Michel Place, 1999. *La maison cinéma et le monde I. Le Temps des Cahiers 1962-1981*, POL, 2001. 《카이에 뒤 시네마》지 편집국장, 《리베라시옹》지 기자로 활동하면서 영화 잡지 《트라픽》을 창간했다.

Frank Nino, *Petit cinéma sentimental*, La Nouvelle Édition, 1950. *Cinéma dell'Arte*, André Bonne, 1951.

Ishaghpour Youssef, *Visconti, Le sens et l'image*, La Différence, 1984. *D'une image à l'autre. La nouvelle modernité du cinéma*, Gonthier, 1981. *Cinéma contemporain. De ce côté du miroir*, La Différence, 1986. *Formes de l'imperman-ence. Le style de Yasujiro Ozu. Où l'on va au Japon pour revenir dans l'Occident de la présumée fin de l'Histoire*, YN, 1994. *Opéra et théâtre dans le cinéma d'aujourd'hui*, D, 1995. *Le cinéma*, F, 1996. *Le réel, face et pile. Le cinéma d'Abbas Kariostami*, Farrago, 2000. *Archéologie du cinéma et mémoire du siècle* (고다르와 파라고와의 대담), 2000. *Orson Welles cinéaste. Une caméravisible*, D, 3 vol. 2001. Ishaghpour는 최초로 Visconti 감독에 대한 작품을 Yves Guillaume 이란 이름으로 출간했으며(1966년, EU), 다음과 같은 많은 사람들에 대한 책을 썼다: *Lucien Goldmann, Lukacs et Heidegger*(1973), *Paul Nizan*(1980, 1990),

Elias Canetti. *Métamorphose et identité*(1990), *Aux origines de l'art moderne: le Manet de Bataille*(1989), *Le Tombeau de Sadegh Hedayat*(1991), *Seurat. La pureté de l'élément spectral*(1992). *Chohreh Feyzdjou. L'épicerie de l'apocalypse*(1996), *Poussin, là où le lointain······ Mythe et paysage*(1996), *Courbet, le portrait de l'artiste dans son atelier*(1998), *La miniature persane. Les couleurs de la lumière: le miroir et le jardin*(1999).

Kral Petr. *Le Burlesque ou Morale de la tarte à la crème*, Stock, 1984. *Les Burlesques ou Parade des somnambules*, Stock, 1986.

Legrand Gérard, *Cinémanie*, Stock, 1979. *Paolo et Vittorio Taviani*, CdC, 1990.

Lourcelles Jacques, *Otto Preminger*, S, 1965. *Dictionnaire du cinéma. Les Films*, RL, 1992.

Masson Alain, *La comédie musicale*, Stock, 1981. *L'image et la parole. L'avènement du cinéma parlant*, D, 1989. *Le Récit au cinéna*, CdC, 1994.

Mesnil Michel, *Mizoguchi*, S, 1971. *Kurosawa*, S, 1973. *Le Parfum de la salle en noir*, PUF, 1985.

Narboni Jean, *L'Olivier*, 1976. 《카이에 뒤 시네마》지 편집국장으로 Welles · Renoir · Pasolini · Hitchcock · Lubitsch 등에 관한 많은 글을 썼고, 특히 *Jean-Luc Godard par Jean-Luc Godard*(1968)는 Narboni의 협력으로 탄생했다.

Noguez Dominique, *Éloge du cinéma expérimental*, CP, 1979. *Trente ans de cinéma expérimental en France*(1950-1980), ARCEF, 1982. *Une renaissance du cinéma, le cinéma 'underground' américain*, K, 1985. *Le cinéma, autrement*, Cerf, 1987. *Ce que le cinéma nous donne à désirer. Où l'on passe au Japon une nuit avec 'La Notte' et les clartés qui s'ensuivent*, YN, 1995.

Prieur Jérôme, *Nuits blanches. Essais sur le cinéma*, G, 1980. *Séance de lanterne magique*, G, 1985.

Seguin Louis, *Une critique dispersée*, Bourgois, 1976. *Sur les films de Jean-Marie Straub et Danièle Huillet*, Ombres, 1991. *L'Espace du cinéma*, Ombres, 1999. 비평가로서 Seguin은 《포지티프》지와 《라 켕젠 리테레르》에 영화 비평을 했고, 화화 및 철학에 관한 많은 글을 썼다.

Tailleur Roger, *Antonioni*, EU, 1963. *Elia Kazan*, S, 1971. *Viv(r)e le cinéma,*

Éd. Michel Ciment, Insitut Lumière/Actes sud, 1997.

Tesson Charles, *Satyajit Ray*, CdC, 1992. *Luis Buñuel*, CdC, 1995. *El de Luis Buñuel*, N, 1996. *Photographie de la série B*, CdC, 1997(《카이에 뒤 시네마》 편집국장이기도 하다).

Török Jean-Paul, *Le scénario. Histoire, théorie, pratique*, Arte-Fact, 1986. Török은 또한 시나리오 작가(Claude Sautet의 *Un mauvais fils*)와 작가(*Le Frôlement des ailes*, Guy Tredaniel, 1996)이기도 하다.

언어와 문체에 관련된 연구서

Bellour Raymond, *L'Entre-Images. Photo. Cinéma. Vidéo*, D, 1990. *L'Entre-Images 2. Mots, Images*, POL, 1999.

Château Dominique, *L'Héritage de l'art. Imitation, tradition, modernité*, L'Harmattan, 1999. Château는 예술에 관한 많은 책을 썼으며, *Le cinéma comme langage*란 책을 쓰기도 했다.

Christin Ann-Marie, *L'Image écrite ou la déraison graphique*, F, 1995.

Metz Christian, *Essais sur la signification au cinéma*, K, 2 vol, 1968, 1972. *Langage et cinéma*, A, 1971. *Le signifiant imaginaire. Psycanalyse et cinéma*, UGE, 1977. *L'énonciation impersonnelle ou le site du film*, MK, 1991.

Ropars Marie-Claire, *L'Écran de la mémoire. Essais de lecture cinématographique*, Seuil, 1970. *Le texte divisé. Essai sur l'écriture filmique*, PUF, 1981. *Ecraniques. Le film du texte*, Presses universitaires de Lille, 1990. *L'idée d'image*, PUV, 1995.

청각에 관련된 연구서

L'idée musicale, sous la direction de Christine Buci-Glucksmann et Michaël Levinas, PUV, 1993.

Adorno Theodor W. et Eisler Hanns, *Musique de cinéma*, L'Arche, 1972.

Brunel Pierre, *Les Arpèges composés*, K, 1997.

Campan Véronique, *L'Écoute filmique. Écho du son en image*, PUV, 1999. Campan은 또한 Kielslowski의 *Décalogue*에 관한 책 *Dix brèves histoires d'image* (PSN, 1993)를 쓰기도 했다.

Chion Michel, *Pierre Henry*, Fayard-Sacem, 1980. *La musique électroacoustique*, PUF, 1982. *La Voix au cinéma*, CdC, 1982. *Guide des objets sonores*, INA/Buchet-Chastel, 1983. *Le son au cinéma*, CdC, 1985. *La parole au cinéma. La Toile trouée*, CdC, 1988. *L'audiovision. Son et image au cinéma*, N, 1990. *Le promeneur écoutant*, Sacem/Plume, 1993. *La symphonie à l'époque romantique*, Fayard, 1994. *Le poème symphonique et la musique à programme*, Fayard, 1993. *Musiques, medias et technologies*, Falmmarion, 1994. *La musique au cinéma*, Fayard, 1995. *Le Son*, N, 1998. Michel Chion은 전자청각 음악 작곡가 이며, 영화를 연출하기도 했고(*Eponine*(1984)), 영화 관련 서적을 출간했다: *Jacques Tati*, CdC, 1987, *David Lynch*, CdC, 1992, *Écrire un scénario*, CdC, 1986, *Les Lumières de la ville de Charlie Chaplin*, N, 1989, *Le cinéma et ses métiers*, Bordas, 1990.

Moindrot Isabelle, *La représentation d'opéra. Poétique et drama-turgie*, PUF, 1993.

Poizat Michel, *L'Opéra ou le cri de l'Ange. Essai sur la jouissance de l'amateur d'Opéra*, Métailié, 1986. *La Voix du Diable. La jouissance lyrique sacrée*, Métailié, 1991. *Variations sur la voix*, Antropos, 1998.

Szendy Peter, *Écoute. Une histoire de nos oreilles*, Minuit, 2001.

시각에 관련된 연구서

Cinéma: théorie, lectures, in *Revue d'esthétique*, K, 1973

Arasse Daniel, *Le Détail. Pour une histoire rapprochée de la peinture*, F, 1992. *Le sujet dans le tableau. Essais d'iconographie analytique*, F, 1997.

Bailly Jean-Christophe, *L'apostrophe muette*, Hazan, 1997.

Beaudelaire Charles, *Curiosités esthétiques*, in *Oeuvres complètes*, t. II, Bibliothèque de la Pléiade, 1976.

Chareyre-Méjean Alain, *Expérience et esthétique*, L'Harmattan, 2000.

Deonna Waldemar, *Le symbolisme de l'œil*, E, de Broccard, 1965.

Diderot Denis, *Salons*, in *Oeuvres complètes*, t. XIV et XVI, Hermann, 1984 et 1990.

Didi-Huberman Georges, *La Peinture incarnée*, Minuit, 1985. *Devant l'image*, Minuit, 1990.

Faure Élie, *Histoire de l'art et L'Esprit des formes*, Le Livre de Poche, 7 vol., 1976. *Fonction du cinéma*, Gonthier, 1963.

Fromentin Eugène, *Les Maîtres d'autrefois*, Le Livre de Poche, 1965. Fromentin 에 관련된 연구서로는 Anne-Marie Christin의 *Fromentin conteur d'espace*(Le Sycomore, 1982)를 참조할 것.

Gagnebin Murielle, *Pour une esthétique psychanalytique*, PUF, 1994. *Du divan à l'écran. Montages cinématographiques, montages interprétatifs*, PUF, 1999. 파리3대학 '이미지와 이미지 관계 연구소' 소장인 Gagnebin은 *L'Image récalcitrante* (PSN, 2001), *Psychanalyse et cinéma*(Champ Vallon, 2001), *L'Image trafiquée* (*Revue d'esthétique*, 2002), *L'Ombre de l'image* 등의 작품이 있다.

Hamon Philippe, *Imageries. Littérature et image au XIXᵉ siècle*, JC, 2001.

Klossowski Pierre, *La Ressemblance*, Ryôan-ji, 1984. *Tableaux vivants. Essais critiques 1936-1983*, Le Promeneur, 2001. 또한 Klossowski는 브레송의 *Au hasard Balthzar*에서 배우 역할을 했으며, Pierre Zucca와 *Roberte au cinéma* (Obliques, 1878)를 출간했다.

Lyotard Jean-François, 〈L'acinéma〉(Dans *Cinéma: théories, lectures*). *L'assassi-nat de l'expérience par la peinture, Monory*, Le Castor astral, 1984.

Maldiney Henri, *Regard Parole Espace*, AH, 1973.

Malraux André, *Les voix du silence 1951*(Le Musée imaginaire, La création artistique, La Monnaie de l'absolu). *Le Musée imaginaire de la sculpture mondiale* (La statuaire 1952, Des bas-reliefs aux grottes sacrées 1954, Le monde chrétien, 1954). *La Métamorphose des Dieux*(Le surnaturel 1957, L'irréel 1974, L'intemporel 1976)(G 출판사에서 모두 간행되었음).

Mercier Louis-Sébastien, *Tableau de Paris*, Mercure de France, 1994, 3 vol

(Mercier에 관한 책으로는 *Louis-Sébastien Mercier: un hérétique en littérature* (Mercure de France, 1995)를 참조할 것).

Merleau-Ponty Maurice, *Sens et Non-sens*, Nagel, 1948(〈Le cinéma et la nouvelle psychologie〉).

Minazzoli Agnès, *La première Ombre*, Minuit, 1990.

Mondzain Marie-José, *Image, icône, économie. Les sources byzantins de l'imaginaire contemporain*, Seuil, 1996.

Munier Roger, *Contre l'image*, G, 1989. *Le Chant second*, Deyrolle, 1991. Munier는 철학자 · 시인 · 에세이스트이기도 하며(*Parcours oblique, Génie de Rimbaud, L'Être et son poème, Essai sur la poétique d'André Frénaud*), Heidegger · Silesius · Octavio Paz · Antonio Porchia · Roberto Juarroz 등의 책을 번역하기도 했다.

Panofsky Erwin, 〈Style et matériau au cinéma〉(Dans *Le Cinéma: théories, lectures*).

움직임(운동)과 시간에 관련된 연구서

Bresson Henri, *Oeuvres*(1백 주년 기념 전집), PUF, 1991.

Deleuze Gilles, *Mille Plateaux*, Minuit, 1980. *L'Image-mouvement*, Minuit, 1983. *L'Image-temps*, Minuit, 1985. *Pourparlers*, Minuit, 1990.

Deleuze에 관한 연구로는 Roberto De Gaetano가 쓴 *Deleuze, penser le cinéma* (Bulzoni Editore, 1993)와 Oliver Fahle과 Lorenz Engell의 *Le cinéma selon Deleuze*(Verlag der Bauhaus-PSN, 1997)를 참조할 것.

Klee Paul, *La Pensée créatrice*, Dessain et Tolra, 1980. *Histoire naturelle infinie*, Dessain et Tolra, 1997.

Menil Alain, *L'Écran du temps*, PUL, 1991.

Michaud Philippe-Alain, *Aby Warburg et l'Image en mouvement*, Macula, 1998.

스펙터클, 사회 및 관객의 조건에 관련된 연구서

Agamben Giorgio, *Image et mémoire*, Hoebeke, 1998.

Baudrillaud Jean, *L'échange symbolique et la mort*, G. *De la séduction*, Galilée, 1979. *Simulacres et simulation*, Galilée, 1981.

Benjamin Walter, *Poésie et révolution*, Denoël, 1971.

Bloch Ernst, *Traces*, G, 1968. *Héritage de ce temps*, Payot, 1977.

Castoriadis Cornelius, *L'institution imaginaire de la société*, Seuil, 1975.

Cavell Stanley, *À la recherche du bonheur. Hollywood et la comédie du remariage*, CdC, 1993. *La Projection du monde. Réflexions sur l'ontologie du cinéma*, Belin, 1999.

Debord Guy, *La société du spectacle*, Champ Libre, 1983. *Oeuvres cinématographiques complètes*, G, 1994.

Foucault Michel, *Dits et Écrits*, G, 1994, t. II 〈Sade, sergent du sexe〉; t. IV: 〈conversation avec Werner Schroeter〉.

Laffay Albert, *Logique du cinéma. Création et spectacle*, Masson et Cie, 1964.

Morin Edgar, *Les Stars*, Seuil, 1957. *Le cinéma ou l'homme imaginaire*, Gonthier, 1965(초판 1956).

Nancy Jean-Luc, *L'évidence du film. Abbas Kiarostami*, Yves Gevaert Éditeur, 2001.

Rancière Jacques, *La Fable cinématographique*, Seuil, 2001.

Rosset Clément, *Matière d'art. Hommages*, Le Passeur, 1992. *Propos sur le cinéma*, PUF, 2001.

Schefer Jean Louis, *L'homme ordinaire du cinéma*, CdC-G, 1980. *Du monde et du mouvemt des images*, CdC, 1997.

Cinématographies. Objets périphériques et mouvements annexes, POL, 1998. *Images mobiles. Récits, visages, flocons*, Pol, 1999. Schefer는 또한 Ucello · Greco · Corrège · Goya 등의 그림에 관한 많은 에세이를 쓰기도 했다.

Virilio Paul. *Esthétique de la disparition*, Balland, 1980. *Guerre et cinéma 1.*

Logistique de la perception, CdC, 1984. *La machine de vision*, Galilée, 1988. *Voyage d'hiver*(Marianne Brausch와 공동 집필), Parenthèses, 1997.

영화사

Bertrand Tavernier et Jean-Pierre Coursodon, *50 ans de cinéma américain*, N, 1991, 2 vol.

Dictionnaire du cinéma, direction de Jean-Loup Passek, Larousse, 1995, 2 vol.

Jeune, dure et pure! Une histoire du cinéma d'avant-garde et expérimental en France, sous la direction de Brenez et Christian Lebart, CF-M, 2001.

Lignes d'ombre. Une autre histoire du cinéma soviétique(1926-1968), direction de Bernard Eisenschitz, M, 2000.

Un'altra Italia. Pour une histoire du cinéma italien, direction de Sergio Toffetti, M, 1998.

Typiquement british. Le cinéma britannique, direction de N. T. Binh et Philippe Pilard, CP, 2000.

Stars au féminin. Naissance, apogée et décadence du star système, direction de Gian Luca Farinelli et Jean-Loup Passek, CP, 2000.

Albéra François, *Des Russes à Paris, 1919-1929*, CFM, 1995.

Burch Noël, *Praxis du cinéma*, G, 1969. *Marcel Lherbier*, S, 1973. *La Lucarne de l'infini. Naissance du langage cinématographique*, N, 1991.

Eisenschitz Bernard, *Humphrey Bogart*, Le Terrain Vague, 1968. *Roman américain. Les vies de Nicholas Ray*, Bourgois, 1990. *Man Hunt de Fritz Lang*, YN, 1992. *Le cinéma allemand*, N, 1999. Eisenschitz는 Georges Sadoul 의 *Histoire du cinéma*의 집필에 참여했다.

De Haas Patrick, *Cinéma intégral. De la peinture au cinéma dans les années 1920*, Transédition, 1985.

Eisner Lotte. *F. W. Murnau*, Le Terrain Vague, 1964. *L'Écran démonique*, Éric Losfeld, 1965. *Fritz Lang*, CdC-CF, 1984.

Gerber Jacques, *Anatole Dauman. Souvenir-Écran*, CGP, 1989.

Langlois Henri, *Trois cents ans de cinéma*, CdC/CF/FEMIS, 1986. Anglois 에 관해서는 Cozarinsky 감독의 *Citizen Langlois*(1995)를 볼 것.

Leyda Jay, *Kino, Histoire du cinéma russe et soviétique*, AH, 1976.

Mitry Jean, *Esthétique et psychologie du cinéma*, EU, 2 vol. *Les structures*, 1966, et *Les formes*, 1968. *Histoire du cinéma*, EU, 3 vol. *Le cinéma expéri-mental*, S, 1974. *La sémiologie en question. Langage et cinéma*, Cerf, 1987. Marcel Lherbier의 조감독이었던 Mitry는 Langlois · Franju와 함께 *Cinémathètue française*를 만들었고, 많은 단편 영화(*Pacific 231*(1949), *Au pays des Grandes Causses*(1952), *Images pour Debussy*(1952), *Symphonie mécanique*(1955))와 장편 영화 *Énigme aux Folies-Bergères*(1958)를 감독했으며, John Ford · Eisenstein · Chaplin에 관한 글을 쓰기도 했다.

Sadoul Georges, *Histoire générale du cinéma*, Denoël, 5 vol, 1948–1954. *Georges Méliès*, S, 1961. *Louis Lumière*, S, 1964. *Aragon*, S, 1967, *Jacques Callot miroir de son temps*, G, 1969.

역자 후기

해마다 5월이 되면 지구촌의 관심은 프랑스 남부의 검푸른 지중해변의 세계적인 휴양 도시 칸(Cannes)으로 집중된다. 인구 7만의 작은 도시에서 전 세계 영화인들의 축제인 칸 영화제가 열리기 때문이다. 금년으로 58회째를 맞이하는 칸 국제영화제가 지구촌을 뜨겁게 달구고 있는 것이다. 벌써부터 황금종려상(팔름 도르(Palme d'or)) 후보를 비롯한 남녀 주연 배우상, 감독상에 이르기까지 칸 영화제에 관련된 예상 기사가 언론 방송을 비롯한 매스컴의 단골 메뉴로 등장하고 있다. 이제 칸 영화제는 단순한 프랑스 영화제의 차원을 넘어 전 세계 지구촌의 가장 인기 있는 축제가 되었다. 그래서 그동안 많은 사람들, 특히 영화인들이 이 칸 영화제에서의 화려한 데뷔를 꿈꿔왔고, 꿈꾸고 있으며, 앞으로도 꿈을 꾸게 될 것이다. 우리나라의 영화도 이젠 당당하게 칸 영화제에 작품을 초청받고, 또 큼직한 상(57회 임권택 감독의 감독상: 〈취화선〉)도 수상했다. 그만큼 우리나라의 영화가 눈부신 발전을 이룩했고, 우리 국력의 위상이 커졌다는 증명인 셈이다. 불과 10년 전만 해도 칸 영화제는 우리들의 큰 관심을 끌지 못했고, 칸 영화제의 수상이라는 것은 감히 생각조차 할 수 없는 다른 나라의 얘기였다. 하지만 그런 우리들의 꿈이 현실화된 것이다.

이제 영화는 굳이 칸 영화제를 들먹이지 않더라도 우리들 생의 일부가 되었으며, 국내에서도 각 도시에서 앞다투어 크고 작은 국제영화제를 개최하고, 또 대학에서는 경쟁적으로 영화 관련 학과를 만들고 있다. 이 모두는 영화에 대한 우리 국민들의 관심이 커졌으며, 그만큼 영화가 인기 있는 예술이라는 반증일 것이다. 아울러 점점 더 대형화·기업화되는 극장과 영화 장비의 첨단화에 걸맞은 많은 영화관이 등장하고 있으며, 바야

흐로 입장객 1천만 명 돌파라는 흥행 기록의 영화까지 출현했다. 이와 같은 겉으로 드러나는 수치는 분명 우리 국민들의 영화에 대한 열기를 입증하는 증거로 생각해 볼 수 있겠지만, 이것을 곧 국내 영화 산업 발전의 척도로 여길 수 있는지에 대해서는 여러 각도에서 고려해야 할 것이다.

이 책은 수잔 리앙드라 기그 교수와 장 루이 뢰트라 교수가 공동으로 집필한 《영화를 생각하다 *Penser le cinéma*》(클린크시에크 출판사 연구서 총서 시리즈, 2001년 판)를 완역한 것이다.

무엇보다도 역자에게 부담이 된 것은 이 책이 클린크시에크 출판사의 전문 분야 연구 총서 중의 하나에 속한다는 사실이었고, 영화에 대한 해박한 백과사전식의 지식을 요구한다는 점이었다. 아울러 저자들 특유의 함축적인 문체는 번역의 진행을 더디게 했고, 이것은 이 책의 영화사적 중요성에도 불구하고 우리말 번역이 아직까지 유보되어 온 이유이었다.

이 책에는 영화에 관련된 수많은 전 세계 영화인들의 이름과 영화 제목을 비롯하여 영화 관련 서적, 논문 및 주해가 대거 등장한다. 말하자면 이 책이 단순한 영화 이론이나 비평서가 아닌 영화 전반에 대한 성찰을 포함하고 있는 관계로 뤼미에르부터 브레송·에이젠슈테인·웰스·고다르·히치콕과 같이 우리에게 친숙한 영화감독의 이름에서부터 폴레·루이즈·월시와 같이 좀 낯선 영화인을 비롯하여 수많은 전 세계의 연출가·감독·시나리오 작가·비평가·영화사가·작가 등의 고유 명사와 영화 관련 잡지 등의 이름이 등장한다는 점이었다. 특히 영화 전문 용어 및 고유 명사를 비롯하여 우리나라에서 미개봉된 영화의 우리말 번역에서 영화 전공이 아닌 역자에게 다소 부담을 주었다. 번역의 편의를 위하여 고유 명사는 원어 발음에 가깝게 표기했으며, 영화 용어와 미개봉 영화 제목의 경우에도 원어의 어의를 참작하여 우리말로 번역했음을 밝혀 둔다.

이 책은 2명의 저자들이 서문에서 밝히고 있듯이 영화의 탄생에서부터 현재에 이르기까지 지난 한 세기 동안의 영화에 관련하여 수없이 제기되어 온 "영화란 무엇인가"라는 원초적인 문제를 50문항의 세부 항목으로 나누어 이에 대답하는 형식으로 기술한 책이다(각 항목의 제목이 의문문의 형식을 띠고 있다는 점도 이채롭다). 특히 이 책은 그동안 수많은 사람들이 영화에 대해 품어 온 문제를 4개의 큰 항목으로 다시 묶어 영화가 무엇인지를 독자들에게 제시하고 있다는 점이 돋보인다. 제1부에서는 그동안 제기되어 온 문제의 대상으로서의 영화의 한 세기를 영화사의 관점에서 분석하고 있다. 제2부에서는 영화의 감춰진 매력에 대한 기술로 영화에서의 언어·이미지·연출·움직임·시나리오·형태 등에 관한 성찰을 보여준다. 제3부는 영화와 담화와의 관계에 대한 고찰로 예술 장르로서의 영화, 영화 이론 등을 다루고 있으며, 마지막 4부에서는 영화와 관객과의 관계를 제시하고 있다. 특히 이 장에서는 관객이 원하는 영화, 영화 팬과 영화와의 관계, 영화 비평, 영화에 대한 연구 등에 상세한 설명이 제시되어 있다. 아울러 이 책의 말미에는 영화를 애호하거나 공부하고자 하는 사람들이 꼭 보아야 하거나 읽어야 할 영화 및 영화 관련 도서들의 목록이 참고 문헌 형식으로 상세하게 기술되어 있다. 이 점이 이 책의 또 다른 큰 장점이라고 여겨진다.

따라서 독자들은 이 책을 통하여 제7의 예술로 평가받고 있는 "영화가 과연 무엇인가"라는 다소 진부한 질문에 대한 명쾌한 답을 얻음으로써 빛과 소리와 이미지의 예술인 영화 전반에 대한 이해를 도모할 수 있을 것이다. 특히 영화를 좋아하거나 영화 관련 종사자들을 비롯하여 영화를 공부하는 학생이나 영화 전문가들에게도 중요한 안내서가 될 것이다. 아무쪼록 이 책이 영화에 관심 있는 독자들에게 조그만 보탬이라도 되었으면 하는 마음 간절하다.

마지막으로 국내에 프랑스 영화의 이해에 대한 또 다른 소개의 장을 마련해 주신 동문선 신성대 사상님께 감사드린다. 무엇보다도 지난번 원고를 건네면서 약속한 이 책의 번역 기한을 지키게 되어 기쁘다. 아울러 수많은 영화인과 영화 제목의 우리말 번역 교정에서 크게 고생한 동문선 편집부 여러분들께도 다시 한번 고마움을 전한다.

정암사의 나뭇잎 새싹이 유난히도 곱고 예쁜 연둣빛 색상을 뽐내던 4월 하순 역자는 이제는 러브 스토리 영화의 고전이 되어 버린 〈남과 여 Un homme et une femme〉(클로드 를로슈 감독, 1966년작)에서 안(아누크 에메 분)이 뒤록(장 루이 트랭티냥 분)에게 보낸 사랑의 고백 "**당신을 텔레비전에서 보았습니다(Je vous ai vu à la télé)**"라는 의미심장한 전보 내용을 회상하고 있었다. 모든 것이 직설적으로 통하는 우리의 현실에서 이와 같은 우회적 표현의 미학이 함축되어 있는 사랑의 고백이 "**당신을 사랑합니다(Je vous aime)**"라는 말보다 더욱 가슴에 와 닿는 영화 언어의 진정한 표현이며, 프랑스 영화의 특징이 아닌가 하는 생각을 했다.

그리고 다시 찾은 만추(晚秋)의 정암사, 은백색의 넘실대는 억새꽃의 파도는 포말로 부서지는 도빌(Deauville) 해변의 은빛 물결보다 더 아름다운 자태를 뽐내고 있었다. 사랑의 샘에서 발원한 사면(斜面)의 시원한 폭포수 소리는 분명 "**당신을 영원히 사랑할 거예요(Je t'aimerai pour toujours!)**"라는 안의 사랑 고백에 대한 뒤록의 화답의 메아리인 듯했다. 〈그랑 블루 Le Grand Bleu〉〈곰 L'Ours〉〈여왕 마고 La reine Margot〉와 같은 영화에서처럼 관객으로 하여금 주인공이 되어 자유롭게 사고하고 추론할 수 있도록 유도하는 것, 이것이 또한 프랑스 영화의 또 다른 매력이리라.

2005년 12월 억새꽃이 만발한 烏棲山下 정암사에서 김영모

색 인

김영모(金永模)
프랑스 니스대학교 박사과정(D.E.A.)
프랑스 파리-소르본(Paris IV)대학교 문학박사
현재 카이스트(KAIST) 대우 교수
학위 논문: 《중세 프랑스어에서의 등위 접속사 연구》
논문: 〈프랑스어 어휘를 통해 본 14-15세기 프랑스의 풍속과 문화〉
〈대학 문법을 통해 본 13세기 중세 프랑스어의 위상〉
〈14세기 프랑스어의 위상-번역 서문을 중심으로〉 등
저서: 《프랑스 문화와 예술》(공저), 《프랑스 문화》(공저),
《중세 프랑스어 연구》(2003년 문화관광부 추천 우수학술도서),
《프랑스어 동사활용 대사전》《중세 프랑스어 형태론 연구》 등
역서: 《프랑스 지성인들의 12월》《새로운 충견들》 등

문예신서
312

영화를 생각하다

초판발행 : 2005년 12월 20일

東文選
제10-64호, 78. 12. 16 등록
110-300 서울 종로구 관훈동 74
전화 : 737-2795

편집설계 : 李妸昗

ISBN 89-8038-559-5 94680
ISBN 89-8038-000-3 (세트 : 문예신서)

【東文選 現代新書】

1 21세기를 위한 새로운 엘리트	FORESEEN 연구소 / 김경현	7,000원
2 의지, 의무, 자유 — 주제별 논술	L. 밀러 / 이대희	6,000원
3 사유의 패배	A. 핑켈크로트 / 주태환	7,000원
4 문학이론	J. 컬러 / 이은경 · 임옥희	7,000원
5 불교란 무엇인가	D. 키언 / 고길환	6,000원
6 유대교란 무엇인가	N. 솔로몬 / 최창모	6,000원
7 20세기 프랑스철학	E. 매슈스 / 김종갑	8,000원
8 강의에 대한 강의	P. 부르디외 / 현택수	6,000원
9 텔레비전에 대하여	P. 부르디외 / 현택수	10,000원
10 고고학이란 무엇인가	P. 반 / 박범수	8,000원
11 우리는 무엇을 아는가	T. 나겔 / 오영미	5,000원
12 에쁘롱 — 니체의 문체들	J. 데리다 / 김다은	7,000원
13 히스테리 사례분석	S. 프로이트 / 태혜숙	7,000원
14 사랑의 지혜	A. 핑켈크로트 / 권유현	6,000원
15 일반미학	R. 카이유와 / 이경자	6,000원
16 본다는 것의 의미	J. 버거 / 박범수	10,000원
17 일본영화사	M. 테시에 / 최은미	7,000원
18 청소년을 위한 철학교실	A. 자카르 / 장혜영	7,000원
19 미술사학 입문	M. 포인턴 / 박범수	8,000원
20 클래식	M. 비어드 · J. 헨더슨 / 박범수	6,000원
21 정치란 무엇인가	K. 미노그 / 이정철	6,000원
22 이미지의 폭력	O. 몽쟁 / 이은민	8,000원
23 청소년을 위한 경제학교실	J. C. 드루엥 / 조은미	6,000원
24 순진함의 유혹 〔메디시스賞 수상작〕	P. 브뤼크네르 / 김웅권	9,000원
25 청소년을 위한 이야기 경제학	A. 푸르상 / 이은민	8,000원
26 부르디외 사회학 입문	P. 보네위츠 / 문경자	7,000원
27 돈은 하늘에서 떨어지지 않는다	K. 아른트 / 유영미	6,000원
28 상상력의 세계사	R. 보이아 / 김웅권	9,000원
29 지식을 교환하는 새로운 기술	A. 벵토릴라 外 / 김혜경	6,000원
30 니체 읽기	R. 비어즈워스 / 김웅권	6,000원
31 노동, 교환, 기술 — 주제별 논술	B. 데코사 / 신은영	6,000원
32 미국만들기	R. 로티 / 임옥희	10,000원
33 연극의 이해	A. 쿠프리 / 장혜영	8,000원
34 라틴문학의 이해	J. 가야르 / 김교신	8,000원
35 여성적 가치의 선택	FORESEEN연구소 / 문신원	7,000원
36 동양과 서양 사이	L. 이리가라이 / 이은민	7,000원
37 영화와 문학	R. 리처드슨 / 이형식	8,000원
38 분류하기의 유혹 — 생각하기와 조직하기	G. 비뇨 / 임기대	7,000원
39 사실주의 문학의 이해	G. 라루 / 조성애	8,000원
40 윤리학 — 악에 대한 의식에 관하여	A. 바디우 / 이종영	7,000원
41 흙과 재 〔소설〕	A. 라히미 / 김주경	6,000원

東文選 現代新書 9

텔레비전에 대하여

피에르 부르디외

현택수 옮김

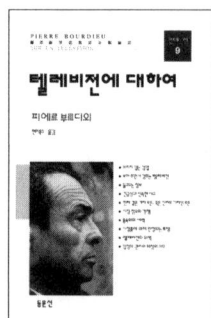

　텔레비전으로 방송된 이 두 개의 콜레주 드 프랑스에서의 강의는 명쾌하고 종합적인 형태로 텔레비전 분석을 소개하고 있다. 첫번째 강의는 텔레비전이라는 작은 화면에 가해지는 보이지 않는 검열의 메커니즘을 보여 주고, 텔레비전의 영상과 담론의 인위적 구조를 만드는 비밀들을 보여 주고 있다. 두번째 강의는 저널리즘계의 영상과 담론을 지배하고 있는 텔레비전이 어떻게 서로 다른 영역인 예술·문학·철학·정치·과학의 기능을 깊게 변화시키는지를 설명하고 있다. 이러한 현상은 시청률의 논리를 도입하여 상업성과 대중 선동적 여론의 요구에 복종한 결과이다.

　이 책은 프랑스에서 출판되자마자 논쟁거리가 되면서, 1년도 채 안 되어 10만 부 이상 팔려 나가 베스트셀러 리스트에 오르고, 세계 각국에서 번역되어 읽혀지고 있는 피에르 부르디외의 최근 대표작 중 하나이다. 인문사회과학 서적으로서 보기 드문 이같은 성공은, 프랑스 및 세계 주요국의 지적 풍토를 말해 주고 있다. 이처럼 이 책이 독자 대중의 폭발적인 반응과 기자 및 지식인들의 지속적인 반향을 불러일으키는 이유는, 세계적으로 잘 알려진 그의 학자적·사회적 명성 때문이기도 하지만 무엇보다도 언론계 기자·지식인·교양 대중들 모두가 관심을 가질 만한 논쟁적인 내용을 담고 있기 때문이다.

東文選 文藝新書 188

하드 바디

— 레이건시대 할리우드 영화에 나타난 남성성

수잔 제퍼드

이형식 옮김

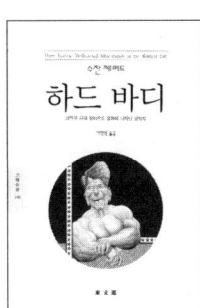

《하드 바디》는 어떻게 해서 강인한 몸을 가진 남성 주인공들이 화면을 채우게 되었는가를 통찰력 있게 보여 주는 저서이다. 람보, 터미네이터, 존 매클레인, 로보캅과 같은 하드 바디 남성들은 미국을 공격하는 국내와 국외의 적들에게 미국의 강인함을 몸으로 보여 준다. 하드 바디는 레이건 정부가 악마로 규정했던 소련을 비롯하여 외국 테러리스트와 외국 경제력의 위협으로부터 미국을 지켜내며, 국내적으로는 마약 사범과 동성애자 등 미국의 전통적인 가치를 위협하는 소프트 바디를 처단한다.

'문화제국주의'의 첨병 역할을 하는 영화는 가장 민감하게 시대의 정신을 반영하는 매체 중 하나이다. 어느 특정 시대에 어떠한 영화 장르가 인기를 끄는 것은, 그 장르가 그 시대 사람들의 집단적인 욕망을 충족시키고 그들의 열망을 효과적으로 반영하기 때문이다. 한때 가장 미국적인 영화 장르였던 서부 영화의 흥망성쇠를 추적해 보면 이것을 잘 알 수 있다.

1980년대는 많은 면에서 1950년대와 유사점을 공유하고 있다. 아이젠하워가 통치한 8년간의 극우 보수적 분위기, 냉전 체제의 고착과 매카시즘, 그리고 한편으로는 경제적인 안정과 베이비 붐 세대의 부상, 핵가족에 근거한 전통적인 미국적인 가치의 찬양 등이 1950년대의 현상은 1981년에 취임한 레이건이 돌아가고자 했던 사회였다. 민권 운동, 페미니즘, 청년들의 반문화 운동, 베트남 전쟁 등이 전통적 백인 남성 위주의 사회 질서에 도전을 가하기 전의 평온하고 목가적인 소도시 미국 사회로 돌아가기를 원했던 것이다. 이러한 열망은 1980년대에 등장한 1950년대를 다룬 영화들로 표현되었다. 레이건은 베트남 전쟁의 패배로 만신창이가 된 미국의 자존심 또한 다시 일으켜 세우고 싶었고, 판타지 속에서나마 승리를 거두고 싶었던 열망은 《람보》를 비롯한 자위적인 영화로 표현되었다. 이들 영화의 성공은 승리하는 미국의 이미지에 미국 국민들이 얼마나 굶주려 있었는지, 이것을 80년대의 영화들이 어떻게 충족시켜 주었는지 보여 준다. 아이젠하워처럼 레이건도 두 번의 임기 동안 재임했고, 그 자리를 아들 격인 부시에게 넘겨 주었다.

東文選 文藝新書 211

토탈 스크린

장 보드리야르
배영달 옮김

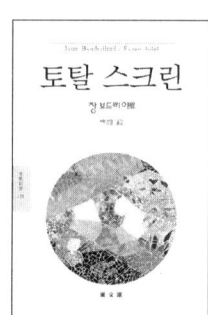

　우리 사회의 현상들을 날카로운 혜안으로 분석하는 보드리야르의 《토탈 스크린》은 최근 자신의 고유한 분석 대상이 된 가상(현실) · 정보 · 테크놀러지 · 텔레비전에서 정치적 문제 · 폭력 · 테러리즘 · 인간 복제에 이르기까지 현대성의 다양한 특성들을 보여 준다. 특히 이 책에서 보드리야르는 오늘날 우리를 매혹하는 형태들인 폭력 · 테러리즘 · 정보 바이러스와 관련하여 기호와 이미지의 불가피한 흐름, 과도한 커뮤니케이션, 프로그래밍화된 정보를 분석한다. 왜냐하면 현대의 미디어 · 커뮤니케이션 · 정보는 이미지의 독성에 의해 증식되며, 바이러스성의 힘을 지니기 때문이다.

　보드리야르는 현대성은 이미지의 독성과 더불어 폭력을 산출해 낸다고 말한다. 이러한 폭력은 정열과 본능에서보다는 스크린에서 생겨난다는 의미에서 가장된 폭력이다. 그리고 그것은 스크린과 미디어 속에 잠재해 있다. 사실 우리는 미디어의 폭력, 가상의 폭력에 저항할 수가 없다. 스크린 · 미디어 · 가상(현실)은 폭력의 형태로 도처에서 우리를 위협한다. 그러나 우리는 스크린 속으로, 가상의 이미지 속으로 들어간다. 우리는 기계의 가상 현실에 갇힌 인간이 된다. 이제 우리를 생각하는 것은 가상의 기계이다. 따라서 그는 "정보의 출현과 더불어 역사의 전개가 끝났고, 인공지능의 출현과 동시에 사유가 끝났다"고 말한다. 아마 그의 이러한 사유는 사유의 바른길과 옆길을 통해 새로운 사유의 길을 늘 모색하는 데서 비롯된 것일 터이다. 현대성에 대한 탁월한 통찰력을 보여 주는 보드리야르의 이 책은 우리에게 우리 사회의 현상들을 비판적으로 읽게 해줄 것이다.

롤랑 바르트 전집 12

텍스트의 즐거움

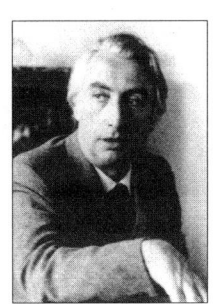

롤랑 바르트
김희영 옮김

신화 · 기호 · 텍스트 · 소설적인 것의 '현기증나는 이동 작업'을 통하여 프랑스와 세계에 가장 활력적인 사유체계의 개척자로 손꼽히는 롤랑 바르트는, 그의 사후 15년이 지난 오늘날까지도 프랑스 문단의 표징으로, 또는 소설 속의 인물로 여전히 우리들 가운데 자리하고 있다. 그의 모든 모색과 좌절, 혹은 기쁨은 다만 그 자신에게 국한된 것만은 아닌 오늘날의 모든 전위적 사유가들에게도 공통된 것으로, 이런 맥락에서 볼 때 그의 문학 편력에 대한 조망은 특권적인 자리를 차지한다.

이 책 속에 옮겨진 글들은 바르트의 후기 사상을 정확하게 담고 있는 것들이다. 그의 후기 작업은 '저자의 죽음'을 그 시작으로 하기 때문에 그것을 이 책의 첫번째로 하였다. 그리고 '작품에서 텍스트로,' 그 다음에는 그의 후기 작업의 이론적인 틀을 제시하고 있는 《텍스트의 즐거움》과 《강의》가 실려 있다. 이 두 권의 책은 이미 말한 바와 같이 그의 후기 문학 실천의 이론적 배경을 이루고 있으며, 또한 그가 생전에 출판하기를 허락한 유일한 일기인 〈심의〉도 여기에 실려 있는데, 우리는 이를 통해 그의 말년의 문학적 관심사가 무엇이었나를 소상하게 알 수 있다.

이외에도 이 책에는 편역자인 김희영 교수가 바르트의 사유체계를 비교적 잘 이해하는 데 필요하다고 생각한 3편의 주요한 대담을 싣고 있다. 그 첫번째는 히스와의 대담으로 그의 기호학적인 입장, 문학기호학이 문학사회학으로 어떻게 새롭게 주조될 수 있는지를 비교적 소상하게 밝혀주고 있다. 두번째 대담인 브로시에와의 대담은 바르트 글의 난해성이 대부분 그의 용어 사용에 있으며, 이런 용어에 대한 정확한 이해 없이는 그의 사유체계를 파악하기 힘들다는 점에서, 바르트의 후기 작업에 나타난 용어들을 저자 자신의 설명을 통해 이해하는 것을 목표로 하고 있다.

東文選 文藝新書 304

음악 녹음의 역사

마이클 채넌

박기호 옮김

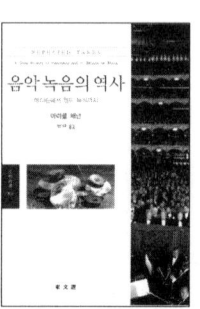

　본서는 음반 산업의 역사를 다룬 최초의 개론서로서, 1877년 에디슨이 발명한 '말하는 석박(錫箔)'에서 **CD** 시대에 이르는 음반 산업의 역사에 관련된 전 영역을 다루고 있다.

　마이클 채넌은 본서에서 음반을 전통적 성격의 상품과는 완전히 성격을 달리하는 새로운 유형의 상품, 즉 무형의 연주로 존재하는 음악을 판매 가능한 대상으로 전환시킨 상품으로 고찰하고 있으며, 음악 문화에서 음반이 야기한 전도 현상에 대하여 서술하고 있다. 본서에서 그는 다음과 같은 의문을 제기하고 있다. 녹음 스튜디오에서는 어떤 일이 일어나고 있는가? 녹음은 음악에 어떤 영향을 끼치고 있는가? 재생 기술로 인하여 우리가 구시대 사람들과 다르게 음악을 듣고 있는가?

　본서는 기술과 경제 양 측면에서 음반 산업의 성장과 발전을 관련시키고 있다. 클래식 음악과 팝 음악 양 진영에서의 음악 해석에 끼친 마이크의 영향, 이들 요소가 음악의 스타일과 취향에 끼친 충격 등이 그것이다. 대단히 알기 쉽게 서술된 본서는 녹음 기술의 발전과 새로운 팝 음악 형식의 발생 사이의 관계에 대해서도 추적하고 있으며, 마이크 테크닉과 스튜디오의 실제 작업에 대한 클래식 음악가들 사이의 논쟁을 다루고 있다.